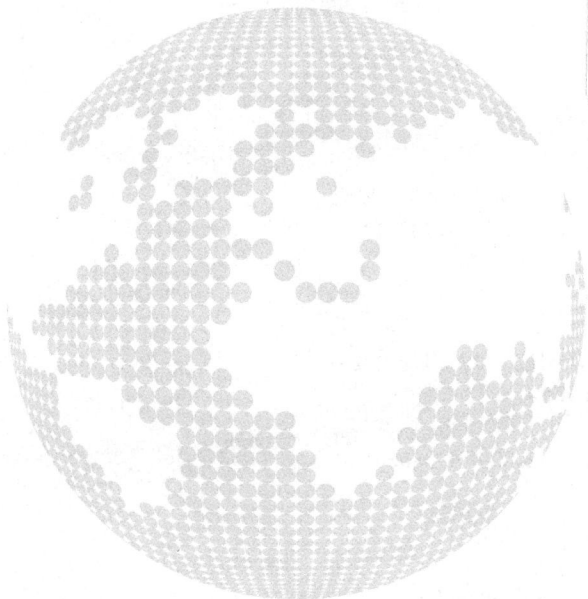

中国制造业外商直接投资与全球价值链研究：

理论机制与实证分析

刘 珅 —— 著

天津出版传媒集团

天津人民出版社

图书在版编目（CIP）数据

中国制造业外商直接投资与全球价值链研究：理论机制与实证分析 / 刘珅著. -- 天津：天津人民出版社，2022.10
ISBN 978-7-201-18811-9

Ⅰ.①中… Ⅱ.①刘… Ⅲ.①制造工业—对外投资—直接投资—研究—中国 Ⅳ.①F426.4

中国版本图书馆CIP数据核字(2022)第173806号

中国制造业外商直接投资与全球价值链研究：
理论机制与实证分析
ZHONGGUO ZHIZAOYE WAISHANG ZHIJIE TOUZI YU QUANQIU JIAZHILIAN
YANJIU: LILUN JIZHI YU SHIZHENG FENXI

出　　版　天津人民出版社
出 版 人　刘　庆
地　　址　天津市和平区西康路35号康岳大厦
邮政编码　300051
邮购电话　(022)23332469
电子信箱　reader@tjrmcbs.com

策划编辑　陈　烨
责任编辑　王昊静
装帧设计　汤　磊

印　　刷　天津新华印务有限公司
经　　销　新华书店
开　　本　710毫米×1000毫米　1/16
印　　张　18.25
字　　数　227千字
版次印次　2022年10月第1版　2022年10月第1次印刷
定　　价　96.00元

本书受到天津市哲学社会科学研究规划项目"我国产能过剩制造业供给侧结构性改革路径研究"(项目编号:TJYY16-003Q)资助

本书受到国家社会科学基金项目重点项目"我国优势制造业海外价值链延伸与整合的投资战略研究"（项目编号：15AGJ010）资助

前言

　　全球价值链分工是一国产业参与世界经济的典型特征,是全球生产分工的本质内容。改革开放以来,中国作为"世界工厂",不断深入融入制造业的全球生产网络。2020年中国FDI(外商直接投资)达1630亿美元,首次超越美国成为世界第一大外资流入国。中国作为世界第二大经济体、制造业第一大国、货物贸易第一大国,是世界上唯一拥有联合国产业分类目录中所有工业门类的国家,因此,中国制成品进出口贸易成为促进国内经济增长的重要动力。FDI是中国深度嵌入全球价值链体系的重要载体,也是国外优质要素促进国内大循环的重要环节,FDI的大量涌入为我国的产业升级带来了机遇。在构建"双循环"新发展格局背景下,经济高质量发展成为新发展格局的关键词,而经济高质量发展离不开制造业的高质量发展,我国制造业应在开放的视角下通过高质量"引进来"和高水平"走出去",依托FDI和全球价值链生产布局,实现制造业要素全球范围内的最优配置。有关中国制造业融入全球价值链和FDI的问题一直是学者关注的焦点。本书正是基于这样的现实发展,进行系列的理论思考和探索,从多个视角对制造业全球价值链分工与FDI进行了深入的理论分析和实证研究。本书运用一般均衡分析法,基于数理模型对FDI对制造业全球价值链分工机制进行了深入分析与推导。基于要素密集度和制造业成本视角考察了制造业全球价值链的动态位置演变及特征。在全球视野下,基于产品结构、产业结构、产品质量和行业技术四个视角考察了制造业FDI与全球价值链的实证分析。随后,以中国为研究对象,从企业

1

技术视角、数字化投入视角、制度视角与产能视角考察制造业FDI与全球价值链的实证分析。本研究旨在拓展"双循环"新格局下中国制造业的新发展空间，对我国如何提升外资质量、优化引资结构、提升全球价值链位置，进而实现中国制造业的高质量发展和转型升级具有重要的理论价值和现实意义。

目 录

第一章
绪　论

本章主要阐释了 FDI 与全球价值链的研究背景,提出本书的研究切入点,对相关概念进行了界定与综述,梳理了全书的框架结构及其研究思路。其中,第一节介绍了研究背景和问题提出,梳理了全球价值链的产生背景,阐释了全球价值链对国际贸易格局、FDI 与国际分工形式的主要影响和意义,诠释研究 FDI 与全球价值链的理论意义与应用价值。第二节对 FDI 与全球价值链的相关研究进行了综述,界定了与全球价值链相关的概念,对全球价值链的测度方法进行了归纳阐释,诠释了全球价值链分工的动因及相关理论机制。第三节梳理了本书的研究思路与框架结构。

第一节　研究背景与问题提出

1.1.1　研究背景

在经济全球化的背景下,全球价值链伴随着生产网络不断完善,在全球范围内实现了分解和重新配置,中间品贸易已成为国际分工深化的必然结果。中国逐步开放的贸易和投资政策推动着其融入国际经济体系。入世初期,中国以廉价的劳动力、丰富的资源和巨大的消费市场吸引了大量的外资企业来华投资,随着中国经济的不断发展,以技术优势和超大市场规模优势形成的中国新竞争优势,引领中国企业在全球市场范围内逐步构建全球价值链。国际贸易格局不断演变,完成了从产业间贸易、产业内贸易到产品内贸易的深化与发展,与此相应,国际分工也从产业间分工为主逐渐演变为产品全球生产网络内的价值链环节分工,全球贸易随之从最终品的生产与交换,向初级品、半成品和零配件为代表的中间品生产与交换转变。全球价值链这一分工形式快速发展,贸易的基础从国与国之间的产品、要素比较优势转化为国家在全球价值链上环节的优势,全球价值链发展已成为全球贸易和经济增长的重要引擎(图1.1)。1980—1999年世界货物出口量平均增速为6%以上,1999—2011年出口平均增速达到8.2%。2011年以来,全球经济出现"逆全球化"的趋势。世界贸易总量增速一直低于经济增速,而在此之前,世界贸易增速一般是经济增速的2~3倍。《全球价值链发展报告2021:超越制造》指出,通过全球价值链出口为发展中经济体工业化发展提供了路径。根据对15个亚洲新兴经济体的研究,发现参与全球价值链使其拉近了与经合组织(OECD)国家的收入差距。2000年,新兴经济体在全球价值链中从事制造业活动获得的人均收入占OECD国家该人均收入的五分之一,但2018年这一比例已提升至57%。

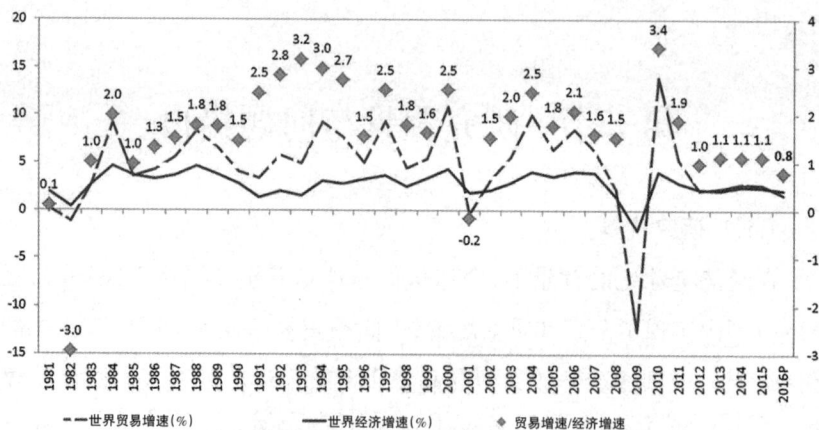

图1.1 全球贸易增速与经济增速(%)

资料来源:WTO

全球价值链分工形式的发展在贸易领域中具有深远的意义:(1)全球价值链分工改变了国际贸易传统格局。在传统的国际分工背景下,产品的生产基本在同一国家或地区内部完成,因此,国际贸易对象的主体是制成品。但在全球价值链分工背景下,特定产品的生产被分割成多道环节或工序,产品的生产在世界范畴内开展,全球价值链的主要形式包括蛇形、蜘蛛形和蜘蛛蛇形(图1.2)。因此,同一产品不同工序的零部件贸易逐渐成为国际贸易的主要组成部分。此外,全球价值链分工改变了产品贸易的单向性和一次性,其涉及的零部件贸易和中间产品贸易是多次的跨越国界的,因此贸易呈现出多向性、反复性的特征,特别是图1.2中全球价值链的蛇形生产网络中,中间品的跨境次数与其所处的价值链位置正相关。(2)全球价值链分工促进了对外直接投资。全球价值链分工依托企业为单元进行,呈现出企业间分工和企业内分工两种形式。企业间分工是指每个独立公司分别负责该产品某一阶段的生产。企业内分工指不同国家同一公司的附属企业或控制企业之间的分工。跨国公司以对外直接投资的方式在国外建立子公司,通过全球化战略安排,对目标国进行直接投资,将企业间的市场协调变为企业内的非市场协调,由各子公司分别完

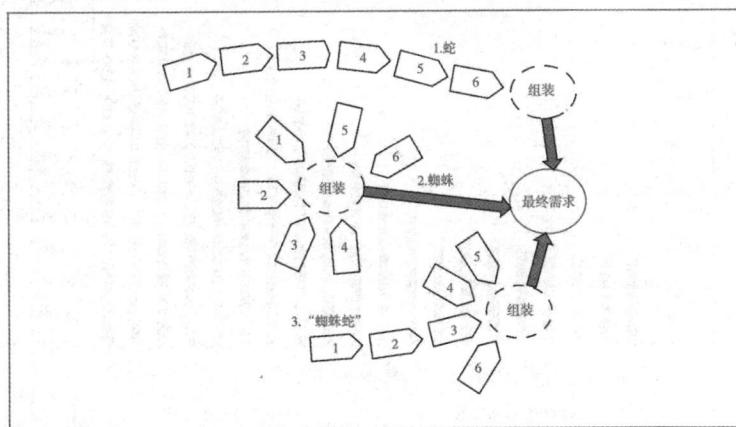

图1.2 全球价值链的主要形式

资料来源:《全球价值链发展报告2017》

成整个产品生产流程的特定阶段,这样可以节省交易成本,降低违约风险。因此,全球价值链分工的发展促进了对外直接投资的发展。(3)全球价值链分工改变了传统的国际分工形式。在传统国际分工的背景下,各国参与国际分工依托于该国某一产品生产的比较优势。但随着经济一体化的深入,分工逐步细化,产品的生产被分割为若干环节和工序,不同生产环节和工序可以选择在不同国家进行。因此,一国参与国际分工,不再依托于产品的比较优势和规模经济,而是产品生产过程中某一环节的比较优势或规模经济。随着经济一体化和垂直专业化分工的发展,越来越多的国家参与到全球价值链和国际垂直专业化分工中来,国与国之间的经济联系越来越紧密。

"二战"结束以后,制造业全球分工体系和贸易格局发生了深刻变革。美国等发达经济体逐渐向具有高附加值的价值链两端延伸(主要指市场与研发),而将处于中间环节、附加值较低的制造业向中国等新兴经济体转移。通过图1.3可以看出,中间品贸易增长显著,表1.1对中间产品贸易和最终产品贸易的分解可以看出,中间产品贸易对制造业增长的贡献正在逐步提高,而最终产品贸易对制造业贸易额的下降贡献在逐年提升,可

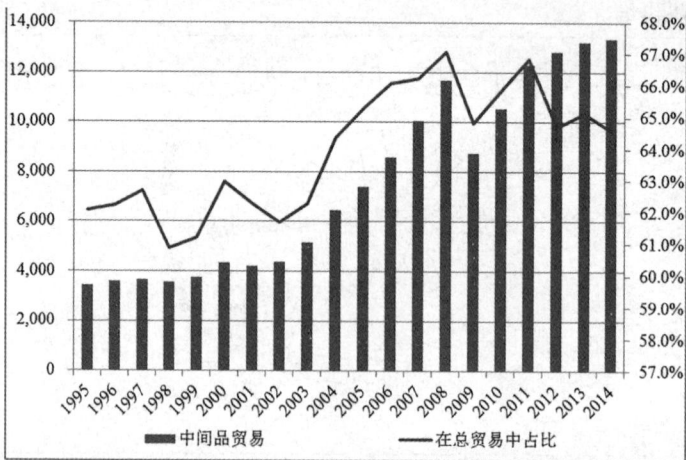

图1.3 1995—2014年中间品贸易增长趋势

资料来源:WTO

以说明随着全球价值链生产网络的发展,中间产品贸易成为制造业贸易发展的主要驱动力。

表1.1　中间产品与最终产品对全球制造业贸易变化的贡献

贸易类型	对制造业贸易增长的贡献(%)			对制造业贸易下降的贡献(%)		
	1995—2000年	2001—2008年	2009—2014年	2000—2001年	2008—2009年	2014—2015年
中间产品贸易	45.3	52.0	50.2	79.0	55.4	47.0
最终产品贸易	54.7	48.0	49.8	21.0	44.6	53.0

资料来源:《全球价值链发展报告2017》

自20世纪70年代起,发达经济体制造业普遍经历了趋势性萎缩。2010年,美国保持多年世界第一的制造业大国地位被中国所取代。国际货币基金组织研究(2014)发现美国制造业的核心竞争力体现于创新能力以及产品的科技含量。美国制造业的研发活动集中于高科技领域,研发优势领先于制造业强国,且研发投入强度高于德国、韩国、中国等国家。中国作为制造业大国,中国传统的劳动力和资源成本优势正在逐渐消失,中国制造业技术创新能力和超大市场规模的组合正成为新时代中国独有和独特的新竞争优势,在参与全球价值链的进程中,不断提升自身在全球价值链中的地位,提升全球价值链的参与度。入世20年来,中国已经发展成为世界第二大经济体、第一世界贸易大国,成为120多个国家(地区)最大的贸易伙伴,全球引进投资的第二大国、对外直接投资最大国。对世界经济平均贡献率接近30%,成为拉动世界经济复苏和增长的重要引擎。

1.1.2　问题提出

全球经济一体化深入发展的重要表现是生产分割和价值链分割,而已经占到全球国际贸易三分之二以上的中间品贸易成为全球生产网络得以运行和价值增值实现的纽带。在这一过程中,跨国公司成为安排生产网络的主导力量,而发展中国家成为跨国公司分离自身具有比较劣势价值链环节的载体。作为全球吸引FDI最多的发展中国家之一,中国产业的发展逐渐呈现出"模块化"的特征,在产业链的经营和管理中,以产业链中的工序为"模块"进行调整和分割,模块各自独立运行并按照一定规则与标准连接成整体。中国在承接低端制造环节的同时,承接了制造业中技术附加值较高的环节(Abdul Azeez Erumban et.al,2011),逐渐被纳入跨国公司的全球垂直分工体系。与此同时,价值增值则成为评价一国在全球生产网络中获得分工收益的重要依据变量。模块化的生产和经营使产品分工演变为生产环节分工,提升了生产效率,推动了产业发展。随着产品内分工的深化和生产垂直分割的发展,同一产品的不同生产模块可以在全球范围内进行资源的选择并生产,从而成为多国参与的"世界性产品"。中国制造业也在发生着转变,成为全球价值链生产网络体系中的重要一环。在此背景下,中国如何构建全球价值链分工,如何识别FDI对中国制造业全球价值链分工位置的影响路径,以及FDI对全球价值链生产规模和结构的影响机制等问题成为理论界关注的问题。

国内外很多学者着眼于制造业全球价值链分工的研究,但现有研究未能考虑跨国跨产业投入产出的垂直关联,且未能考虑跨国公司的跨国生产因素在垂直专业化分工中的重要作用。本书的研究意义在于引入FDI因素构建制造业全球价值链分工决定模型,分析跨国公司与东道国之间在垂直专业化生产过程中的决定因素、均衡水平及分工利益分配,这为东道国参与全球价值链分工创造价值增值的分析提供了理论基础,丰富了产品内分工理论的研究。对中国来说,跨国公司FDI主要流向制造业,而制造业对中国经济的增长和产业结构的调整具有举足轻重的作用,有针对性的分析FDI对制造业全球价值链分工的影响,有利于分析中国制造业的真实竞争力,为中国优化产业结构、增强产业竞争力提供理论支撑和实证支持,对中国基于竞争新优势、吸引高质量FDI,并在全球范围内重构全球价值链具有很强的指导意义。

第二节 国内外文献综述

1.2.1 相关概念界定

国际分工(International Division of Labor)是指各国的生产者通过世界市场建立起来的劳动联系。国际分工是经济发展到一定阶段的产物。国际分工的发展进程经历了五个阶段:其中包括(1)16世纪至18世纪中叶的萌芽阶段;(2)18世纪60年代至19世纪60年代的形成阶段;(3)19世纪中叶至第二次世界大战发展阶段;(4)第二次世界大战至20世纪70年代的深化阶段;(5)20世纪70年代至今的新阶段。不同阶段的国际分工呈现出不同的特征:第二次世界大战以前,国际分工以工业、农业或者原材料业等不同产业的分工为特征;第二次世界大战以后,随着全球一体化进程的推进以及跨国公司的快速发展,国际分工逐渐由产业分工转向产业内分工,发展为新型国际分工。随着经济全球化的发展,国际生产网络的建立以及跨国公司和国际投资的促进,国际分工形成了产业间分工、产业内分工、垂直分工、水平分工和混合分工等多种分工形态并存的新型国际分工形态。

国际贸易是跨越国境的货物或服务的交易,包括进口贸易和出口普贸易。国际贸易是国际分工的表现形式。国际贸易随着国际分工的发展经历了不同的阶段:(1)18世纪至20世纪50年代,国际贸易主要表现为产业间贸易,发生于工业制成品与农产品、原材料之间;(2)20世纪50年代至80年代,国际贸易的主体是工业品之间的产业间贸易,主要发生在发达国家之间,也有部分存在于发达国家与发展中国家之间;(3)20世纪80代至今,随着国际分工多种形式的开展,全球经济一体化的浪潮,中间品贸易逐渐发展起来,当代国际贸易的主体也逐渐发展为产业间贸易、产业内贸易与产品内贸易并存的模式。垂直专业化分工模式是在中间品贸易基础之上建立起的分工。

7

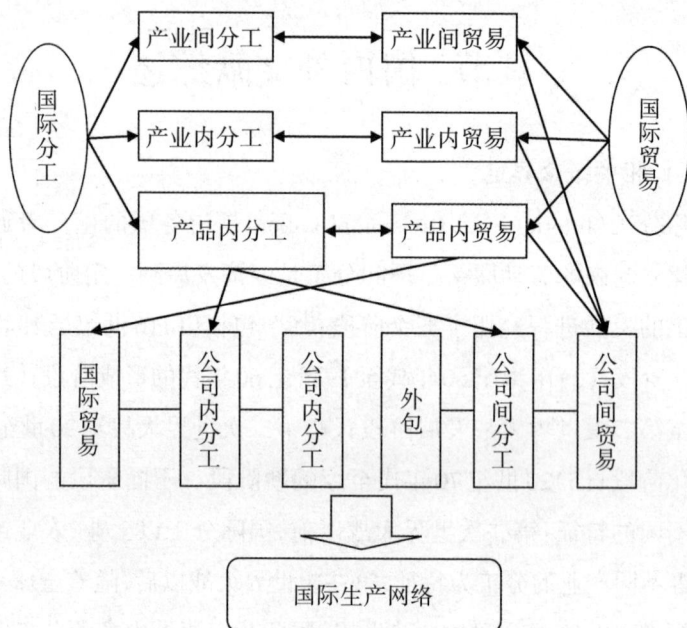

图1.4 垂直专业化分工与其他分工、贸易关系

资料来源：刘振华（2009），产品内分工条件下中国制造业对美贸易研究

国际生产网络（International Production Network，IPN）的概念是由Di-eter Ernst率先提出的。Borrus（2000）定义国际生产网络为跨国企业所从事的包括研发、设计、采购、生产、分销、营销和售后等经济活动而形成的组织关系。随着通讯技术和物流产业的迅速发展，传统产业链不再被地域所局限，国际贸易也逐步向模块化、工序化方向发展。目前，全球跨国贸易的生产活动多种多样，它们既发生于企业内部，也发生于企业之间；既存在区域内分工，也存在世界范围内贸易合作。当前，垂直专业化分工成为国际分工新阶段的主要特点，垂直专业化分工的表现形式为由跨国公司推动，呈现出全球范围贸易投资一体化的趋势。由此可见，国际分工、国际贸易、国际生产网络均是对国际经济的描述，但它们的视角和着眼点不同，其三者之间的联系可以如图1.4所示。

产业间分工是指按不同角度划分的各个产业之间的分工。产业内分工是与产业间相对应的概念,它是指各经济体在某一产业内部进行的分工。产业内分工是由消费偏好多样性与生产规模经济共同派生的国际分工。产业间分工、产业内分工和垂直专业化分工具有一定的交叉关系,产业间分工与产业内分工呈现出向垂直专业化分工转化的趋势。垂直专业化分工与产品内分工在内涵上非常相似,但二者之间仍存在差别:二者所界定的重点有所不同,垂直专业化分工着眼于体现最终产品价值链的纵向联系,而与之相对应的,产品内分工则着眼于体现最终产品的范围。从图中可以看出,国际分工涵盖了产业间分工、产业内分工和产品内分工(垂直专业化分工)三种形式,这三种分工形式分别对应了产业间贸易、产业内贸易和产品内贸易三种国际贸易形式,其中产品内分工可以包括公司内分工和公司间分工,而三种国际贸易形式可通过公司间贸易完成。从微观的角度分工和贸易也存在对应关系,公司内分工对应的是公司内贸易,体现的形式为内部一体化,而公司间分工对应的是公司间贸易,体现的形式是外包,由此形成的国际分工和国际贸易整体就构成了国际生产网络的重要组成部分。

(1)垂直专业化分工与全球价值链

垂直专业化分工(Vertical Specialization)最早由 Balassa(1967)提出,他认为产品的生产被分割成多道工序或环节,不同工序或环节的安排在不同国家进行,Findlay(1978)也开始注意到这些。与垂直专业化分工在概念和内涵上相对应的是水平专业化分工。垂直专业化分工是指生产环节跨越国界分布,生产产品通过垂直贸易链互相连接的现象。学者们使用了不同的术语来进行描述:Jones 和 Kierzkowsk(1990)将这种"生产过程分离并散布至不同空间区位"的分工形态称为"零散化生产"(fragmented production)。Krugman(1994)用"分割价值链"(slicing up the value)定义产品内分工的现象。Webster(1997)指出发达国家利用发展中国家廉价的劳动力和丰富的资源优势,在发展中国家投资建立工厂,把产品生产的非关键环节安排到发展中国家,为其提供各种零部件或中间投入品,这种分工形式是垂直专业化分工。Bhagwati 和 Dehejia（1994）发现跨国公司呈现出产品生产产地转变的现象，它们将这种垂直型的分工经营方式称之为"万花筒式的比较优势"（Kaleizkoscope Comparative Advantage），与之相类似的还有"分离式生产"（Jones 和 Kierzkowski，1990）、"产业内贸易"（Davis，1995）、"对价值链的切片化"（Krugman，1996）、"多阶段生产"（Antweiler 和 Trefler，1997）、"全球生产分享"（Yeats，1998）、"贸易一体化"（Feenstra，1998）、"生产过程的分离化"、"生产过程的分裂化"、"国际生产分割"（Arndt 和 Kierzkowsk，2001）、"外包"（Grossman 和 Helpman，2002）、"产品内分工"（卢峰，2004）、"要素分工"（张二震，2005）等。刘志彪等（2001）是国内较早关注垂直专业化分工和产品内分工的学者，他将"一种商品的生产过程延伸成为多个连续生产阶段，而每个国家只负责某个连续的特殊阶段进行专业化生产"的现象称之为"垂直专业化"分工或"国际外包化生产"。

尽管不同的学者对垂直专业化分工这一现象运用不同的术语定义，但术语的涵义基本是一致的。根据 Hummel 等（2001）的定义，垂直专业化分工须满足三个条件：（1）一种最终产品的生产过程由两个或两个以上的连续的可分解的生产阶段构成；（2）至少存在两个以上的国家分别在产品生产过程中的某一阶段从事专业化的生产；（3）至少存在一个国家在生产的过程中使用了中间投入品，并且该种中间投入品是通过进口贸易取得的，而其产出的最终产品全部或部分被出口。根据 Hummels 等（2001）的定义，垂直专业化分工的定义可如图1.5所示。

全球价值链（Global Value Chain，GVC）指的是联系不同国家的产业长链，它通过产品内贸易将不同国家的商品或者服务在不同的功能阶段或不同的价值增值阶段有机地联系起来。Gereffi（1999）曾将这一国际经济的新现象概括为"全球商品链"（Global Commodity Chain）。联合国工业发展组织定义全球价值链是为实现商品或服务价值而连接生产、销售、回收处理等过程的全球性跨企业网络组织，涉及从原料采购和运输，半成品

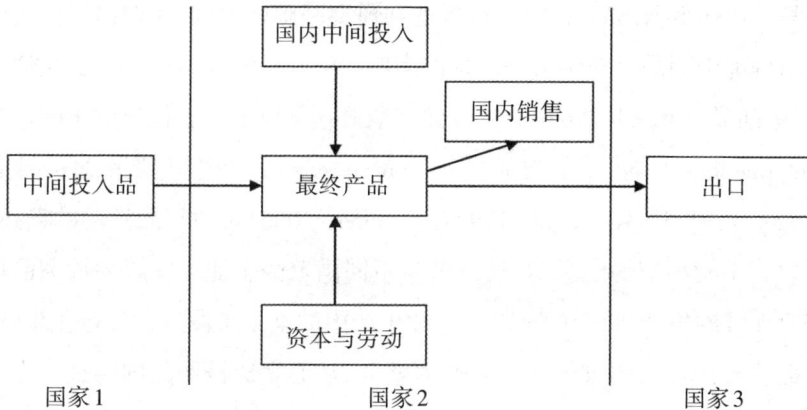

图1.5　垂直专业化分工示意图

资料来源：Hummels, Ishii, Yi(2001).The nature and growth of vertical specialization in world trade. Journal of international Economics

和成品的生产和分销,直至最终消费和回收处理的整个过程。包括所有参与者和生产销售等活动的组织及其价值、利润分配,当前散布于全球的处于价值链上的企业进行着从设计、产品开发、生产制造、营销、交货、消费、售后服务、最后循环利用等各种增值活动。

(2)中间品贸易与附加值贸易

中间品贸易的概念最早可以追溯到 Vanek(1963),他在对两阶段基本模型(Two-stage Production Model)进行扩展时,引用了中间品的分析,他假设每一种产品既可以作为中间品也可以作为最终品。Balassa(1965)、Corden(1966)、Jones(1971)、Bhagwati 和 Srinivasan(1973)均使用了该模型的扩展,引入了中间品贸易的概念。Melvin(1969)、Warne(1971)建立模型,将工业制成品作为中间投入品,以此研究产业间商品流动的关系。Batra 和 Casas(1973)也引入第三种产品。但是这些学者都只是将中间产品作为生产结构的外生变量处理,回避了中间产品的国际贸易问题。Findlay(1978)提出了考虑中间产品贸易的重要模型——奥地利模型,它首次将资本和中间产品联系起来,同时考虑中间品贸易和最终品贸易。Dixit 和 Norman(1980)在奥地利模型基础之上,深入探讨了垂直生产结构下中间品贸易中贸易结构的问题。Sanyal 和 Jones(1982)首次使用了"中间品"(Middle Products),以此归纳概括了以前学者提出的中间产品(Intermediate Good)、在制品(Good-in-process)等中间品概念。结合 Krugman(1995)、Woodland(1997)和 Leamer(2000)对中间品贸易的描述,可以将中间品贸易定义为:使分散于不同国家的企业为完成一件商品而进行连续的生产,每个国家只在连续生产中的某个阶段进行专业化生产,以此将各国最具比较优势的生产力整合,从而完成该产品的制造。在最终产品的生产过程中,为了中间产品转移或进行进一步加工贸易而发生的国际贸易称为中间品贸易。中间品贸易、产品内贸易和加工贸易三者之间的关系如图1.6所示。

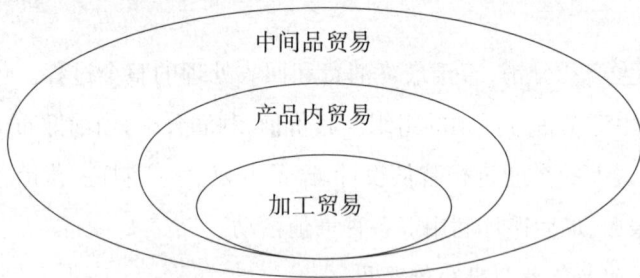

图1.6 中间品贸易、产品内贸易、加工贸易关系示意图
资料来源:作者整理绘制

全球贸易的贸易模式正由货物贸易逐步向任务贸易(task trade)转变。传统的贸易统计方法会忽视生产过程中中间贸易的作用,因此,中间品贸易的界定和研究成为当前学术界研究的重点。中间品贸易内涵的界定如图1.7所示,设两个国家分别为A国和B国,它们分别生产两类中间品 X_1、X_2 和 Y_1、Y_2。中间品有三种类型的直接流向;一是流向国外的生产类部门,如 X_1 和 Y_1 细线所代表的流向;二是流向国内的生产类部门,如 X_1 和 Y_1 粗线所代表的流向;三是流向国内和国外的消费类部门,如 X_2 和 Y_2 虚线所代表的流向。本文所研究的中间品贸易是第一种,即流向生产部门的中间品。

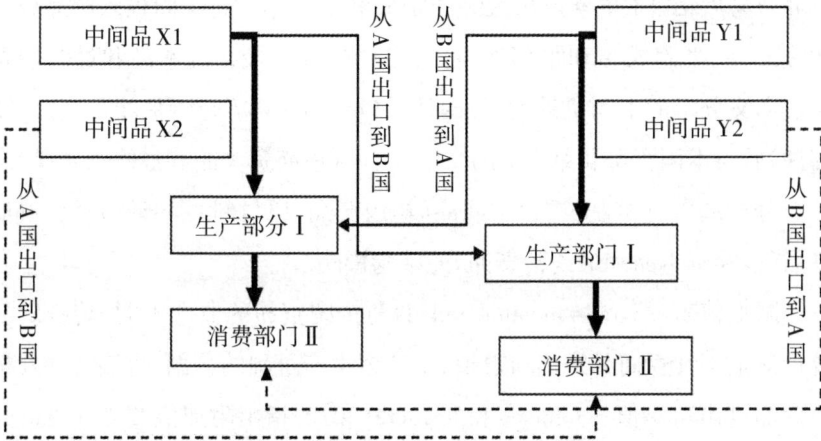

图1.7 中间产品贸易宏观经济活动图

资料来源:作者整理绘制

从微观的角度,中间品贸易可以分解为两部分:生产过程的输入和输出部分。但是输入和输出部分会分别在两个不同国家进行,输入部分与当地的要素结合进行生产,输出品即为中间品,输出的中间品在经过世界贸易后,结合当地的要素进行生产,产成品为最终产品。如图1.8所示,V_i表示无加工的原材料,在加入要素Q后产出的中间品 X_1、X_2,X_1和X_2经过

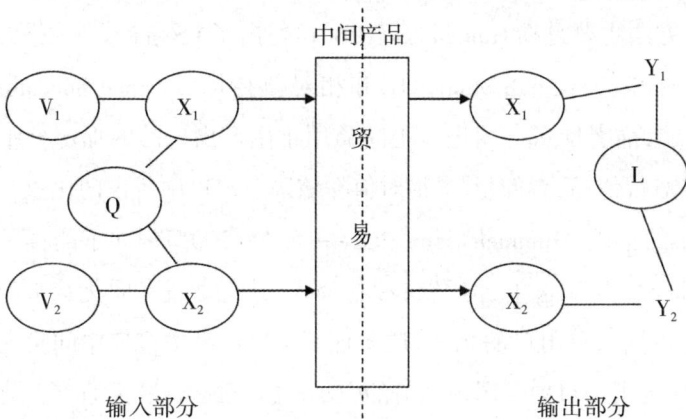

图1.8 中间品贸易微观经济活动图

资料来源:作者整理绘制

世界贸易后结合L要素产出最终产品Y_1和Y_2。本文将中间投入产品分为初级产品、半制成品和零部件，将最终产品分为最终资本品和最终消费品。本文分析的中间贸易为：从国外进口中间品(初级产品、半制成品、零部件)后与本国资源相结合，生产出最终品(最终资本品和最终消费品)出口。分析的影响机制：进口中间品(初级产品、原材料、零部件)对出口最终品(最终资本品和最终消费品)的结构影响。

附加值贸易(trade in value added)与传统贸易的概念不同，传统贸易统计侧重于计算商品进出口总值，不考虑生产过程的分割，直接统计并核算商品进出口总值。Johnson和Noguera(2012)指出附加值贸易计算的是一国创造的直接或间接包含于他国最终消费中的增加值。在中间品贸易存在的情况下，附加值贸易的统计改变了传统贸易统计方法对商品进出口总值核算出现的重复计算，还原了真实的贸易规模。

1.2.2　全球价值链的测度

全球价值链的测度研究起源于垂直专业化分工。测度一个国家出口的垂直专业化程度一般有三种方法：HIY方法、BEC方法和KWW方法。其中HIY方法是基础，BEC方法和KWW方法是在HIY方法基础上进行的进一步改进。

HIY方法主要是指Hummels等(2001)提出了VS指标。VS分为绝对值指标(Vertical Specialization，VS)和相对值指标(Vertical Specialization share，VSS)，前者衡量一国进口中间品用于生产出口品的那部分中间投入品的绝对价值；后者衡量VS绝对值在该国总出口中所占的比重。其中VS是VSS的基础，Hummels、Ishii和Kei-Mu Yi(2001)创立了测算一国各行业出口和总出口垂直专业化份额的公式，其把垂直专业化定义为进口中间产品占国家总出口的比率，这体现了出口产品中进口中间投入品的含量，即体现了出口中外国附加值的大小。按照此方法，垂直专业化贸易发生在下一阶段的出口使用了进口的中间产品，因此，对某行业i在t年的垂直专业化贸易额(VS_i^t)的度量公式为：

$$VS_i^t = (II_i^t / GO_i^t) \times EX_i^t$$

其中，II_i^t 为行业 i 在 t 年使用的进口中间投入、GO_i^t 为行业 i 在 t 年的总产出、EX_i^t 为行业 i 在 t 年总出口。在公式中，II_i^t/GO_i^t 度量了行业 i 每一单位的国内产出中包含的进口投入，即进口中间产品对国内产出的贡献度，VS_i^t 是行业 i 在 t 年出口中所包含的进口投入量（VS 出口），VS 出口为一国出口所包含的国外增加值，该部分价值虽从一国出口，但并不由该国创造。

进一步推导，一国某行业出口垂直专业化份额的公式为：

$$VSS_i^t = VS_i^t / EX_i^t = II_i^t / GO_i^t$$

VSS_i^t 即为行业 i 在 t 年单位产出所需要的进口中间投入，反映行业 i 的垂直专业化水平。将各个行业加总，令 $VSS_t = \sum VSS_i^t$，进一步推导出一国垂直专业化贸易比重：

$$VSS^t = VS^t / EX^t = \sum VS^t / \sum EX^t = \sum (II^t EX^t / GO^t) / \sum EX^t$$

用矩阵表示，全国总出口的 VS 份额为：

$$VSS^t = VS^t / EX^t = \lambda A^M [I - A^D]^{-1} X / EX^t$$

其中，λ 为 $1 \times n$ 维向量。$A^M = (m_{ij})_{n \times n}$ 为各行业单位产出的进口中间投入系数矩阵，元素 m_{ij} 为行业 j 单位产出使用的来自行业 i 的进口中间投入。I 为 $n \times n$ 阶单位矩阵。$A^D = (D_{ij})_{n \times n}$，为各行业单位产出的国内中间投入系数矩阵，元素 D_{ij} 为行业 j 单位产出使用的来自行业 i 的国内中间投入。里昂惕夫逆矩阵 $[I-AD]^{-1}$ 可以视为一个无穷几何级数，该矩阵使得进口中间投入最终包含在出口产品之前，可以在国内经济各部门或各生产阶段循环使用。EX 为 $n \times 1$ 维出口向量。

HIY 方法基于一国投入产出表提供出 VS 和 VSS 的计算公式。但 HIY 方法的一个前提假定是中间进口产品投入在总投入中的比例与总中间投入在总产出中的比例相同，但这个假定在实际中并不准确，对于加工贸易所占比例较大的中国来说，HIY 方法就会导致国外增加值的显著低估。Grossman 和 Helpman（2005）也认为 VSS 计算方法对参与产品内分工程度的测算不完全，但是由于数据的可得性以及此方法较为清楚地反映出产品内分工与产品内贸易的发展趋势，目前这种方法已经被各国学者普遍采用。

BEC 是指联合国广义分类法，其对 HIY 基于一国投入产出表的方法进行了改进。联合国根据产品的最终用途，将贸易数据划分为资本产品、中间品（半成品和零配件）和消费品。其中中间品可以按照联合国广义分类法（BEC）求得。如 Yeats（2001）计算了进口中间品占进口总量的比重，Amiti 和 Wei（2004）计算了进口中间品占中间投入品总量的比重，刘志彪等（2005）计算了中国 1997 年、2000 年和 2002 年进口的中间投入占总产出的比重，他们把这一比重称为生产非一体化指数。结果表明，1997 年我国的生产非一体化指数为 0.256、2000 年为 0.279、2002 年则达到了 0.28。按照 BEC 这种方法计算出的中间产品，优点是消除了中间品定义上的主观性，是一种比较一致的统计体系。同样，也存在一定的局限性，这种统计只能从宏观上了解一国参与产品内国际分工的情况，缺乏微观角度。另外就是对于中间品性质的划分只考虑到一般性，而没有考虑到其具体性，即某一产品虽然在大部分时候是以中间产品的形式存在，但有些时候也可以作为消费品，如发动机（刘利民和崔日明（2011））。

Dean，Fung 和 Wang（2007）综合考虑了一般贸易和加工贸易在进口中间产品投入比例的不同，把投入产出表分离为一般贸易和加工贸易投入产出表，然后计算中间品的进口比例，进行汇总得到垂直专业化比率，这种方法被称为 DFW 方法。Dean 等方法的缺点是不管最终产品用于内销，还是一般贸易出口或加工贸易出口，都假设进口投入品的使用比例是一样的。由于加工贸易出口是密集使用进口投入品的，所以 Dean 等的方法计算出的结果是有偏差的（高越（2010））。Robert Koopman、Zhi Wang and Shang-jin Wei（2008）在 DFW 方法的基础上进行了进一步改进，称为 KWW 方法。Koopman，Wang 和 Wei（2008）拆分出投入产出表，Dean（2008）把 VS 重新修正为：

$$VS=\lambda A^{MD}(I-A^{DD})^{-1}X^{N}+\lambda[A^{MD}(I-A^{DD})^{-1}A^{DP}+A^{MP}]X^{P}$$

其中,D指国内销售,N指一般贸易出口,P指加工贸易。X^{N}和X^{P}是出口向量X拆分出的,分别指一般贸易出口和加工贸易出口。A^{DD}和A^{DP}分别为国内销售和一般贸易出口产品的国内消耗系数矩阵、加工贸易出口产品的国内消耗系数矩阵,是Koopman等对A^{D}的拆分。在上式中λA^{MD} $(I-A^{DD})^{-1}X^{N}$指一般贸易出口产品中包含的进口中间投入,$\lambda[A^{MD}(I-A^{DD})^{-1}A^{DP}+A^{MP}]X^{P}$指加工贸易出口产品中包含的进口中间投入,其中,$\lambda A^{MD}$ $(I-A^{DD})^{-1}A^{DP}X^{P}$表示非加工贸易进口的中间投入,$\lambda A^{MP}X^{P}$表示以加工贸易形式直接进口的中间投入。Dean等利用上式计算了VSS:

$$VSS=\lambda A^{MD}(I-A^{DD})^{-1}X^{N}/EX+\lambda[A^{MD}(I-A^{DD})^{-1}A^{DP}+A^{MP}]X^{P}/EX$$

传统的不考虑跨国生产因素的垂直专业化测算方法主要由Hummels、Krugman、Grubel、Lloyd等经济学家提出,但是Lall(2000)、Mani(2000)和Srholec(2007)研究发现,发展中国家存在于高技术产品出口爆炸式的增长是一种统计假象,掩盖了背后基于跨国公司FDI引致的发展中国家高技术中间品的进口和出口,所以,Lau等(2007)采用非竞争型投入占用产出法,将国内生产区分为用于国内需求、加工出口生产和非加工出口生产及其他三部分,构建了能够反映中国加工贸易特点的非竞争型投入占用产出模型,提出了一国单位产品出口对国内增加值和就业拉动效应的计算方法(即国内完全增加值系数和完全就业系数),通过编制2002年中美两国的非竞争型投入占用产出表,测算和分析中美两国出口对各自国内增加值和就业的影响。Koopman等(2008)综合了VS指数和国内完全增加值系数的方法,在此基础上发展出了一个测度加工贸易盛行条件下出口品国内增加值和进口价值的一般方程,并对中国出口产品的国内价值含量进行了估计。这些研究都为解决统计假象问题提供了思路与方法,也为在解决这一问题的基础上准确衡量国际分工地位指明了方向。

部分学者着眼于全球价值链地位的测度以及全球价值链的升级路

径。Hummels 等(2001)创立了垂直专业化份额公式,Koopman 等(2008)重新修正了垂直专业化指标,王直等(2015)在此基础上构建了全球价值链视角下传统国际贸易统计与国民经济核算体系的对应框架。通过测度全球价值链地位和贸易增加值(Johnson 和 Noguera,2012;Timmer 等,2014),分析出口增加值的动因(罗长远和张军,2014),综合运用回归反推方法(王永进和施炳展,2014)和倍差法(毛其淋和许家云,2016),发现中国处于整个生产链条的低附加值或者低技术含量的环节(姚洋和张晔,2008),中国出口产品在质量上也属于低值产品(鞠建东和余心玎,2014)。这是由于发展中国家以自身禀赋优势,切入全球价值链,从事较为低端的加工、组装等活动,容易被发达国家锁定在价值链低端(张少军和刘志彪,2013),但也有部分学者发现,近年来,中国国内附加值不断提高,这主要源于使用国内原材料替代进口原材料促使国内附加值提高(Kee 等,2016),制造业服务化等因素也对企业价值链升级产生一定的促进作用(刘斌等,2016)。

1.2.3 全球价值链分工的动因

在国际贸易框架下,学者认为比较优势、规模经济是全球价值链分工的基础,运输成本、产业特征、关税、制度差异等是全球价值链分工的影响因素(赵明亮,2012)。在国际贸易理论框架下,探寻全球价值链分工动因的初始模型是 Grossman (1982)在 Vanek(1963)、Balassa(1965)等前人研究的基础上发展了的生产区段模型。Sanyal(1983)在李嘉图模型下,探讨了产品生产阶段分布的问题。Jones 和 Kierzkowiski (1990)引入了"生产模块"和"服务连接"的概念。Deardorff (1998)在 H-O 模型下的分析认为,片断化生产产生的条件,取决于按各国要素价格比较优势生产带来的成本节约与额外资源使用带来的成本增加之间的权衡,关税与片断化生产之间存在负向关系。Krugman 和 Venables(1995)认为运输成本的下降使得国际垂直专业化分工日益盛行。Ishii 和 Kei-Mu(1997)、Hummels 等(2001)从生产的垂直专业化角度解释国际贸易快速增长的原因,他们认为各国越来越专业化分工生产中间投入品,在进行国际交换的过程中产生大量中间产品贸易,于是,产业内贸易快速增长。

部分学者在产业组织理论框架下结合国际贸易理论进行分析国际垂直专业化分工的发生和企业生产组织模式选择。Grossman 和 Helpman(2003)基于不完全契约和开放经济条件假设,得出结论:产业规模的扩大有利于外包,契约越完善,中间产品生产企业越多。Grossman 和 Helpman(2005)认为外包的程度依赖于中间产品提供的市场厚度、搜寻市场匹配方的成本、技术水平以及各国的契约环境等。Melitz(2003)、Helpman 等(2004)研究了企业异质性对产品市场供应的影响,认为低生产率的企业仅供应国内市场,高生产率的企业会供应国外市场。Antras(2005)构建了契约投入品密度差异模型,该模型显示,新产品价值链上的每个环节都在北方国家进行,随着时间的推移,其零部件通过垂直 FDI 转向南方国家生产,当产品生产成熟时,零部件则会外包给南方国家的供应商。Helpman(2006)结合不完全契约理论和行业内企业在劳动生产率上的异质性,分析了跨国企业的组织选择决策,并提出同一行业内企业在劳动生产率上存在着较大差别,只有劳动生产率最高的企业才会选择 FDI,劳动生产率次之的企业会选择海外外包,劳动生产率再次之的企业会依次选择在国内投资、国内外包。他还认为,行业内企业在劳动生产率上的异质程度和一国的契约制度质量构成了比较优势新的源泉。Acemoglu、Antras 和 Helpman(2007)通过构建模型分析了不完全契约、技术互补性对企业技术选择的影响,模型显示企业选择越复杂先进的技术,涉及的中间投入品就越多;中间产品之间具有可替代性,不同产业的中间产品替代性不同。

部分学者提出科学技术进步是垂直专业化产生的根本动因。张幼文(1999)认为生产力的发展从根本上决定了国际分工的发展,而科学技术是生产力最主要的决定要素。Jones 等(2001)提出了"技术说",认为技术进步是推动垂直专业化发展的重要原因。不可分的各个生产环节集中在一个企业内是垂直一体化,如果在技术工艺上具有一定的可分离性,各个环节的生产能由不同国家的不同企业分别进行,这就产生了垂直专业化。Hanson(2002)认为科学技术进步降低了垂直专业化的分工成本。因为随着计算机、网络等现代信息技术的发展,企业的交易费用会下降到一个很显著的水平时,这时公司会进行生产流程分割以推动国际分工。

1.2.4 FDI与全球价值链分工的理论机制

在传统的制造业价值链投资研究中,学者往往使用单国或双国模型,但该模型仅能刻画一国或两国间进口品的使用与出口品的生产情况,而基于价值链的投资中,学者往往基于多国模型进行变量的分析,因此,更能厘清基于进口品价值的来源地投资和基于出口品价值的最终目的地投资。在全球价值链分工的理论研究中,以 Krugman、Fujita、Venables、Bald-win 等为代表,采用 D-S 垄断竞争的一般均衡分析、冰山交易技术、演进以及 DCI 框架分析国际生产的空间特征以及产业分布的集聚与分散(核心—边缘结构),并融入企业间的投入产出关联。Krugman 和 Venables(1995)在 Krugman(1980)的贸易模型基础上融入了企业间的投入产出关联,创建了垂直关联模型。在全球价值链投资框架下,学者将制造业拆分为上游产业和下游产业(Venables,1996),构建新经济地理模型并引入跨国公司的垂直生产(Gao,1999);或者将 NEG 模型与新古典国际贸易理论中的 H-O 理论融合以确定不同产业的生产区位(Amiti,2005)。Meltz(2003)将异质性企业假定引入企业投资决策模型,探讨企业边界、外包以及内包战略的选择(Antras 和 Helpman,2004),为研究企业全球化和产业组织提供了全新的视角。部分学者分析了企业在出口中对垂直一体化决策的选择(Fernades 和 Tang,2012;Bernard 等,2015)从不完全合约角度产权和外包角度推进了全球价值链问题分析框架(Biesebroeck 和 Zhang,2014;Schwarz 和 Suedekum,2014;Diez,2014;Bernard 等,2015),研究了企业选择垂直一体化的动因影响效果等(Alfaro 等,2016,2017;Zlate,2016)。此外,国内外部分学者分析了中国对外直接投资的出口效应(蒋冠宏和蒋殿春,2014),梳理了中国对外直接投资的影响要素:既包括东道国经济水平、自然资源禀赋、市场规模、生产成本等因素(Buckley et al,2007;Rodri-guez et al,2011;Quer et al,2012;Hu et al,2014),又涵盖中国对外开放政策、战略资源需求等要素(Buckley et al,2008;Gon-zalez-Vicente,2012;Tan,2013;Zhang et al,2015)。

部分学者针对投资进行了相关价值链的理论研究,以FDI的空间联系为着眼点,将母国、东道国之外的周边市场(即第三方因素)纳入到分析框架中,研究三方因素在跨国公司投资空间选择中的作用。Baltagi等(2007)系统归纳了第三方对传统的双边投资的重要影响,认为周边市场与东道国在要素和产品供求上的相对变化以及他们与东道国之间投资与贸易联系的亲疏都会影响母国的投资战略。Markusen(2002)建立2*2*2(2国家2要素2商品)模型。Bergstrand和Egger(2007)在Markusen(2002)知识资本模型的基础上构建了3*3*2(3国家3要素2种商品)三国一般均衡模型研究跨国公司投资策略模型,认为空间效应在两种复杂型投资模式中的影响不同,其中出口平台型FDI产生空间竞争性,而复杂垂直型FDI产生空间互补性。Bergstrand和Egger(2008)在此基础上构建3国3要素3产品的理论模型区分最终品贸易和中间品贸易,以此来解释最终品贸易、中间品贸易以及FDI之间的关系。Hall和Petroulas(2008)、Garret-sen和Peeters(2009)、Martin(2011)研究了美国、欧盟、日本、德国和西班牙的对外直接投资的空间选择效应,其结果都强调了空间效应在跨国公司对外直接投资区位选择中的重要作用。李磊等(2016)基于不同投资动机,分析了不同类型投资对母国就业的影响机制。这些文献从理论角度很好地分析了跨国公司不同价值链生产环节区位分布的决定因素,及跨国公司FDI与上、下游之间的投入产出垂直关联的相互影响关系。

第三节 研究思路与内容安排

　　本书共分为十二章,框架结构如图1.9所示,本书从四个模块阐释制造业FDI与全球价值链之间的理论机制与实证分析。其中,第一章为绪论,提出本书研究的背景,对相关概念进行界定与梳理,阐释本书的写作思路。第二章对制造业FDI与全球价值链的理论机制进行阐释,运用一般均衡分析法基于数理模型对FDI对制造业全球价值链分工机制进行了深入分析与推导,构建2*2*3理论模型分析FDI对中间品贸易的影响机制以及中间品质量改进与全球价值链位置提升之间的作用机制。

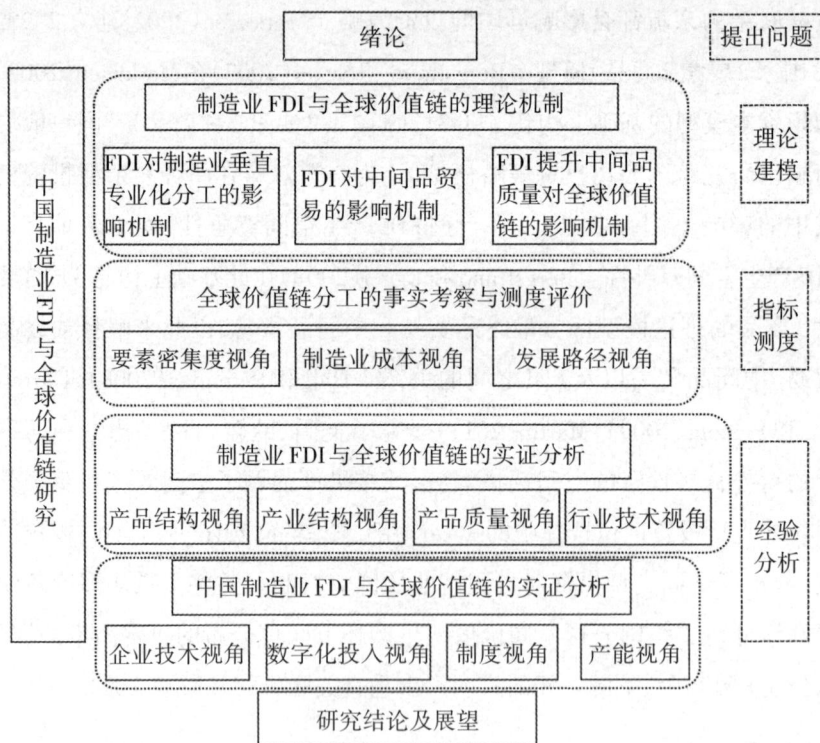

图1.9 本书框架结构图

资料来源:作者绘制

第三章对全球价值链分工进行了事实考察,基于要素密集度和制造业成本视角考察了制造业全球价值链的动态位置演变及特征,从发展路径视角分析了服务业的全球价值链位置发展趋势及特征。第四、五、六、七章分别产品结构、产业结构、产品质量和行业技术四个视角考察了制造业FDI与全球价值链的实证分析。其中,第四章验证了第二章提出的相关命题,特别是FDI、中间品贸易与最终品贸易之间的相互影响机制。第五章引入有效结构变动指数,从延期效应和同期效应两个视角诠释了有效结构变动对全球价值链的影响机制。第六章从产品质量的视角考察全球价值链数字化背景下互联网发展对发达经济体出口产品质量的影响机制。第七章从行业层面考察了行业出口技术复杂度对全球价值链位置的影响机制。第八、九、十、十一章以中国为研究对象,从企业技术视角、数字化投入视角、制度视角与产能视角考察制造业FDI与全球价值链的实证分析。第八章从制造业企业投资率异质性视角出发,采用随机前沿模型,考察中国制造业企业投资效率对出口技术复杂度的影响机制和路径分析。第九章在数字经济背景下考察中间品数字化投入对全球价值链的影响机理。第十章基于中国的经验证据,从制度视角探讨了制造业中间品关税减免对企业创新的影响机制。第十一章从产能视角,考察中国制造业FDI与全球价值链,特别是在"一带一路"倡议下中国优势产能"走出去"的案例分析,以及中国制造业产能利用率的测度及其与全球价值链的相互影响机制。第十二章对全书进行了总结,并指出研究不足及展望。

第四节　本章小结

在全球价值链迅速发展的背景下,国际分工、国际贸易与国际生产网络是对国际经济的三个不同视角的描述。国际分工经历了产业间分工发展至产业内分工至产品内分工的发展阶段,与此相对应,国际贸易经历了产业间贸易至产业内贸易至产品内贸易的发展阶段,其中,产品内分工即全球价值链分工和产业内贸易是当前经济发展的新趋势。本章为对FDI与全球价值链的研究背景、相关文献以及全书的结构框架进行了系统梳理，并得出以下观点：第一，全球价值链的最初动因是规模经济。资本相对丰裕的发达国家会在资本密集型产品的生产上形成规模经济，劳动力相对丰裕的发展中国家会承接发达国家转移出的劳动密集型产品，即在劳动密集型产品的生产上也形成有效的规模经济效应，由此形成了世界较早的垂直专业化分工与合作。第二，现有文献将企业理论和新制度经济学中的制度分析融入传统的贸易理论，从微观的视角出发探讨了企业为个体的贸易模式问题，这种分析思路和框架改变了传统贸易理论与新贸易理论的宏观分析范式，从多角度对产品内分工、垂直专业化分工、全球价值链理论等进行了发展和完善。现有FDI与全球价值链的理论研究主要基于新经济地理理论和D-S框架建立两国三产业的一般均衡模型，但现有理论未能考虑跨国跨产业投入产出的多要素垂直关联，也未将劳动力要素进一步细分为熟练劳动和非熟练劳动，在本书的第二章理论机制中将会针对这些对模型进行进一步改进并完善。第三，在衡量一国全球价值链分工位置和地位时，鲜有文献对跨国公司FDI所引致的中间品贸易和生产的中间品进行区分，因此，无法全面衡量FDI对一国全球价值链分工位置形成的真实影响。第四，我国在参与全球价值链分工时应构建完善产业链，基于提高产业竞争力、产品价值增值、增强技术创新、延伸价值链等角度提升我国制造业在全球价值链分工中的竞争力，提高FDI利用效率，以促进我国产业结构升级和经济增长。在此背景下，本书将从理论机制、指标测度、实证分析以及中国的经验考察四个维度，充分考虑以全球经营的跨国公司FDI为扩展路径的全球价值链生产网络布局研究具有很强的理论指导作用和现实意义。

第二章
制造业FDI与全球价值链的理论机制

本章构建了FDI与全球价值链的理论机制。第一节在新经济地理理论的基础上,在D-S框架下建立两国三产业的一般均衡模型,将劳动力要素细分为熟练劳动和非熟练劳动,引入三种要素,改进中间品完全专业化生产的假设,加入垂直关联因素分析了FDI对一国参与全球价值链分工的决定因素。第二节建立两国三要素三产品的一般均衡模型,引入FDI,从理论上探讨了投入产出的多要素垂直关联,从而诠释全球价值链背景下FDI对中间品贸易、最终品贸易结构的影响机制。第三节引入质量阶梯,构建质量内生的上游异质性企业模型,将中间品市场和最终品市场的生产环节与价值链区间相对应,将中间品质量改进视为制造成本的变动,分析上游中间品质量改进对价值链参与度和价值链地位产生的垂直关联效应,讨论了中间品质量改进对经济规模、国际贸易以及全球价值链地位提升的影响,阐述了影响企业参与价值链分工地位提升的内、外部因素,从而揭示出中间品质量改进对价值链地位提升的内在影响机制,拓展了现有异质性贸易理论。

第一节 FDI对制造业垂直专业化分工的影响

2.1.1 基本模型

假设有两个国家A和B,两个产业制造业和农业,农业是完全竞争且规模收益不变,制造业垄断竞争并且规模收益递增。A是发展中国家是非熟练劳动密集型，B是发达国家熟练劳动密集型，即L/H>L*/H*。劳动在国内自由流动，资本在国际和国内均可自由流动。

农业生产初级产品，制造业存在上下游两类产业，上游产业主要用于生产中间品，用角标u表示，下游产业主要用于组装中间品进而生产出最终品，用角标d表示。生产两类商品，中间品Y_1、Y_2和最终品Y。Y_1是非熟练劳动(unskilled-labor)密集型产品，Y_2是熟练劳动(skilled-labor)密集型产品，Y_1、Y_2作为中间品组装成最终品Y。假设Y_1、Y_2这两种中间品均在两国国内生产，并且可贸易。Y是在A国最终生产的制造品，Y*是在B国最终生产的制造品。

设两种中间品Y_i(i=1,2)的生产由三种要素构成，非熟练劳动L_i，熟练劳动H_i和资本K_i，三种要素分别对应的要素报酬为工资w_L、w_H和利率r。其中，非熟练劳动产品是指通过工厂等生产性部门生产的，熟练劳动产品是指由研发等部门生产的。因此，制造业中间品的线性齐次生产函数为：

$$Y_i=f_i(L_i,H_i,K_i) \quad i=1,2$$

初级产品在国际间运输不存在运输成本，制造业中间品和最终品在国际间运输存在运输成本$\gamma(\gamma \geq 1)$。m_u表示中间品的进口，m_d表示最终品的进口。图2.1阐释了本文构建的模型的基本框架，因为根据假设，A、B两国的制造业在生产最终品时既要投入本国生产的中间品，也要投入另一国生产的中间品，从而产生了跨国生产因素，即A、B两国的上游产业中，企业用本土生产的中间品和对方国家生产的中间品，通过非熟练劳动的组装，生产出最终品以供本国的消费和对方国家的消费(即出口)。在本文的假设前提下，每一个最终产品都包含跨国生产投入，将这部分投入(即m)看作为由国外企业投资生产并通过进口进入到本国企业生产价值链条的，在本文中将这部分进口视作FDI，国内外企业之间通过这种FDI产生了生产的垂直关联，因此，投入产出关联变量内生于本文的模型。此外，在本文的模型中，A、B两国的两种中间品生产并不存在完全的专业化分工,两国对于相对稀缺要素密集型的中间品的需求只会部分依赖于进口,其余部分仍源于本国的生产。这与现实经济中的国际分工模式相符,即发展中国家并非完全专业化生产非熟练劳动密集型的中间品,与此同时,它也会生产熟练劳动密集型的中间品,只是由于熟练劳动要素相对稀缺,这类中间品会部分依赖于进口,进而完成最终品的组装,由此可见,本文的假设更接近现实经济。

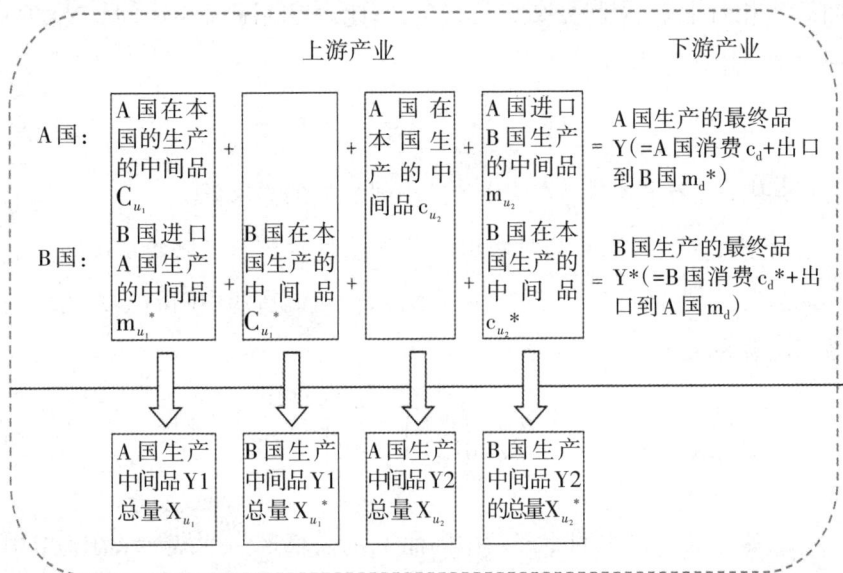

图2.1　模型基本框架

资料来源:作者绘制

(1)消费者

在需求方面,在D-S框架下,消费者总效用函数为:

$$U = C_d^{\mu} C_a^{1-\mu} \quad (0 < \mu < 1) \quad (2.1)$$

C_d是对制造业最终品Y的总消费量,C_a是农业部门初级产品的总消费量。消费者对制造业最终产品总消费量的次效用函数,采用CES形式,

$$C_d = \left[\sum_{i=1}^{n_d} c_{di}^{(\sigma-1)/\sigma} + \sum_{j=1}^{n_d^*} \left(\frac{m_{dj}}{\tau_d} \right)^{(\sigma-1)/\sigma} \right]^{\sigma/(\sigma-1)} \quad \sigma > 1 \quad (2.2)$$

其中，c_{di} 是 A 国对本国生产的制成品 i 的最终需求量，$\dfrac{m_{dj}}{\tau_d}$ 是 A 国消费者对 B 国生产的制成品 j 的最终需求量，即进口量。消费者的效用会随着本国生产的种类 n_d 和外国的产品种类 $n_d{}^*$ 而增加。σ 是国内外产品间的替代弹性（$\sigma > 1$），τ_d 是贸易成本，即冰山成本（$\tau_d \geqslant 1$）。

由于 A 国是非熟练劳动要素密集国家，A 国的非熟练劳动密集型中间品 Y_1 相对丰裕，中间品 Y_1 自给自足，因此，A 国制造业对中间品 Y_1 的总需求的效用函数为：

$$C_{u_1} = \left[\sum_{i=1}^{n_{u_1}} c_{u_1 i}{}^{(\sigma-1)/\sigma} \right]^{\sigma/(\sigma-1)} \tag{2.3}$$

其中，$c_{u_1 i}$ 表示 A 国对本国生产的中间品 Y_1 的需求量。

由于 A 国的熟练劳动要素相对稀缺，A 国熟练劳动密集型中间品 Y_2 不能自给自足，部分 Y_2 需要进口，因此，A 国对制造业中间品 Y_2 总需求的效用函数为：

$$C_{u_2} = \left[\sum_{i=1}^{n_{u_2}} c_{u_2 i}{}^{(\sigma-1)/\sigma} + \sum_{j=1}^{n_{u_2}^*} \left(\frac{m_{u_2 j}}{\tau_{u_2}} \right)^{(\sigma-1)/\sigma} \right]^{\sigma/(\sigma-1)} \tag{2.4}$$

$c_{u_2 i}$ 表示 A 国对本国生产的中间品 Y_1 的需求量，$\dfrac{m_{u_2 j}}{\tau_{u_2}}$ 表示 A 国对 B 国生产的 Y_2 的需求量，即 A 国从 B 国进口的中间品 Y_2。

同理，对于熟练劳动要素相对丰裕的 B 国，非熟练劳动密集型中间品 Y_1 则需要进口，因此，B 国制造业对中间品 Y_1 的总需求的效用函数为：

$$C_{u_1}^* = \left[\sum_{j=1}^{n_{u_1}^*} c_{u_1 i}^*{}^{(\sigma-1)/\sigma} + \sum_{i=1}^{n_{u_1}} \left(\frac{m_{u_1 j}^*}{\tau_{u_1}} \right)^{(\sigma-1)/\sigma} \right]^{\sigma/(\sigma-1)} \tag{2.5}$$

而 B 国熟练劳动密集型中间品 Y_2 则可以自给自足。总需求的效用函数为：

$$C_{u_2}^* = \left[\sum_{j=1}^{n_{u_2}^*} c_{u_2 j}^*{}^{(\sigma-1)/\sigma} \right]^{\sigma/(\sigma-1)} \tag{2.6}$$

由此可见,就中间品需求函数而言,A、B 两国由于其两种劳动要素的密集度不同,因此,两国中间品的需求函数恰好相反,也正是由于中间品要素禀赋的差异,使 A、B 两国产生了中间品贸易,进而产生了垂直关联。

A 国制造业最终品的价格指数为:

$$P_d = \left[\sum_{i=1}^{n_d} p_{di}^{1-\sigma} + \sum_{j=1}^{n_d^*} \left(p_{dj}^* \tau_d \right)^{1-\sigma} \right]^{1/(1-\sigma)} \tag{2.7}$$

其中 p_{di} 是本国商品 i 的价格,$p_{dj}^* \tau_d$ 是进口商品 j 的价格。同理,B 国制造业最终品的价格指数为:

$$P_d^* = \left[\sum_{j=1}^{n_d^*} p_{dj}^{*\,1-\sigma} + \sum_{i=1}^{n_d} \left(p_{di} \tau_d \right)^{1-\sigma} \right]^{1/(1-\sigma)} \tag{2.8}$$

由于 A 国的中间品 Y_1 自己自足,因此,A 国中间品 Y_1 的价格指数只与中间品 Y_1 的价格相关,因此,其 A 国中间品 Y_1 价格指数为:

$$P_{u_1} = \left[\sum_{i=1}^{n_{u_1}} p_{u_1 i}^{1-\sigma} \right]^{1/(1-\sigma)} \tag{2.9}$$

其中,p_{u1i} 表示 A 国生产的中间品 Y_1 的价格。而 A 国所需的中间品 Y_2 部分源于本国生产,部分源于进口,因此,A 国中间品 Y_2 的价格不仅和 A 国国内生产的中间品 Y_2 的价格相关,还和 A 国从 B 国进口 Y_2 的价格相关,因此,A 国中间品 Y_2 的价格指数为:

$$P_{u_2} = \left[\sum_{i=1}^{n_{u_2}} p_{u_2 i}^{1-\sigma} + \sum_{j=1}^{n_{u_2}^*} \left(p_{u_2 j}^* \tau_u \right)^{1-\sigma} \right]^{1/(1-\sigma)} \tag{2.10}$$

其中 $p_{u_2 i}$ 表示 A 国国内生产 Y_2 的价格,$p_{u_2 j}^* \tau_u$ 表示 A 国进口的 Y_2 的价格。

同理,B 国的中间品 Y_1 的价格指数不仅相关于 B 国生产 Y_1 的价格 $p_{u_1 j}^*$,还相关于 B 国进口 Y_1 的价格 $p_{u_1 i} \tau_u$,因此,B 国中间品 Y_1 的价格指数为:

$$P_{u_1}^* = \left[\sum_{j=1}^{n_{u_1}^*} p_{u_1 j}^{*\,1-\sigma} + \sum_{i=1}^{n_{u_1}} \left(p_{u_1 i} \tau_u \right)^{1-\sigma} \right]^{1/(1-\sigma)} \tag{2.11}$$

B 国对于中间品 Y_2 的需求可完全自给自足,因此,其价格指数只与 Y_2 的价格 $p_{u_2 j}^*$ 相关,这与 A 国的 Y_1 的价格指数原理相同,因此,B 国中间品 Y_2 的价格指数为:

$$P_{u_2}^* = \left[\sum_{j=1}^{n_{u_2}^*} p_{u_2 j}^{*\,1-\sigma} \right]^{1/(1-\sigma)} \tag{2.12}$$

由此可见,A、B两国的中间品 Y_1、Y_2 的价格指数函数也呈现角标互逆的模式,其中(2.9)和(2.12)式表示本国生产的相对丰裕要素密集型中间品的价格指数,这类价格指数只与本国中间品价格相关;而(2.10)和(2.11)式表示含有跨国因素的中间品的价格指数,即本国生产的相对稀缺要素密集型的中间品价格指数,这类价格指数不仅与本国该类中间品的价格相关,还与该类中间品的进口价格相关。这源于其是由需求函数推导而来,根本原因仍为劳动要素禀赋的差异而导致的贸易。

(2)生产者

①农业部门

两部门的生产函数采用C-D形式,对于农业部门,假设投入全部为非熟练劳动L,并且农业部门为完全竞争行业,因此,农业部门的生产函数为:

$$X_a = L_a^\rho K_a^{1-\rho} \quad 0<\rho<1$$

为简化计算,假设国内外农产品价格均为1。由于完全竞争市场,因此,价格等于边际成本,即利润函数可以写为:

$$\pi_a = X_a - w_L^\rho r^{1-\rho} X_a$$

②制造业部门

对于制造业下游产业d,制造业最终品Y是由中间品 Y_1、Y_2 组装而成的,并且需要投入一定的非熟练劳动 L_{di} 和资本 K_{di},因此,生产函数为:

$$L_{di}^\gamma K_{di}^{1-\gamma-\delta-\theta} Y_1^\theta Y_2^\delta = f + \kappa x_{di} \quad 0<\gamma<1, 0<\theta<1, 0<\delta<1, 且 0<\gamma+\delta+\theta<1$$

其中参数θ和δ表明了中间品 Y_1 和 Y_2 的投入比例,表示出了中间品和最终品之间的垂直关联。

在上游产业中,对于制造业中间品 Y_1,由于其为非熟练劳动密集型产品,因此,其主要要素投入为非熟练劳动,生产函数为:

$$L_{u_1 i}^\alpha K_{u_1 i}^{1-\alpha} = f + \kappa x_{u_1 i} \quad 0<\alpha<1$$

其中f为固定成本,κ 为单位成本的加成定价,X_{u_1} 为 Y_1 生产的数量,$L_{u_1 i}$ 为生产中间品 Y_1 所需要投入的非熟练劳动,$K_{u_1 i}$ 为生产中间品 Y_2 所需要投入的资本。

同理,制造业中间品Y_2为熟练劳动密集型产品,因此生产函数为:

$$H_{u_2i}^{\beta}K_{u_2i}^{1-\beta} = f + \kappa x_{u_2} \quad 0<\beta<1$$

由此可以看出,厂商的利润应为总收益减去总成本,因此,下游制造业厂商的总利润为:

$$\pi_{di} = p_{di}x_{di} - w_L^{\gamma}r^{1-\gamma-\delta-\theta}p_{u_1}^{\theta}p_{u_2}^{\delta}\left(f + \kappa x_{di}\right)$$

由于本文假设下游制造业用于中间品的组装,其要素投入只需一定的资本和非熟练劳动,因此,其利润与非熟练劳动要素价格和资本价格负相关,而与熟练劳动要素价格无关。但是,其利润却与两种中间品的价格负相关,这可以解释为将中间品的投入也看作一种要素投入。上游制造业中间品Y_1和Y_2厂商的利润分别为:

$$\pi_{u_1i} = p_{u_1i}x_{u_1i} - w_L^{\alpha}r^{1-\alpha}\left(f + \kappa x_{u_1i}\right)$$

$$\pi_{u_2i} = p_{u_2i}x_{u_2i} - w_H^{\beta}r^{1-\beta}\left(f + \kappa x_{u_2i}\right)$$

从上式中可以看出,中间品的利润与其相关要素价格呈现负相关,即非熟练(熟练)劳动要素密集型中间品的利润随着非熟练(熟练)劳动要素价格的上升而下降。假定上下游产业的厂商均可自由进入,直至达到均衡利润为零。

(3)产业的均衡

为了实现均衡,首先会根据消费者效用最大化求出消费者对最终产品的需求量,其次会根据生产者的利润最大化求出每个产业中厂商对中间品的需求量以及生产量,最后根据垄断竞争市场性质下均衡的零利润条件决定产品市场出清和要素市场出去下的均衡产量。

①消费者效用最大化

消费者的效用最大化分为两阶段,首先根据效用函数和消费者的预算约束$Y = w_L L + w_H H + rK$,可计算得出,

农产品的支出为$C_a = (1 - \mu)Y$

制造业的支出为 $P_d C_d = \mu Y$

其次,在根据消费者的制造业的次效用函数最大化,预算约束为 $P_d C_d = \mu Y$,可以得到,制造业中,

A国对本国生产的最终品 Y 的需求为:$c_{di} = p_{di}^{-\sigma} P_d^{\sigma-1} \mu Y$ (2.14)

A国对B国生产的最终品 Y* 的需求为:$m_{dj} = \tau_d^{1-\sigma} p_{dj}^{*-\sigma} P_d^{\sigma-1} \mu Y$ (2.15)

B国对本国生产的最终品 Y* 的需求为:$c_{di}* = p_{di}^{*-\sigma} P_d^{*\sigma-1} \mu Y^*$ (2.16)

B国对A国生产的最终品 Y 的需求为:$m_{dj}* = \tau_d^{1-\sigma} p_{dj}^{-\sigma} P_d^{*\sigma-1} \mu Y^*$ (2.17)

通过归纳,可以将最终品的需求划分为两类:其中(2.14)和(2.16)式表示本国对于本国组装的最终品的需求,其与本国的产品价格负相关,与本国产品的价格指数和本国制造业支出呈现正相关。而(2.15)式和(2.17)式则表示本国对于对方国家组装的最终品的需求(即进口),其与两国间的运输成本和对方国家的产品价格呈现负相关,而与本国的价格指数和本国的制造业支出呈现正相关。

在下游产业中,各企业存在相同的技术,同一国家内的价格是相同的,因此,可以忽略角标i和j。在上游产业中,总支出分别以 θ 和 δ 的比例投入于中间品 Y_1 和 Y_2,因此,对于A国中间品 Y_1 的支出为 $e_{u_1} = \theta n_d p_d x_d$,中间品 Y_2 的总支出为 $e_{u_2} = \delta n_d p_d x_d$,同理,B国对中间品 Y_1 的支出为 $e_{u_1}^* = \theta n_d^* p_d^* x_d^*$,中间品 Y_2 的支出为 $e_{u_2}^* = \delta n_d^* p_d^* x_d^*$。因此,中间品的需求函数如下:

A国对A国生产的中间品 Y_1 的需求为:

$$c_{u_1} = p_{u_1}^{-\sigma} P_{u_1}^{\sigma-1} \theta n p_d x_d = p_{u_1}^{-\sigma} P_{u_1}^{\sigma-1} e_{u_1}$$ (2.18)

A国对B国生产的 Y_2 的需求为:

$$m_{u_2} = \tau_u^{1-\sigma} p_{u_2}^{*-\sigma} P_{u_2}^{*\sigma-1} \delta n p_d x_d = \tau_u^{1-\sigma} p_{u_2}^{*-\sigma} P_{u_2}^{*\sigma-1} e_{u_2}$$ (2.19)

A国对A国生产的 Y_2 的需求为:

$$c_{u_2} = p_{u_2}^{-\sigma} P_{u_2}^{\sigma-1} e_{u_2}$$ (2.20)

B国对B国生产的 Y_1 的需求为:

$$c_{u_1}^* = p_{u_1}^{*-\sigma} P_{u_1}^{*\sigma-1} e_{u_1}^*$$ (2.21)

B 国对 A 国生产的 Y_1 的需求为：

$$m_{u_1}^* = \tau_{u_1}^{1-\sigma} p_{u_1}^{-\sigma} P_{u_1}^{\sigma-1} \theta n_d^* p_d^* x_d^* = \tau_{u_1}^{1-\sigma} p_{u_1}^{-\sigma} P_{u_1}^{\sigma-1} e_{u_1}^* \tag{2.22}$$

B 国对本国生产的中间品 Y_2 的需求为：

$$c_{u_2}^* = p_{u_2}^{*-\sigma} P_{u_2}^{*\sigma-1} \delta n_d^* p_d^* x_d^* = p_{u_2}^{*-\sigma} P_{u_2}^{*\sigma-1} e_{u_2}^* \tag{2.23}$$

通过归纳，可以将（2.18）—（2.23）式 6 种中间品的需求分为三类：第一类可以表示为一国对于本国生产的相对丰裕要素密集型中间品的需求，如（2.18）式和（2.23）式，从式中可以看出，该类需求与该类中间品的价格负相关，与该类中间品的本国价格指数和该类中间品本国支出正相关；第二类可以表示为一国对于本国相对稀缺要素密集型的中间品的进口需求，如（2.19）式和（2.22）式，该类中间品的需求与运输成本和该类中间品的国外价格负相关，而与对方国家该类中间品的价格指数和该类中间品的本国支出正相关；第三类可以归纳为一国对于本国生产的相对稀缺要素密集型中间品的需求，由于该类中间品供不应求，因此，该类需求即为本国的生产，从（2.20）和（2.21）式中可以看出，该类需求与该类中间品的本国价格负相关，与该类中间品的本国价格指数和该类中间品的本国支出正相关。

② 生产者利润最大化

对于完全竞争市场的农业部门，利润最大化则意味着价格等于边际成本，即 P=MC，因此有 $1 = w_L^\rho r^{1-\rho}$。

制造业的市场结构为垄断竞争，上下游产业的企业均会选择利润最大化，因此，当达到均衡时，利润为零，产品价格为边际成本加成，对于最终品 Y，

$$\frac{\partial \pi_{di}}{\partial x_{di}} = 0 \ \Rightarrow\ p_{di} = w_L^\gamma r^{1-\gamma-\delta-\theta} P_{u_1}^\theta P_{u_2}^\delta \frac{\kappa\sigma}{\sigma-1}$$

为简化分析，令 $\dfrac{\kappa\sigma}{\sigma-1} = 1$，因此，

$$p_{di} = w_L^\gamma r^{1-\gamma-\delta-\theta} P_{u_1}^\theta P_{u_2}^\delta \tag{2.24}$$

同理，根据生产者利润最大化的原则，上游产业中，中间品的价格分

别为：

$$\frac{\partial \pi_{u_1}}{\partial x_{u_1}} = 0 \Rightarrow p_{u_1} = w_L^\alpha r^{1-\alpha} \frac{\kappa\sigma}{\sigma-1} = w_L^\alpha r^{1-\alpha} \qquad (2.25)$$

$$\frac{\partial \pi_{u_2}}{\partial x_{u_2}} = 0 \Rightarrow p_{u_2} = w_H^\beta r^{1-\beta} \frac{\kappa\sigma}{\sigma-1} = w_H^\beta r^{1-\beta} \qquad (2.26)$$

③一般均衡

在市场出清的情况下,在基本模型的构建下,一国最终品的总产量应
该为本国的消费量与出口量的加总。因此,A国最终品Y的总产量根据
(2.14)式、(2.17)式计算,带入(2.7)式、(2.13)式、(2.24)式得出：

$$X_d = c_d + m_d^* = \frac{\mu(w_L L + w_H H + rK)}{n_d p_d + n_d^* p_d^{*\sigma} p_d^{*1-\sigma} \tau_d^{1-\sigma}} + \frac{\mu(w_L^* L^* + w_H^* H^* + r^* K^*)}{n_d p_d + n_d^* p_d^{*\sigma} p_d^{*1-\sigma} \tau_d^{\sigma-1}}$$

同理,B国最终品Y*的总产量为根据(2.8)式、(2.15)式、(2.16)式、
(2.24)式得出：

$$X_d^* = c_d^* + m_d = \frac{\mu(w_L^* L^* + w_H^* H^* + r^* K^*)}{n_d^* p_d^* + n_d p_d^{*\sigma} p_d^{1-\sigma} \tau_d^{1-\sigma}} + \frac{\mu(w_L L + w_H H + rK)}{n_d^* p_d^* + n_d p_d^{*\sigma} p_d^{1-\sigma} \tau_d^{\sigma-1}}$$

从上式中可以看出,一国最终品的产量是由两部分构成,即消费品和
出口品,这两部分表达式形似相近,但内容涵义不同,需要注意的是,一国
国内的消费量与其运输成本呈现正相关,而一国的出口量与其运输成本
呈现负相关,这表现为表达式分母中 $\tau_d^{1-\sigma}$ 和 $\tau_d^{\sigma-1}$ 的区别,而这一现象与
现实经济是相吻合的。此外,制造业最终品的产量与两国的要素投入量
和要素价格显现正相关,与两国最终品的生产企业数量、最终品的国内价
格显现负相关,但与最终品的国外价格显现正相关。这一现象可以解释
为：当其他变量不变,本国生产的最终品价格降低时,本国的对该产品的
消费需求上升,国外的对该产品的进口需求也会上升,因此,本国最终品
的总产量会增加;而当国外最终品价格降低时,对于本国生产的最终品,
本国和国外的需求均会下降,因此,本国最终品的总产量降低。在企业数
量一定时,当本国下游产业的企业数量增加时,上游产业的企业数量的减

少会使中间品的生产减少,进而造成本国最终品总产量的减少。当外国下游产业的企业数量减少时,外国的中间品产量会减少,本国的进口中间品数量会减少,进而造成本国最终品产量的降低。

同理,中间品的产量根据(2.9)式—(2.12)式、(2.18)式—(2.23)式、(2.24)式分别计算,可以得出下列产量的表达式:

A国生产中间品 Y_1 的总产量为:

$$X_{u_1} = c_{u_1} + m^*_{u_1} = p_{u_1}^{-\sigma} P_{u_1}^{\sigma-1} e_{u_1} + \tau_u^{1-\sigma} p_{u_1}^{-\sigma} P_{u_1}^{\sigma-1} e^*_{u_1} =$$

$$\frac{\theta n_d x_d w_L^\gamma r^{1-\gamma-\delta-\theta} \left[n_{u_2} p_{u_2}^{1-\sigma} + n^*_{u_2} (p^*_{u_2} \tau_u)^{1-\sigma} \right]^{\frac{\delta}{1-\sigma}}}{p_{u_1}^\sigma (n_{u_1} p_{u_1}^{1-\sigma})^{\frac{1-\sigma-\theta}{1-\sigma}}} +$$

$$\frac{\tau_u^{1-\sigma} \theta n^*_d x^*_d w_L^{*\gamma} r^{*1-\gamma-\delta-\theta} \left[n^*_{u_1} p^*_{u_1}^{1-\sigma} + n_{u_1} (p_{u_1} \tau_u)^{1-\sigma} \right]^{\frac{\theta}{1-\sigma}} (n^*_{u_2} p^*_{u_2}^{1-\sigma})^{\frac{\delta}{1-\sigma}}}{n_{u_1} p_{u_1}}$$

A国生产中间品 Y_2 的总产量为:

$$X_{u_2} = c_{u_2} = p_{u_2}^{-\sigma} P_{u_2}^{\sigma-1} e_{u_2} = \frac{\delta n_d x_d w_L^\gamma r^{1-\gamma-\delta-\theta} (n_{u_1} p_{u_1}^{1-\sigma})^{\frac{\theta}{1-\sigma}}}{p_{u_2}^\sigma \left[n_{u_2} p_{u_2}^{1-\sigma} + n^*_{u_2} (p^*_{u_2} \tau_u)^{1-\sigma} \right]^{\frac{1-\sigma-\delta}{1-\sigma}}}$$

B国生产中间品 Y_1 的总产量为:

$$X^*_{u_1} = c^*_{u_1} = p_{u_1}^{*-\sigma} P^{*\sigma-1} e^*_{u_1} = \frac{\theta n^*_d x^*_d w_L^{*\gamma} r^{*1-\gamma-\delta-\theta} (n^*_{u_2} p^*_{u_2}^{1-\sigma})^{\frac{\delta}{1-\sigma}}}{p_{u_1}^{*\sigma} \left[n^*_{u_1} p^*_{u_1}^{1-\sigma} + n_{u_1} (p_{u_1} \tau_u)^{1-\sigma} \right]^{\frac{1-\sigma-\theta}{1-\sigma}}}$$

B国生产中间品 Y_2 的总产量为:

$$X^*_{u_2} = c^*_{u_2} + m_{u_2} = p_{u_2}^{*-\sigma} P_{u_2}^{*\sigma-1} e^*_{u_2} + \tau_u^{1-\sigma} p_{u_2}^{*-\sigma} P_{u_2}^{*\sigma-1} e_{u_2} =$$

$$\frac{\delta n^*_d x^*_d w_L^{*\gamma} r^{*1-\gamma-\delta-\theta} \left[n^*_{u_1} p^*_{u_1}^{1-\sigma} + n_{u_1} (p_{u1} \tau_u)^{1-\sigma} \right]^{\frac{\theta}{1-\sigma}}}{p_{u_2}^{*\sigma} (n^*_{u_2} p^*_{u_2}^{1-\sigma})^{\frac{1-\sigma-\delta}{1-\sigma}}} +$$

$$\frac{\tau_u^{1-\sigma} \delta n_d x_d w_L^\gamma r^{1-\gamma-\delta-\theta} (n_{u_1} p_{u_1}^{1-\sigma})^{\frac{\theta}{1-\sigma}} \left[n_{u_2} p_{u_2}^{1-\sigma} + n^*_{u_2} (p^*_{u_2} \tau_u)^{1-\sigma} \right]^{\frac{\delta}{1-\sigma}}}{n^*_{u_2} p^*_{u_2}}$$

2.1.2 FDI对东道国参与垂直专业化分工的影响

在前文的模型假设中,将A国从B国进口的中间品m_{u_2}看作B国对A国进行了FDI,生产出含有跨国要素的熟练劳动密集型的中间产品,从而投入到下游产业,组装成最终品,在国际生产分工网络中,体现了垂直关联的因素。同理,将B国从A国进口的中间品$m_{u_1}^*$,看作是A国对B国进行的非熟练劳动中间品的FDI。因此可以写出在垂直专业化分工中FDI的表达式:

$$FDI = m_{u_2} =$$

$$\frac{\tau_u^{1-\sigma}\delta n_d x_d w_L^\gamma r^{1-\gamma-\delta-\theta} n_{u_1}^{\frac{\theta}{1-\sigma}} p_{u_2}^\theta \left[n_{u_2} p_{u_2}^{1-\sigma} + n_{u_2}^* (p_{u_2}^* \tau_u)^{1-\sigma} \right]^{\frac{\delta}{1-\sigma}}}{n_{u_2}^* p_{u_2}^*} \qquad (2.25)$$

$$FDI^* = m_{u_1}^* =$$

$$\frac{\tau_u^{1-\sigma}\theta n_d^* x_d^* w_L^{*\gamma} r^{*1-\gamma-\delta-\theta} n_{u_2}^{*\frac{\delta}{1-\sigma}} p_{u_2}^{*\delta} \left[n_{u_1}^* p_{u_1}^{*1-\sigma} + n_{u_1} (p_{u_1} \tau_u)^{1-\sigma} \right]^{\frac{\theta}{1-\sigma}}}{n_{u_1} p_{u_1}} \qquad (2.26)$$

可以看出(2.25)和(2.26)式是对称的,因此,在对FDI对制造业垂直专业化分工的影响分析可以以A国的视角出发,以(2.25)式为例,即FDI投资于熟练劳动密集型的中间品Y_2,而非熟练劳动密集型的中间品Y_1主要为A国自给自足,下游产业的企业通过对中间品Y_1和中间品Y_2(部分源于本国生产,部分源于FDI)的组装生产出最终品。

在一国参与垂直专业分工时,跨国因素直接作用于垂直分工的上游产业,进而影响下游产业,从(2.25)式中,可以推出以下几个命题:

命题2.1.1:当FDI增加时,东道国下游产业的最终品的产量增加,生产最终品的厂商数目增加。

对(2.25)式求一阶偏导,得$\frac{\partial n_d}{\partial FDI} > 0$;$\frac{\partial x_d}{\partial FDI} > 0$。不等式从最终品的层面上说明了垂直专业化分工中的最终品的产量与FDI间的正相关关系,同样,外商直接投资也在一定程度上推动了要素报酬和资本收益率的增加。当FDI的投入增加时,即东道国的进口中间品数量会增加,因此,最终品的产量增加。而在企业数量一定的情况下,进口中间品数量的增加会导致部分企业由上游产业转移至下游产业以获取更大的利润,因此,下游产业中组装最终品的企业数量会随之增加。

命题2.1.2:当FDI增加时,东道国上游产业中,丰裕要素密集型中间品(Y_1)的生产厂商数目减少,价格上升。

在中间品层面,一阶偏导 $\dfrac{\partial n_{u_1}}{\partial FDI}<0$ 说明FDI与东道国本土的生产中间品 Y_1 的企业数目呈现负相关,这可以归因于FDI的增加导致最终品的生产厂商数目增加(命题1),在厂商数目一定的情况下,生产中间品 Y_1 的厂商数目也会相对减少。一阶偏导 $\dfrac{\partial p_{u_1}}{\partial FDI}>0$ 说明东道国的相关中间品的价格与FDI呈正相关,FDI的增加会导致中间品 Y_2 的数量增加,而中间品 Y_1、Y_2 存在互补性,因此,中间品 Y_1 的需求增加,价格上涨。

命题2.1.3:当FDI增加时,东道国上游产业中,稀缺要素密集型中间品(Y_2)的生产厂商数目减少,价格下降。

由于本文的基本模型建立于不完全专业化分工的基础上,因此,参与垂直专业化分工的中间品,一部分来源于投资国的FDI,另一部分来源于本土企业。一阶偏导 $\dfrac{\partial n_{u_2}}{\partial FDI}<0$ 说明东道国同类中间品企业的数量与FDI呈现负相关,即对外直接投资的增加导致东道国的同类企业的减少,进而转向最终品生产的下游产业中,这一结论与现实经济是相一致。一阶偏导 $\dfrac{\partial p_{u_2}}{\partial FDI}<0$ 说明东道国产品价格与FDI负相关,FDI的增加导致中间品 Y_2 的供给增加,进而中间品 Y_2 的价格下降。

从以上三个命题的分析可以看出,FDI对东道国制造业垂直专业化分工的影响贯穿于上下游产业中。其影响可以归纳为两个方面:(1)厂商的数目。FDI的增加会直接作用于厂商的数目,使东道国上游产业中生产中间品 Y_1 和 Y_2 的厂商数目均减少,下游产业中生产最终品的厂商数目增加。(2)中间品的价格。垂直专业化分工的深入即FDI的增加,使上游产业中,中间品 Y_1 的价格上升,中间品 Y_2 的价格下降。

2.1.3 FDI对母国参与垂直专业化分工的影响

从(2.25)式中可以看出,通过参与垂直专业化分工,FDI对母国的影响主要作用于上游产业,由此可以得出:

命题2.1.4:当FDI增加时,母国上游产业中,生产中间品 (Y_2) 的企业数目减少,中间品 (Y_2) 的价格下降。

$\frac{\partial n_{u_2}^*}{\partial FDI} < 0$ 说明母国生产中间品 Y_2 的企业数目与FDI呈现负相关,即投向东道国投入的FDI越多,母国的中间品 Y_2 的企业数目就会越少。这一现象可以归因于母国的资源的有限性,当一部分资源用于投入东道国时,母国的劳动力和资本等资源会相对减少,中间品 Y_2 的国内生产规模会相对缩小,因此,企业数目减少。$\frac{\partial p_{u_2}^*}{\partial FDI} < 0$ 说明母国的中间品价格与FDI与呈现负相关,由于模型假设制造业为垄断竞争且规模收益递增的,因此,FDI的增加可以视为中间品 Y_2 的生产规模的扩大,规模的扩大导致成本的降低,因此,中间品价格下降。

2.1.4 FDI对参与垂直专业化分工的要素价格和要素收入的影响

本文假设农业和制造业的生产均使用了资本和劳动,但是两国分别为熟练劳动密集型和非熟练劳动密集型,当市场出清时,A国的要素收入分别为:

$$w_L L = \rho X_a + \alpha p_{u_1} n_{u_1} x_{u_1} + \gamma p_d n_d x_d$$

$$w_H H = \beta p_{u_2} n_{u_2} x_{u_2}$$

$$rK = (1-\rho) X_a + (1-\alpha) p_{u_1} n_{u_1} x_{u_1} + (1-\beta) p_{u_2} n_{u_2} x_{u_2} + (1-\gamma-\delta-\theta) p_d n_d x_d$$

B国的要素收入分别为

$$w_L^* L^* = \rho X_a^* + \alpha p_{u_1}^* x_{u_1}^* n_{u_1}^* + \gamma p_d^* n_d^* x_d^*$$

$$w_H^* H^* = \beta p_{u_2}^* n_{u_2}^* x_{u_2}^*$$

$$r^* K^* = (1 - \rho) X_a^* + (1 - \alpha) p_{u_1}^* n_{u_1}^* x_{u_1}^* + (1 - \beta) p_{u_2}^* n_{u_2}^* x_{u_2}^* + (1 - \gamma - \delta - \theta) p_d^* n_d^* x_d^*$$

在垂直专业化分工中,FDI 的投入可以分为两种:第一种 FDI 以产成品的形式进行投入,可以看作 FDI 建立的跨国公司与母公司产生的公司内贸易。在这种情况下,投入于东道国的中间品是全部利用母国的要素进行生产,要素价格的变动以归纳为:

命题 2.1.5:当 FDI 以产成品的形式投入时,在东道国下游产业中,参与最终品生产的要素的要素收入增加,要素价格上升,其它要素价格不变。

根据(2.25)式得到 $\dfrac{\partial w_L}{\partial FDI} > 0$;$\dfrac{\partial r}{\partial FDI} > 0$,说明了 FDI 的增加会导致与参与最终品生产的要素价格上升,即非熟练劳动力工资和利率均上升,这是因为中间品的增加会进一步扩大下游产业最终品的生产规模,因此,最终品组装中所需的非熟练劳动要素和资本要素的需求增加,要素会从上游产业流入下游产业,最终达到均衡。此时要素价格上升,要素收入增加,而相对稀缺的熟练劳动要素价格不变。

第二种 FDI 以技术的形式投入,利用东道国本土资源进行中间品的生产,可以看作跨国公司的建立。这种情况下的要素收入和要素价格更为复杂。以 A 国为例,考量 FDI 作为技术投入时,对要素价格和要素收入的影响。

在完全竞争市场下,要素价格趋于均等化,但本文假设制造业的市场结构为垄断竞争,因此要素价格会趋于差异化,将两国的对应要素收入相除,并且假设在农业部门,农产品的数量 $X_a = X_a^* = 1$,产值比分别为:

$$v_{u_1} = \frac{p_{u_1} n_{u_1} x_{u_1}}{p_{u_1}^* x_{u_1}^* n_{u_1}^*};\ v_{u2} = \frac{p_{u_2} n_{u_2} x_{u_2}}{p_{u_2}^* n_{u_2}^* x_{u_2}^*};\ v_d = \frac{p_d n_d x_d}{p_d^* n_d^* x_d^*}\ \text{得到:}$$

$$\frac{w_L L}{w_L^* L^*} = \frac{\rho + \alpha p_{u_1} n_{u_1} x_{u_1} + \gamma p_d n_d x_d}{\rho + \alpha p_{u_1}^* x_{u_1}^* n_{u_1}^* + \gamma p_d^* n_d^* x_d^*} =$$

$$\frac{\dfrac{\rho}{p_{u_1}^* x_{u_1}^* n_{u_1}^* p_d^* n_d^* x_d^*} + \dfrac{\alpha v_{u1}}{p_d^* n_d^* x_d^*} + \dfrac{\gamma v_d}{p_{u_1}^* x_{u_1}^* n_{u_1}^*}}{\dfrac{\rho}{p_{u_1}^* x_{u_1}^* n_{u_1}^* p_d^* n_d^* x_d^*} + \dfrac{\alpha}{p_d^* n_d^* x_d^*} + \dfrac{\gamma}{p_{u_1}^* x_{u_1}^* n_{u_1}^*}}$$

$$\frac{w_H H}{w_H^* H^*} = \frac{\beta p_{u_2} n_{u_2} x_{u_2}}{\beta p_{u_2}^* n_{u_2}^* x_{u_2}^*} = v_{u_2}$$

$$\frac{rK}{r^* K^*} =$$

$$\frac{(1-\rho)+(1-\alpha)p_{u_1}n_{u_1}x_{u_1}+(1-\beta)p_{u_2}n_{u_2}x_{u_2}+(1-\gamma-\delta-\theta)p_d n_d x_d}{(1-\rho)+(1-\alpha)p_{u_1}^* n_{u_1}^* x_{u_1}^*+(1-\beta)p_{u_2}^* n_{u_2}^* x_{u_2}^*+(1-\gamma-\delta-\theta)p_d^* n_d^* x_d^*} =$$

$$\frac{\dfrac{(1-\rho)}{p_{u_1}^* n_{u_1}^* x_{u_1}^* p_{u_2}^* n_{u_2}^* x_{u_2}^* p_d^* n_d^* x_d^*}+\dfrac{(1-\alpha)v_{u_1}}{p_{u_2}^* n_{u_2}^* x_{u_2}^* p_d^* n_d^* x_d^*}}{\dfrac{(1-\rho)}{p_{u_1}^* n_{u_1}^* x_{u_1}^* p_{u_2}^* n_{u_2}^* x_{u_2}^* p_d^* n_d^* x_d^*}+\dfrac{(1-\alpha)}{p_{u_2}^* n_{u_2}^* x_{u_2}^* p_d^* n_d^* x_d^*}}$$

$$\frac{\dfrac{(1-\beta)v_{u_2}}{p_{u_1}^* n_{u_1}^* x_{u_1}^* p_d^* n_d^* x_d^*}+\dfrac{(1-\gamma-\delta-\theta)v_d}{p_{u_1}^* n_{u_1}^* x_{u_1}^* p_{u_2}^* n_{u_2}^* x_{u_2}^*}}{\dfrac{(1-\beta)}{p_{u_1}^* n_{u_1}^* x_{u_1}^* p_d^* n_d^* x_d^*}+\dfrac{(1-\gamma-\delta-\theta)}{p_{u_1}^* n_{u_1}^* x_{u_1}^* p_{u_2}^* n_{u_2}^* x_{u_2}^*}}$$

比较上式可以发现，当$v_{u_1}>1$且$v_d>1$时，A国的非熟练劳动要素报酬高于B国，当$v_{u_2}>1$时，A国的熟练劳动报酬收入高于B国，当三项产值比均大于1时，A国的资本要素报酬收入高于B国，但是，由于假设A国为非熟练劳动密集型国家，$L>L^*$；$H<H^*$，因此$w_L<w_L^*$；$w_H>w_H^*$，当两国产值均等时，即$v_{u_1}=1$；$v_{u_2}=1$；$v_d=1$，两国的要素价格收入相等。由此可以得出：

命题2.1.6：当FDI以技术形式投入时，即中间品的生产和最终品的生产相对聚集于东道国，东道国的要素收入增加，相对稀缺要素（熟练劳动H）价格上升，相对丰裕要素（非熟练劳动L）价格会降低。

这说明当上游的两种中间品的生产和下游的组装生产都集聚于A国时（此时可看作是B国对A国进行了FDI，从而引进了技术扩大了中间品Y_2的生产），A国要素收入增加，但非熟练劳动要素价格下降，熟练劳动要素价格上升，因为此时A国在生产中间品Y_1的同时还要生产最终品，生产熟练劳动密集型产品的需求将减少对非熟练劳动力的需求，增加对熟练劳动力的需求，所以非熟练劳动力价格下降，熟练劳动力的价格上升。要素收入随总产品数量的增加而增加，反之亦然。

第二节　FDI对中间品贸易的影响机制

2.2.1　基本模型

建立一个2*3*3(2国3要素3商品)理论模型,该模型是Bergstrand和
Egger(2007)"3*3*2"(3国家3要素2种商品)模型以及Markusen（2002）
"2*2*2"（2国家2要素2商品）模型的延伸。为了贴近世界经济的多边贸
易格局,本文的理论模型假定存在两个国家。三种要素,即国际间不可自
由流动的熟练劳动和非熟练劳动,以及国内和国际均可自由流动的资本。
三种产品,即异质中间品、同质最终品和异质最终品。存在三类企业,即
本土企业(National Enterprises)、水平型跨国公司(Horizontal Multinational
Enterprises)和垂直型跨国公司(Vertical Multinational Enterprises)。水平
型跨国公司是指跨国公司的总部和一个工厂位于母国以完成生产,其余
工厂设立于东道国境内以开拓东道国的市场,而垂直型跨国公司是指跨
国公司的总部位于母国,而工厂设立于东道国,目的是在生产的过程中运
用东道国的要素资源,垂直型跨国公司的生产会同时运用母国的资本要
素和东道国的劳动要素。此外,该理论模型添加了FDI。由于要素的流
动性限制,假定跨国公司的母公司只有在母国才能运用其需要的熟练劳
动要素,而跨国公司的子公司的建立又需要母国的资本要素,因此,产生
了FDI。FDI解释了水平型跨国公司和本土企业这两个同质企业并存的
原因。

(1)消费者

在D-S框架下,消费者对最终品的需求满足C-D效用函数,并且满足
CES,假设最终品分为异质最终品X和同质最终品Y。定义V_i为i国消费
者效用;η是一个参数,它反映了生产在效用中的相对重要性;ε为替代弹
性;δ=1-ε。最终品由三类企业生产:本土企业(n),水平型跨国公司(h),
垂直型跨国公司(v)。i国消费者的效用是:

$$V_i =$$

$$\left[\sum_{j=1}^{2} n_j \left(\frac{x_{ji}^n}{1 + \tau_{Xji}} \right)^{\frac{\varepsilon}{\varepsilon-1}} + \left(\sum_{j \neq i} h_{ij} \left(x_{ii}^h \right)^{\frac{\varepsilon}{\varepsilon-1}} + \sum_{j \neq i} h_{ji} \left(x_{ii}^h \right)^{\frac{\varepsilon}{\varepsilon-1}} \right) + \sum_{j=1}^{2} v_{ij} \left(\frac{x_{ji}^v}{1 + \tau_{Xji}} \right)^{\frac{\varepsilon}{\varepsilon-1}} \right]^{\frac{\varepsilon-1}{\varepsilon} \eta}$$

$$\left[\sum_{j=1}^{2} Y_{ji} \right]^{1-\eta} \tag{2.27}$$

(2.27)式中的第一个乘数代表了三类企业生产的异质最终品。其中,第一部分 $\sum_{j=1}^{2} n_j \left(\frac{x_{ji}^n}{1 + \tau_{Xji}} \right)^{\frac{\varepsilon}{\varepsilon-1}}$ 反映了本土企业(n)生产的异质最终品,这类企业的总部和工厂均在国内,其产成品可用于本国市场或出口至国外市场。x_{ji}^n 表示 j 国中 X 行业的本土企业出口至 i 国的产量,n_j 表示 j 国本土企业的数量,τ_{Xji} 表示将 X 从 j 国出口到 i 国的总贸易成本。第二部分 $\sum_{j \neq i} h_{ij} \left(x_{ii}^h \right)^{\frac{\varepsilon}{\varepsilon-1}} + \sum_{j \neq i} h_{ji} \left(x_{ii}^h \right)^{\frac{\varepsilon}{\varepsilon-1}}$ 反映了水平型跨国公司生产的异质最终品。x_{ii} 代表水平型跨国公司在 i 国生产并销售的产量,h_{ij} 代表总部在 i 国工厂在 j 国的跨国公司数量;h_{ji} 代表总部在 j 国,工厂在 i 国的跨公司,二者均表示两国型水平跨国公司。x_{ii}^h 代表两国型水平跨国公司的产出。第三部分 $\sum_{j=1}^{2} v_{ij} \left(\frac{x_{ji}^v}{1 + \tau_{Xji}} \right)^{\frac{\varepsilon}{\varepsilon-1}}$ 反映了垂直型跨国公司生产异质最终品。垂直型跨国公司产生的动因是成本的差异,相对要素密集度的差异使总部在不同的区域建立工厂。定义 v_{ij} 为总部在 i 国,工厂在 j 国的垂直跨国公司的数量。x_{ji}^v 则表示在 j 国生产在 i 国消费的产量。(2.27)式中的第二个乘数 $\left[\sum_{j=1}^{2} Y_{ji} \right]^{1-\eta}$ 反映了同质最终品。其中,Y_{ji} 表示 j 国生产 i 国消费的同质商品(如农产品)的产量,这类产品规模收益不变,且仅适用非熟练劳动要素。此外,定义 t_{Xji}(t_{Yji})为最终产品 X(Y)从 j 运往 i 国的总贸易成本,同理,t_{Xji} 代表中间品从 j 运往 i 国的总贸易成本。当 i=j 时,$t_{Xji} = 1$,t_{Yji},t_{Zji} 同理。因此,可以将总贸易成本定义为:

$$t_{Xji} = (1 + b_{Xji})(1 + \tau_{Xji}); t_{Yji} = (1 + b_{Yji})(1 + \tau_{Yji});$$
$$t_{Zji} = (1 + b_{Zji})(1 + \tau_{Zji})$$

τ表示"冰山"成本中的"自然"消耗的运输成本,b代表"政策"成本(如关税)。如,b_{Xji}代表从 j 国进口到 i 国的异质最终品的关税税率。

i 国的预算约束为:

$$\sum_{j=i}^{2} n_j p_{Xj}^n x_{ji}^n + \sum_{j\neq i} h_{ij} p_{Xi}^h x_{ii}^h + \sum_{j\neq i} h_{ji} p_{Xi}^h x_{ii}^h + \sum_{i\neq j} v_{ij} p_{Xj}^v x_{ji}^v + \sum_{j=i}^{2} p_{Yj} Y_{ji}$$
$$= r_i K_i + w_{Si} S_i + w_{Ui} U_i + \sum_{j\neq i} n_j b_{Xji} p_{Xj}^n x_{ji}^n + \sum_{i\neq j} v_{ij} b_{Xji} p_{Xj}^v x_{ji}^v + \sum_{j\neq i} b_{Yji} p_{Yj} Y_{ji} +$$
$$\sum_{j\neq i} o_j b_{Zji} p_{Zj} z_{ji} \qquad (2.28)$$

其中,$p_{xi}^{h_2}$表示水平跨国公司在 i 国设立工厂的产品定价。$p_{Xj}^n, p_{Xj}^v, p_{Yj}$和$p_{Zj}$分别表示 j 国本土企业生产的 X 商品、垂直型跨国公司生产的 X 商品,Y 商品和 Z 商品的定价。(2.28)式中等号右侧的前三项表示要素收入,后四项表示 i 国消费者从政府得到的关税再分配收入。r_i表示 i 国利率;K_i表示 i 国资本存量;$w_{Si}(w_{Ui})$表示熟练(非熟练)劳动工人的工资;$S_i(U_i)$表示 i 国中熟练(非熟练)工人数量;o_j表示 j 国生产中间品的产商数量。

在(2.28)的约束下,将(1)式效用最大化,得均衡条件:

$$x_{ii}^l \geq (p_{Xi}^l)^{\varepsilon-1} P_{Xi}^{-\varepsilon} \eta E_i ; \quad l = \{n, h, v\} \qquad (2.29)$$

其中,E_i为 i 国消费者的收入(支出)水平。

$$P_{Xi} =$$
$$\left[\sum_{j=1}^{2} n_j (t_{Xji} p_{Xj}^n)^{\varepsilon} + \sum_{j\neq i} h_{ij} (p_{Xi}^{h_2})^{\varepsilon} + \sum_{j\neq i} h_{ji} (p_{Xi}^{h_1})^{\varepsilon} + \sum_{j=1}^{2} v_{ij} (t_{Xji} p_{Xj}^v)^{\varepsilon} \right]^{\frac{1}{\varepsilon}} \qquad (2.30)$$

P_{Xi}是价格指数。我们假设所有企业面对同一个国家生产,拥有相同技术和边际成本。因此,某一特定国家生产的产品存在同一的均衡价格。因此,在 j 国生产异质最终品和本土企业生产的异质最终品的产出之比为:

$$\frac{x_{ji}}{x_{ii}} = \left(\frac{p_{Xj}}{p_{Xi}}\right)^{\varepsilon-1} t_{Xji}^{\varepsilon} (1 + b_{Xji})^{-1} \qquad (2.31)$$

因此,在下文的分析中,可以忽略异质产品价格和数量的上角标。在预算约束和效用最大化的条件下,解出同质商品的需求满足:

$$\sum_{j=1}^{2} Y_{ji} \geq \frac{1-\eta}{p_{Yi}} E_i \tag{2.32}$$

其中，Y_{ji}代表 j 国生产的农产品在 i 国的需求量。

（2）生产者

本文将产品分为三类，即异质最终品、同质最终品以及异质中间品，因此，生产者也对应分为三类，即异质最终品生产者、同质最终品生产者和异质中间品生产者。下文将逐一分析。

① 异质最终品生产者

假设最终产品可以在三个国家生产，并且最终品的生产需要三个国家产出的中间品和三种要素（熟练劳动、非熟练劳动力、资本）。假定每个国家的熟练劳动力数量和非熟练劳动力数量均是外生的。世界的总资本额也是外生的，但它可以在国家间自由流动使跨国公司实现利润最大化。因此，模型可以明确地分析出内生变量 FDI 的决定因素。

异质最终品 X 的生产满足 C-D 函数，则有：

$$F_{Xi} = B \left(K_{Xi}^{\chi} + S_{Xi}^{\chi} \right)^{\frac{\alpha}{\chi}} \left(U_{Xi}^{\delta} + Z_{Xi}^{\delta} \right)^{\frac{1-\alpha}{\delta}} \tag{2.33}$$

其中，F_{Xi}表示最终品的产量，K_{Xi}^{χ}、S_{Xi}^{χ}、U_{Xi}^{δ}和Z_{Xi}^{δ}分别表示 i 国生产 X 商品时所使用的资本量、熟练劳动力数量、非熟练劳动力数量和中间品数量。

需要说明的是三类企业的固定成本是有差异的：本土企业只需要在国内建立总部和工厂；水平型跨国公司需要在母国建立总部，在其余两国建立工厂以供应东道国的需求，因此不需要出口；而垂直型跨国公司在母国建立总部，在国外建立工厂，工厂生产出最终品出口。

Z_{Xi}表示中间品投入总量，$Z_{Xi} = \left[\sum_{j=1}^{2} o_j \left(\frac{z_{ji}}{t_{zji}} \right)^{\frac{\theta-1}{\theta}} \right]^{\frac{\theta-1}{\theta}}$ (2.34)

其中，z_{ji}表示 j 国提供给 i 国的中间品数量。

与 Z_{Xi} 相关的价格指数为：$P_{Zi} = \left[\sum_{j=1}^{2} o_j \left(t_{Zji} p_{Zj} \right)^\theta \right]^{\frac{1}{\theta}}$ （2.35）

将最大化利润，得到要素需求条件为：

$$K_{Xi}^* = \underbrace{F_{Xi} \frac{1}{B} \left(\frac{wU_i}{r_i} \frac{\alpha}{1-\alpha} \right)^{1-\alpha} T_{1i}^{\frac{\alpha(\chi-1)-\chi}{\chi}} T_{2i}^{\frac{(1-\alpha)(\delta-1)}{\delta}}}_{a_{KXi}}$$ （2.36a）

$$S_{Xi}^* = \underbrace{F_{Xi} \frac{1}{B} \left(\frac{wU_i}{wS_i} \frac{\alpha}{1-\alpha} \right)^{1-\alpha} T_{2i}^{\frac{(\alpha-1)(1-\delta)}{\delta}} T_{3i}^{\frac{\alpha(\chi-1)-\chi}{\chi}}}_{a_{SXi}}$$ （2.36b）

$$U_{Xi}^* = \underbrace{F_{Xi} \frac{1}{B} \left(\frac{r_i}{wU_i} \frac{1-\alpha}{\alpha} \right)^{\alpha} T_{1i}^{\frac{\alpha(\chi-1)}{\chi}} T_{2i}^{\frac{\alpha(1-\delta)-1}{\delta}}}_{a_{UXi}}$$ （2.36c）

$$Z_{Xi}^* = \underbrace{F_{Xi} \frac{1}{B} \left(\frac{r_i}{P_{Zi}} \frac{1-\alpha}{\alpha} \right)^{\alpha} T_{1i}^{\frac{\alpha(\chi-1)}{\chi}} T_{4i}^{\frac{\alpha(1-\delta)-1}{\delta}}}_{a_{ZXi}}$$ （2.36d）

其中，B是常数，我们定义：

$$T_{1i} = 1 + \left(\frac{r_i}{w_{Si}} \right)^{\frac{\chi}{1-\chi}}; \ T_{2i} = 1 + \left(\frac{p_{Zi}}{w_{Ui}} \right)^{\frac{\delta}{1-\delta}}; \ T_{3i} = 1 + \left(\frac{w_{Si}}{r_i} \right)^{\frac{\chi}{1-\chi}}; \ T_{4i} = 1 + \left(\frac{w_{Ui}}{P_{Zi}} \right)^{\frac{\delta}{1-\delta}}$$

（2.37a–2.37d）

②同质最终品生产者

同质最终品 Y 的生产规模收益不变，该行业为完全竞争行业，其生产过程只投入单一要素即非熟练劳动。假定生产技术 $Y_i = U_i$（其中i=1,2,3）。忽略贸易成本，以国家1为基准，得到 $p_{Y1} = w_{U1} = 1$。

③异质中间品生产者

假设i国异质中间品的代表性企业在垄断竞争市场中的柯布—道格拉斯生产函数为：

$$z_i = AS_{Zi}^\beta U_{Zi}^{1-\beta}$$ （2.38）

其中，z_i 表示销售给国内外市场的中间品产量。i国本国中间品生产者为i国市场需求而生产的看作 Z_{ii}，而 Z_{ij} 是其对j国国外市场生产的数量。以上的产出量受下面需求条件和投入系数制约：

$$S_{Zi}^* = \underbrace{z_i \frac{1}{A}\left(\frac{w_{Ui}}{w_{Si}}\frac{\beta}{1-\beta}\right)^{1-\beta}}_{a_{szi}} \quad (2.39a)$$

$$U_{Zi}^* = \underbrace{z_i \frac{1}{A}\left(\frac{w_{Si}}{w_{Ui}}\frac{1-\beta}{\beta}\right)^{\beta}}_{a_{uzi}} \quad (2.39b)$$

一个中间品生产商的国内市场均衡受本地需求的制约：

$$z_{ii} \geqslant \left(\frac{P_{Zi}}{p_{Zi}}\right)^{1-\theta} a_{ZXi}\left[n_i\sum_{j=1}^{2}x_{ij} + x_{ii}\left(\sum_{j\neq i}h_{ji}+\sum_{j\neq i}h_{ij}\right)+\sum_{j\neq i}v_{ji}\left(\sum_{j=1}^{2}x_{ij}\right)\right]$$

$$(2.40)$$

国外与国内生产的中间品比为：

$$\frac{z_{ji}}{z_{ii}} = \left(\frac{p_{Zi}}{p_{Zj}}\right)^{1-\theta}t_{Zji}^{\theta}(1+b_{Zji})^{-1} \quad (2.41)$$

2.2.2 产业的均衡

所有企业在现有技术下和需求曲线下最大化利润,得到利润表达式：

$$\pi_{oi} = \left(p_{Zi}-c_{Zi}\right)\sum_{j=1}^{2}z_{ij} - a_{Soi}w_{Si} - a_{Koi}r_i \quad (2.42a)$$

$$\pi_{ni} = \left(p_{Xi}-c_{Xi}\right)\sum_{j=1}^{2}x_{ij} - a_{Sni}w_{Si} - a_{Kni}r_i \quad (2.42b)$$

$$\pi_{h,ij} = \left(p_{Xi}-c_{Xi}\right)x_{ii} + \left(p_{Xj}-c_{Xj}\right)x_{jj} - a_{Smi}w_{Si} - a_{Kmi}[2+\gamma_{ij}]r_i \quad (2.42c)$$

$$\pi_{v,ij} = \left(p_{Xj}-c_{Xj}\right)\sum_{k=1}^{3}x_{jk} - a_{Smi}w_{Si} - a_{Kmi}[1+\gamma_{ij}]r_i \quad (2.42d)$$

其中,(3.42a)式表示 i 国中间品生产者的利润方程。c_{Zi} 表示在 i 国生产中间品的边际成本,方程后两项表示国内中间品生产商在建立总部和分公司所花费熟练劳动力和和有形资本的成本。(3.42b)式表示每个国内最终品生产企业的利润方程。c_{Xi} 表示 i 国异质最终品的边际生产成本,后两项代表国内最终品生产者的固定人力成本和有形资本消耗。(3.42c)式表示 i 国两国型水平型最终品生产跨国企业的利润。(3.42d)式表示总部在 i 国,分公司在 j 国,垂直型跨国企业的利润。

本模型假定资本在世界范围内可以自由流动,跨国公司的跨国生产需要母国提供资本,即FDI,因此,水平型跨国公司的FDI流量(存量)为 $a_{Khi}r_i(1+\gamma_{ij})$,而垂直型跨国公司的从i国母公司投向j国子公司的FDI流量即为 $a_{Kvi}r_i(1+\gamma_{ij})$。

在这个模型中首先利润最大化需要保证加成定价满足:

$$P_{Zi} \leqslant \frac{c_{Zi}(\theta-1)}{\theta};\ p_{Xi} \leqslant \frac{c_{Xi}(\varepsilon-1)}{\varepsilon} \tag{2.43}$$

其次,本国中间品生产者(o),本国最终品生产者(n),水平型跨国企业(h),垂直型跨国企业(v)自由进出市场需要保证:

$$a_{Soi}w_{Si} + a_{Koi}r_i \geqslant \frac{c_{Zi}(\theta-1)}{\theta}\sum_{j=1}^{2}z_{ij} \tag{2.44a}$$

$$a_{Sni}w_{Si} + a_{Kni}r_i \geqslant \frac{c_{Xi}(\varepsilon-1)}{\varepsilon}\sum_{j=1}^{2}x_{ij} \tag{2.44b}$$

$$a_{Smi}w_{Si} + a_{Kmi}[2+\gamma_{ij}]r_i \geqslant \frac{c_{Xi}(\varepsilon-1)}{\varepsilon}x_{ii} + \frac{c_{Xj}(\varepsilon-1)}{\varepsilon}x_{jj} \tag{2.44c}$$

$$a_{Smi}w_{Si} + a_{Kmi}[1+\gamma_{ij}]r_i \geqslant \frac{c_{Xj}(\varepsilon-1)}{\varepsilon}\sum_{k=1}^{2}x_{jk} \tag{2.44d}$$

达到均衡时,要素市场出清,则有资本要素满足:

$$K_i \geqslant a_{KXi}\left[n_i\sum_{j=1}^{2}x_{ij} + x_{ii}\left(\sum_{j\neq i}h_{ji}+\sum_{j\neq i}h_{ji}\right) + \sum_{j\neq i}v_{ji}\left(\sum_{j=1}^{2}x_{ij}\right)\right] +$$

$$a_{Koi}o_i + a_{Kni}n_i + a_{Kmi}\left\{[2+\gamma_{ij}]h_{ij} + [1+\gamma_{ij}]v_{ij}\right\} \tag{2.45a}$$

熟练劳动要素满足:

$$S_i \geqslant a_{SXi}\left[n_i\sum_{j=1}^{2}x_{ij} + x_{ii}\left(\sum_{j\neq i}h_{ji}+\sum_{j\neq i}h_{ji}\right) + \sum_{j\neq i}v_{ji}\left(\sum_{j=1}^{2}x_{ij}\right)\right] +$$

$$a_{SZi}o_i\sum_{j=1}^{2}z_{ij} + a_{Soi}o_i + a_{Sni}n_i + a_{Smi}\left\{[2+\gamma_{ij}]h_{ij} + [1+\gamma_{ij}]v_{ij}\right\} \tag{2.45b}$$

非熟练劳动要素满足:

$$U_i \geqslant a_{UXi}\left[n_i\sum_{j=1}^{2}x_{ij} + x_{ii}\left(\sum_{j\neq i}h_{ji}+\sum_{j\neq i}h_{ji}\right) + \sum_{j\neq i}v_{ji}\left(\sum_{j=1}^{2}x_{ij}\right)\right] +$$

$$a_{UYi}o_i\sum_{j=1}^{2}t_{Yij}Y_{ij} + a_{UZi}o_i\sum_{j=1}^{2}z_{ij} \tag{2.45c}$$

基于模型，提出两个假设：

假设2.2.1：双边最终品贸易额，中间品贸易、FDI均与两国GDP呈正相关。两国GDP的增加会带来两国双边最终品贸易额、双边中间品贸易额，FDI的增长。国内企业和跨国企业数量的增加会引起经济规模的增加。

假设2.2.2：最终品贸易、中间品贸易和FDI三者间呈现互补关系。当i国的经济规模减少时，i国出口商数量和j国需求会增加，i国出口至j国的中间品贸易增加。因此，从i国投向j国的FDI会随之增加。跨国公司的增加会导致i国非熟练劳动力需求的降低和对资本需求的增加。

第三节　FDI提升中间品质量对全球价值链的影响机制

2.3.1　基本模型

假设在世界范围内存在四种要素：熟练劳动要素（H），非熟练劳动要素（L），资本（K）和技术，将资本要素视为外生变量。世界分为上、下游产业，下游产业生产最终品 Y，上游产业生产中间品 X。世界存在两种市场，中间品市场和最终品市场，中间品市场和最终品市场均属于不完全竞争市场。假定最终产品的生产者使用 N 种中间品投入（N 为常数），每种中间品均存在一个质量阶梯（quality ladder），高质量等级中间品具有排他性，即高质量等级中间品会替代低质量等级中间品，中间品的质量等级只与研发部门（R&D）的技术相关。中间品厂商可以细分为生产高质量等级中间品厂商 Z^H 和生产低质量等级中间品厂商 Z^L。高质量等级中间品的生产密集使用熟练劳动要素 H，而低质量等级中间品则密集使用非熟练劳动生产要素 L。

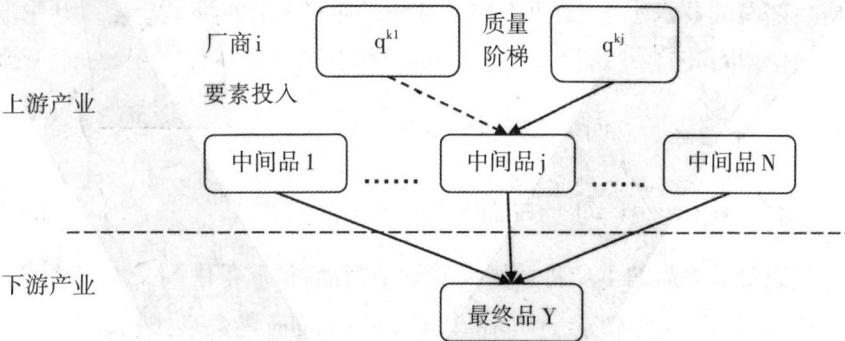

图2.2 不同质量等级中间品参与价值链分工示意图

资料来源:作者整理绘制

(1)上游产业中间品生产者市场

将上游产业的中间品j按其质量类型分为两类,即高质量等级中间品 Z^H 和低质量等级中间品 Z^L,其中高质量等级中间品的生产密集使用熟练劳动要素H,低质量的中间品等级生产将密集使用非熟练劳动要素L,假定在世界范围内,上游产业中间品部门生产中间品j的厂商共有N个,且高、低质量等级的厂商数目相等,则低质量等级和高质量等级中间品的生产函数分别为:

$$Z^L = A^L L^{1-\alpha} \int_0^{\frac{N}{2}} x_{Lj}^\alpha dj \quad 0 < \alpha < 1 \tag{2.46}$$

$$Z^H = A^H H^{1-\alpha} \int_0^{\frac{N}{2}} x_{Hj}^\alpha dj \quad 0 < \alpha < 1 \tag{2.47}$$

其中,A^L、A^H 分别表示低质量中间品厂商和高质量中间品生产厂商所对应研发部门的技术水平,由于中间产品存在质量阶梯,N/2表示高(低)质量等级的厂商数目,即产品的种类数目。Z_j^L、Z_j^H 分别表示第j种低质量和高质量的中间品的生产数量,其对应的价格可表示为:

$$P_j^L = \frac{w_j^L}{A^L}; P_j^H = \frac{w_j^H}{A^H} \tag{2.48}$$

w_j^L 表示第j种低质量中间品厂商使用的非熟练劳动要素价格,w_j^H 表示第j种高质量中间品厂商使用的熟练劳动要素价格,A^L、A^H 表示其对应

研发部门的技术水平,也可看成其部门的生产机器的平均质量。基于需求弹性相同的假定,将(2.46)(2.47)两式简化为:

$$Z^L = \frac{NL}{2} \alpha^{\frac{\alpha}{1-\alpha}} (A^L)^{\frac{1}{1-\alpha}} (P_j^L)^{\frac{\alpha}{1-\alpha}} (w_j^L)^{\frac{\alpha}{\alpha-1}}$$

$$Z^H = \frac{NH}{2} \alpha^{\frac{\alpha}{1-\alpha}} (A^H)^{\frac{1}{1-\alpha}} (P_j^H)^{\frac{\alpha}{1-\alpha}} (w_j^H)^{\frac{\alpha}{\alpha-1}} \tag{2.49}$$

假定最终品的生产将使用高质量中间品、低质量中间品和非熟练劳动要素,且两类质量等级中间品以 Cobb-Douglas 函数形式投入生产,因此,下游产业最终品 Y_i 的生产函数设定为:

$$Y_i = AL_i^{1-\beta-\gamma} (Z_j^L)^{\beta} (Z_j^H)^{\gamma} \quad \beta > 0, \gamma > 0 且 0 < \gamma + \beta < 1 \tag{2.50}$$

在资源约束下,将最终品产出 Y 最大化,可以得出两类质量等级中间品的相对价格为:

$$\frac{P_j^H}{P_j^L} = \left(\frac{\gamma}{\beta}\right)^{1-\alpha} \left(\frac{H}{L}\right)^{\alpha-1} \left(\frac{A^H}{A^L}\right)^{-1} \left(\frac{w_j^H}{w_j^L}\right)^{\alpha}$$

由此可见,不同质量等级的中间品相对价格取决于其生产中的相对技术含量,密集使用的生产要素以及对应的要素价格,本文所研究的中间品质量改进就是基于这两类中间品的价格差距。

(2)下游产业最终品生产者市场

在考虑下游最终品的生产过程中,可以将上游中间产品的质量类型用 k 表示,设 k_j 表示中间品 j 的参与质量改进的次数,q^k 表示升级后的中间产品 j 的最佳质量等级水平,当 $q_i^{k_j} \geq q_i^k$ 时,中间品的质量等级为高质量,当 $q_i^{k_j} < q_i^k$ 时,中间品的质量等级为低质量,将(2.50)式简化,最终品生产函数可表示为:

$$Y_i = AL_i^{1-\alpha} \int_0^n \tilde{x}_{ij}^{\alpha} dj \quad 0 < \alpha < 1$$

其中,L_i 表示非熟练劳动要素投入,$\tilde{x}_{ij}$ 表示生产最终品生产中需要的企业 i 生产中间产品 j 的数量,且中间品 j 是经过质量改进的。假定高质量等级中间品具有排他性,且高质量等级中间品投入替代低质量等级中间品投入,企业 i 使用的中间产品 j 的数量可以表示为:

$$\tilde{x}_{ij} = \int_0^{k_j} q^k x_{ijk} dk \ (\text{k}_j=0,1,\cdots,\text{m})$$

其中，q^{k_j} 可企业 i 所使用的是质量阶梯为 k 的第 j 种中间品时，质量阶梯 k 所对应的价格水平为 p_{jk_j}。根据利润最大化原则的最优一阶条件，则：

$$x_{ijk_j} = L_i \left[A\alpha \left(\frac{(q^{k_j})^\alpha}{p_{ijk_j}} \right) \right]^{\frac{1}{1-\alpha}} \tag{2.51}$$

通过以上基本模型的构建，利用一般均衡分析法，可以考察发达经济体和发展中经济体的中间品质量改进对中间品市场、要素市场以及最终品市场的具体影响，从而阐释出中间品质量改进对全球价值链的影响机理。

2.3.2 中间品质量改进对中间品市场的影响

（1）中间品质量改进对价格水平的影响

中间品的生产需要投入人力资本和实物资本，即劳动要素和资本要素，由于中间品质量阶梯的提升源于技术创新，而技术的创新也源于资本，因此，假设单位中间品的生产需要一单位劳动和 t 单位资本，资本价格表示为 r，将高质量中间品厂商的工资水平标准化，以高质量中间品厂商中间品工资水平表示低质量中间品厂商工资水平为 w^H，因此，不同等级质量中间品的单位生产成本函数为：

$$c^L(Z^L) = 1 + r^L t$$

$$c^H(Z^H) = w^H + r^H t$$

由于中间品面临不完全竞争市场，因此，不同质量等级中间品的单位价格为：

$$p^L(Z^L) = \frac{1}{\alpha}(1 + r^L t)$$

$$p^H(Z^H) = \frac{1}{\alpha}(w^H + r^H t)$$

劳动要素不能在厂商间自由流动，由于劳动要素的技术含量不同，因此,低质量中间品厂商密集使用的非熟练劳动要素价格一定低于高质量中间品厂商密集使用的熟练劳动要素价格,因此$w^H > 1$,由于资本要素的自由流动,$r^L = r^H$,于是,$p^L(Z^L) < p^H(Z^H)$,即对最终品生产者而言,低质量中间品在生产价格上具有优势,但是对中间品生产者而言,高质量生产者的价格优势更加明显,因此,低质量中间品厂商会通过提升技术提高其中间品的技术含量,从而提升其中间品的质量等级。

(2)中间品质量改进对利润的影响

当低质量等级中间品生产厂商提升其质量水平时,令$a^L(z)$和$b^L(z)$分别为低质量中间品的劳动投入函数和资本投入函数,同理$a^H(z)b^H(z)$则为高质量。高质量中间品生产厂商是技术领先者,低质量厂商通过贸易等方式学习并模仿高质量厂商的生产技术,将低质量厂商的学习模仿活动设为T,该学习模仿活动也需要投入部分的劳动要素和资本要素,因此,高质量和低质量中间品厂商的生产成本分别为:

$$c^L(Z^L) = a^L(z,T) + r^L b^L(z,T)$$

$$c^H(Z^H) = w^H a^H(z) + r^H b^H(z)$$

中间产品的不完全竞争性使其单位价格是其成本的某个倍数,在考虑贸易成本的情况下,不同质量等级的中间产品单位价格分别为:

$$p^L(Z^L) = \frac{1+\varepsilon}{\alpha}\left[a^L(z,T) + r^L b^L(z,T)\right] \quad 0 < \varepsilon < 1$$

$$p^H(Z^H) = \frac{1+\varepsilon}{\alpha}\left[w^H a^H(z) + r^H b^H(z)\right] \quad 0 < \varepsilon < 1$$

其中,ε是贸易成本占生产成本的比,资本要素的自由流动使$r^L = r^H$。假定低质量等级生产厂商在提升质量等级的过程中所需的资本量不变,即$b^L(z,T) = b^H(z)$。经过质量改进的中间品的价格将不再有差异,即$p^L(Z^L) = p^H(Z^H)$,因此,存在$\frac{a^L(z,T)}{a^H(z)} = w^H > 1$即$\frac{a^L(z,T)}{a^H(z)}$是质量$z$的增函数,说明在劳动价格相对不变的情况下,随着产品质量的提升,劳动成本会增加。

推论2.3.1：全球价值链会扩大上游产业的技术溢出效应,促进模仿活动,提升价值链低端中间产品的质量等级,增加价值链低端的厂商劳动投入。

因此,中间品 j 的价格可以表示为:

$$p_{jk_i} = \frac{1+\varepsilon}{\alpha} c_{jk_i} \tag{2.52}$$

把上式带入(4)式,在最终品生产中所需的质量改进后的中间品数量为:

$$x_{jk_i} = L_i A^{\frac{1}{1-\alpha}} \alpha^{\frac{2}{1-\alpha}} (1+\varepsilon)^{\frac{1}{\alpha-1}} C_{jk_i}^{\frac{\alpha}{\alpha-1}} (q^{k_i})^{\frac{\alpha}{1-\alpha}} \tag{2.53}$$

由于中间品市场的不完全竞争性,中间品厂商的利润 $\pi = pq - cq = (p_{jk_i} - c_{jk_j}) x_{jk_i}$, $p_{jk_i} - c_{jk_j}$ 为单位价格与单位成本的差,将(2.52)(2.53)两式带入,基于质量改进的中间品厂商利润为:

$$\pi_{jk_i} = \frac{1+\varepsilon-\alpha}{\alpha} L A^{\frac{1}{1-\alpha}} \alpha^{\frac{2}{1-\alpha}} (1+\varepsilon)^{\frac{1}{\alpha-1}} C_{jk_i}^{\frac{2\alpha-1}{\alpha-1}} (q^{k_i})^{\frac{\alpha}{1-\alpha}}$$

其中,$(q^{k_i})^{\frac{\alpha}{1-\alpha}}$ 表示中间产品的质量指数。从上式可以看出 $\frac{\partial \pi_{jk_i}}{\partial A} > 1$,说明中间厂商的利润与其研发部门的利润成正比,即厂商的生产技术越先进,其在全球价值链中获取的利润越多,对于低质量中间品厂商而言,增加研发支出是获取价值链利润的有效途径之一。当低质量中间品厂商融入全球价值链后,会使最终品的生产厂商有所减少,而中间品的生产厂商增加,投资会向中间品部门转移,资源配置会向中间产品部门倾斜,从而使得价值链中的中间品的质量有所提升,最终品的价格将呈现下降趋势。

推论2.3.2：全球价值链会推动资源的重新配置,使投资转移至上游产业低质量等级中间品厂商,增加高质量中间品厂商的数目,扩大高质量中间品的进口规模。

2.3.3　中间品质量改进对要素市场的影响

假设要素市场是完全竞争市场,资本要素在世界范围内自由流动,且资本为外生变量,劳动要素不可以自由流动,相对工资即为熟练劳动要素价格与非熟练劳动要素价格之比,即 $w^* = w^H/w^L$,将(2.49)式带入,得出:

$$w^* = \left(\frac{L}{H}\right)^{\frac{\alpha-1}{\alpha}} \left(\frac{A^H}{A^L}\right)^{\alpha} \left(\frac{P^L}{P^H}\right) \left(\frac{Z^L}{Z^H}\right)^{\frac{1-\alpha}{\alpha}} \tag{2.54}$$

从上式可以看出，$\frac{A^H}{A^L}$ 表示高质量中间品与低质量中间品的相对技术，$\frac{p^H}{p^L}$ 表示高质量中间品与低质量中间品的相对价格。由于 $\frac{\partial w^*}{\partial \frac{p^H}{p^L}} < 0$，中间品价格之比与其密集使用的要素价格呈反比，即高质量中间品的相对价格越高，熟练劳动要素相对价格越低。由于 $\frac{\partial w^*}{\partial A_L} < 0$，因此低质量中间品厂商的生产技术提升后，会使相对工资降低，即缩小了熟练劳动和非熟练劳动要素价格的差距。这源于技术的升级会提升设备的生产率，进而减少对熟练劳动的需求。而 $\frac{\partial w^*}{\partial A_H} < 0$，当高质量中间品厂商提升生产技术时，会使得相对工资上升，源于对熟练劳动的需求增加提高了熟练劳动要素价格。

将(2.48)式带入(2.54)式，整理得，

$$w^* = \frac{L}{H} \left(\frac{P^L}{P^H}\right)^{\alpha} \frac{Z^H}{Z^L},$$

推论2.3.3： 提升高质量中间品价格或提高低质量生产厂商的生产技术，有利于缩小熟练劳动和非熟练劳动的要素价格差距。

2.3.4　中间品质量改进对最终品市场的影响

假设在世界范围内存在四类中间品厂商a,b,c,d,高质量级中间品厂商共两类N/2个，分别为a和b,生产a和b的各类厂商数目为N/4个,低质量级中间品也有两类N/2个，分别为c和d,生产c和d的中间品厂商数目也各为N/4个,由于技术含量的不同可将中间品的质量等级划分为a≥b≥c≥d。由于厂商的质量只与研发部门的技术相关,因此,四类中间品厂商的技术排序也为a≥b≥c≥d。

由于高质量等级中间品具有排他性,因此,全球价值链的提升必然是吸纳高质量等级厂商。当高质量等级中间品厂商加入全球价值链后,低质量等级中间品厂商的工人将不再仅限于生产非熟练劳动要素密集型的低质量等级中间品,由于技术的溢出效应,低质量等级中间品厂商会逐步提升其技术水平,融入熟练劳动技术密集型的高质量等级中间品生产过程。高质量级的中间品 $Z^H \in \{a,b,c\}$,而低质量级的中间品 $Z^L \in \{b,c,d\}$,假设在世界范围内生产最终品Y的过程中,需要投入三种中间品 a,b,c。

表2.1　全球价值链投资决策对最终品产出的影响

加入全球价值链的中间品类型	最终品产出	
	加入前	加入后
a	$\dfrac{N^3}{64} Z^{Lc} Z^{Ld} Z^{Hb}$	$\dfrac{N^3}{64} Z^{Lc} Z^{Ha} Z^{Hb}$
b	$\dfrac{N^3}{64} Z^{Lc} Z^{Ld} Z^{Ha}$	$\dfrac{N^3}{64} Z^{Lc} Z^{Ha} Z^{Hb}$
c	$\dfrac{N^3}{64} Z^{Ld} Z^{Ha} Z^{Hb}$	$\dfrac{N^3}{64} Z^{Lc} Z^{Ha} Z^{Hb}$

资料来源:作者整理绘制

高质量等级中间品在加入全球价值链之前,总产出为 $\dfrac{N^3}{64}(Z^L)^2 Z^H$ 或 $\dfrac{N^3}{64} Z^L (Z^H)^2$。在高质量中间品加入全球价值链后,产生纵向分工的生产模式,在这一模式下,高质量等级中间品替代低质量等级中间品,且高质量等级的中间品具有排他性,那么,此时最终品产出 Y 则为 $\dfrac{N^3}{64} Z^L (Z^H)^2$,可以证得 $\dfrac{N^3}{64} Z^L (Z^H)^2 \geqslant \dfrac{N^3}{64}(Z^L)^2 Z^H$,因此,可以看出加入全球价值链后,最终品的产出有所增加。此外,由于中间品 d 质量级过低,在与平均质量较高的中间品厂商进行垂直分工协作时,部分厂商将被淘汰,部分会提升生产技术,将更多会扩大高质量中间品 c 的生产规模,提升中间品 c 的高技术含量,从而扩大生产中间品 c 的非熟练劳动(L)工人的就业。

推论 2.3.4：加入全球价值链会扩大最终品的生产规模，淘汰低质量生产厂商，扩大非熟练劳动工人就业。

第四节 本章小结

本章深入探讨FDI影响全球价值链分工的内在机理，分别从不同视角建立三个理论模型。第一节构建理论模型考察了FDI对制造业参与全球价值链分工的影响机制，第二节拓展理论模型剖析了FDI对全球价值链中间品贸易的影响机制，第三节搭建理论框架考量FDI提升中间品质量从而实现全球价值链位置提升的内在机制。第一个理论模型在D-S框架下，建立了加入垂直关联因素的一般均衡模型，在模型基础上分析了FDI对一国参与全球价值链分工地位的决定因素。笔者建立了两国家三产业的理论模型，引入三种要素，将劳动力要素进一步细分为熟练劳动要素和非熟练劳动要素，改进了完全专业化生产的假定。第二个理论模型在Bergstrand和Egger（2007）模型框架下引入FDI，建立两国三要素三产品三企业的一般均衡模型，从理论上探讨了投入产出的多要素垂直关联，从而诠释FDI对中间品贸易、最终品贸易结构的影响机制。第三个理论模型引入质量阶梯，构建质量内生的上游异质性企业模型，将中间品市场、要素市场和最终品市场的生产环节与价值链区间相对应，分析了上游中间品质量改进对下游市场产生的垂直关联效应，讨论了中间品质量改进对经济规模、国际贸易以及全球价值链地位提升的影响，阐述了影响企业参与价值链分工地位提升的内、外部因素，从而揭示出中间品质量改进对价值链位置提升的内在影响机制。

本章理论机制推导出系列命题，FDI对全球价值链分工位置影响机理主要有以下结论：第一，FDI对东道国下游产业最终品的影响：东道国最终品的产量、最终品的厂商数目、东道国的要素报酬随着FDI的增加而增加。第二，FDI对东道国上游产业中间品的影响：FDI的增加使母国上游产业中生产两种中间品厂商数目均减少,使丰裕要素密集型中间品价格上升,稀缺要素密集型中间品价格下降。第三,FDI对母国上游产业中间品影响:FDI的增加使母国丰裕要素密集型中间品的生产厂商的数目减少,中间品价格降低。第四,FDI对要素价格和要素收入的影响:当FDI以产成品投入时,FDI提升了参与最终品生产的要素价格和要素收入。当FDI以技术投入时,中间品和最终品生产集聚于东道国时,不利于该国丰裕要素价格的提高,但提高了该国要素收入水平。

产品质量改进对全球价值链投资主要有以下结论:第一,全球价值链引致的技术溢出效应会提升中间品质量等级。参与全球价值链会扩大上游产业的技术溢出效应,提升价值链低端中间产品的质量等级,增加价值链低端的厂商劳动投入。随着参与全球价值链程度的深入,发展中国家的中间品出口规模逐步扩大,发达国家的中间品进口增加,由此会产生较为显著的技术溢出效应,技术溢出效应会通过要素价格传导至中间品,进而提高价值链低端的中间品质量等级,从而完成中间品质量改进。第二,全球价值链会推动资源配置向中间品部门倾斜。全球价值链引致的技术溢出效应会使世界范围内的资源配置向中间产品部门倾斜,使投资转移至上游产业低质量等级中间品厂商,增加高质量中间品厂商数目,提高世界范围内的中间产品质量,扩大高质量中间品的进出口规模。第三,中间品的质量改进会逐步缩小要素价格差距。随着参与全球价值链参与度的深入,中间品质量产生差异,工人相对工资产生差距,世界范围内相对工资差距而因模仿等活动而有所缩小,从而提高低质量等级中间品厂商的生产率,有利于缩小熟练劳动和非熟练劳动的要素价格差距。第四,中间品质量改进会扩大最终品的生产规模。参与全球价值链带来的显著规模经济会提高发展中国家的厂商生产能力,推动中、高质量厂商的生产技术进步,提升中、高质量厂商的生产效率,扩大中、高质量厂商的生产规模,淘汰低质量生产厂商,扩大最终品的生产规模,进而扩大非熟练劳动工人就业。由此可见,发达国家和发展中国家的产品质量均会随着规模经济的发生而改进。

由此可见，随着参与全球价值链程度的深入，FDI对全球价值链分工及中间品贸易的影响日益凸显，本章对中国企业在价值链分工中实现位置提升具有一定的启示作用：对于中国低质量中间品厂商，应引进高质量的中间产品及机器设备，充分利用发达经济体的技术外溢，以全面提升生产技术。此外，还应重视高技能劳动力的培养，增加技能投资以改善劳动力供给的技能结构，从而完善高技术劳动力的储备，加速制造业新旧增长力转换，有效改善由需求侧引致的结构问题，实现要素的最优配置，提升我国在全球价值链分工中的位置。

第三章
全球价值链分工的事实考察
与测度评价

在全球价值链迅速发展的背景下,传统的贸易核算方式正在由以核算总量贸易为核心逐步演化为以核算贸易增加值为核心的新型贸易核算体系。本章基于OECD-WTO发布的TiVA数据库,对全球价值链分工进行了事实考察,从价值增值视角考察世界主要国家制造业参与全球生产网络的程度并进行评价。第一节介绍了全球价值链的测度方法——全球价值链参与度指数和全球价值链地位指数(Koopman,2010),并基于此构建全球价值链地位坐标系和全球价值链综合指数,此外,本节还对所使用的数据进行了说明。第二节整体分析了世界主要国家参与全球价值链分工的地位和参与度。第三节基于要素密集度的视角评价了全球价值链分工,测度不同国家的总体制造业、劳动密集型制造业、技术密集型制造业以及资本密集型制造业的全球价值链综合地位,阐述不同国家不同制造业部门参与全球生产网络的分工特征,测度其制造业全球价值链综合竞争力。第四节从制造业成本视角将世界主要制造业出口国分为传统低成本、传统高成本、成本竞争力相对稳定、成本竞争力显著提升以及成本结构变动不显著等五类国家,分别讨论不同制造成本对价值链参与度和价值链地位的影响,发现处于价值链低端国家的中间品质量改进会降低其价值链参与度,而处于价值链高端国家的中间品质量改进则会降低其价值链地位。第五节根据生产性服务业及细分行业在全球价值链中的发展趋势、特征总结出了发展路径。研究发现,不同行业、不同区域的国家生产性服务业及细分行业发展路径具有差异性。

第一节 全球价值链的测度方法与数据说明

随着 Gereffi(2001)提出"全球价值链"的概念,很多学者针对全球价值链的参与度和地位进行了测度和实证检验。Hummels(2001)最早提出垂直专业化,分解了进口中间投入用于生产出口和出口中间产品给三国用于生产出口。Koopman 等(2010)构建了全球价值链参与度和地位指数,提出 KPWW 测算方法,弥补了 Hummels 等学者在方法上的假设缺陷。随后,Wang 等(2017a、2017b)将全球价值链的分析框架从出口阶段延伸到生产阶段,建立了生产分解模型的核算框架,重新定义了国家—部门层面参与全球价值链的程度、地位、竞争力等指标。国内外很多学者借鉴增加值核算的方法进行了相关研究。Hummels et al(2001)最早以增加值为度量指标测算一国贸易中的国外增加值情况,通过建立增加值贸易统计体系能够更好地刻画国际贸易的现实(闫云凤,2015)。Hummels 等(1991)运用投入产出表统计了 OECD 国家和一些新兴市场国家的国际垂直专业化水平,发现国际垂直专业化生产增长了 40%,占世界产品出口的 30%。Naughton(1996)发现,中国的 VS 值占进口的比例在 1988 年大约是 0.25,而到 1994年上升到 0.41。Feenstra 和 Hanson(1997)对美国制造业进行了检验,发现进口投入品占总中间品购买量的比例已经从 1972 年的 5.7% 上升到 1979年的 8.6%,1990 年达到 13.9%。刘志彪(2001)借助投入产出表对中国1988 年、1994 年和 1997 年的 17 个产业部门的国际垂直专业化水平进行了具体测算,结果表明,丹麦、荷兰、爱尔兰、韩国等国总出口的份额较高;新兴市场经济国家和地区的总出口份额呈现不断增长的趋势;中国平均值仅次于丹麦、荷兰、韩国,远高于美国、日本、德国等经济大国。高越(2004)用中国加工贸易进口额与总出口额的比重来替代中国的垂直专业化比重,并对垂直专业化分工进行了模型化研究,解答了中国在全球垂直专业化分工中的地位,将中国的贸易数据进行分类后得出,中国参与国际分工的主要形式是:进口中间投入品并加工装配成最终产品(主要是消费品)并进行出口,而且这一分工方式有进一步加强的趋势。北京大学中国经济研究中心课题组(2005)测算了中国总出口中的垂直专业化程度、中国出口分行业的垂直专业化程度、中国对美出口的垂直专业化程度和中国对美出口分行业的垂直专业化程度,并据此得出了中国出口贸易中的"来料加工"程度与中美贸易的关系,认为中国处于全球产业链的低端,中国对美出口贸易反映了东亚对美国的产业链效应。李昕和徐滇庆(2013)从全球生产链测算了中国与贸易伙伴之间的增加值贸易并重新核算了中国贸易规模和贸易余额。Timmer(2014)等基于WIOD数据库,对全球价值链进行了切片化研究,指出资本和高技术劳动力在全球价值链中的比例持续上升。罗长远和张军(2014)基于TiVA数据库,从产业内效应和产业间效应角度,对中国出口增加值变化的动因进行实证分析。王直、魏尚进、祝坤福(2015)基于全球价值链的度量构建了传统国际贸易统计与国民经济核算体系的对应框架。程大中(2015)从中间品关联、增加值关联、投入—产出关联三个角度综合评估了中国参与全球价值链分工的程度及演变趋势。康振宇等(2015)运用世界投入产出数据,采用传统和增加值两种核算方法对中日双边贸易收支情况进行了分析,研究发现增加值核算方法下的双边贸易更趋于平衡。基于行业层面的视角,国内学者深入研究了不同技术水平制造业融入全球价值链的路径及其演进特征(王岚、李宏艳,2015)。

3.1 测算方法

根据Koopman等(2010)基于全球价值链,将出口(EX)进一步分解为国内价值增值(DV)和国外价值增值(FV),其中,国内附加值进一步划分为:(1)进口商直接消费的最终产品和服务(FDV);(2)进口商生产国内所需商品的中间产品(NDV),即该类中间品被进口国加工后用于进口国的消费;(3)进口商生产第三国所需商品的中间产品(TDV),即该类中间品被进口国加工后出口至第三国;(4)进口商生产本国所需商品的中间产品(RDV),即该类中间品被进口国加工后再出口回本国。

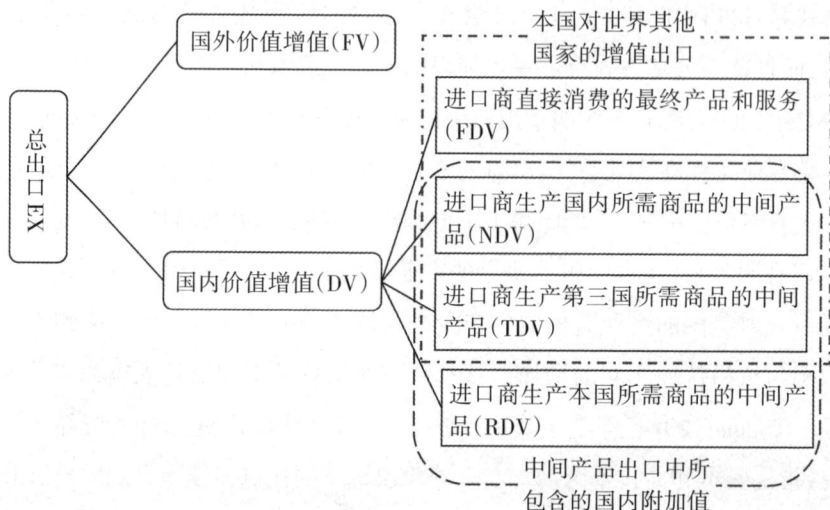

图3.1 一国总出口中的出口附加值分解

资料来源:作者根据Koopman(2010)整理编制

(1)全球价值链参与度

基于对价值链中出口的分解,Koopman等(2010)构建了反映一国参与全球生产网络程度的指标,即全球价值链指数。计算公式为:

$$GVC\_Participation_{ij} = \frac{TDV_{ij} + FV_{ij}}{EX_{ij}}$$

其中,$GVC\_Participation_{ij}$表示j国i产业参与全球价值链的程度,TDV_{ij}表示j国i产业用于生产第三国所需最终品的出口,即间接出口,FV_{ij}j国i产业出口中的国外附加值。EX_{ij}j国i产业的总出口。该指标越高,表明j国i产业参与全球生产网络的程度越高。

(2)全球价值链地位

Koopman等(2010)构建了反映一国国际分工地位的指标,即GVC地位指数,其定义为一国间接附加值出口与国外附加值出口的差距。若一国处于价值链上游,则其用于第三国的最终品的中间品出口(TDV)所占比重相对较大,若一国处于价值链下游,则其出口中所包含的国外附加值比重(FV)较高。

$$GVC\_Position_{ij} = \ln\left(1 + \frac{TDV_{ij}}{EX_{ij}}\right) - \ln\left(1 + \frac{FV_{ij}}{EX_{ij}}\right)$$

其中,$GVC\_Position_{ij}$表示 j 国 i 产业在全球价值链中的地位,$\ln\left(1 + \frac{TDV_{ij}}{EX_{ij}}\right)$表示 j 国 i 产业在全球价值链中的上游相对地位,而$\ln\left(1 + \frac{FV_{ij}}{EX_{ij}}\right)$表示 j 国 i 产业在全球价值链中的下游相对地位,因此,该指标数值越大,表明该国该产业所处的价值链地位越高。

（3）全球价值链综合指数

全球价值链参与度指数反应一国参与全球价值链地位的广度,而全球价值链地位指数反应一国参与全球价值链的深度,本文设计了全球价值链综合指数,将二者相结合,以综合评价一国价值链的深度和广度。

$$GVG\_ParticipationIndex_{mj} = \frac{\sum_{i=1}^{N} \frac{GVC\_Participation_{ij} - GVC\_Participation_{i\min}}{GVC\_Participation_{i\max} - GVX\_Participation_{i\min}}}{N}$$

$$（3.1）$$

$$GVG\_PositionIndex_{mj} = \frac{\sum_{i=1}^{N} \frac{GVC\_Position_{ij} - GVC\_Position_{i\min}}{GVC\_Position_{i\max} - GVC\_Position_{i\min}}}{N}$$

$$（3.2）$$

其中,（3.1）式是价值链参与度的综合指数,其中$GVC\_ParticipationIndex_{mj}$表示为第 j 国在第 m 行业所处的全球价值链参与度综合指数,$GVC\_Participation_{ij}$表示为第 j 国在第 i 部门所处的价值链参与度指数,$GVC\_Participation_{i\min}$和$GVC\_Participation_{i\max}$表示第 i 部门中价值链参与度的最小值和最大值,N 表示该行业所包含的部门数量,因此,该指标的取值范围为【0,1】,该指标越大则表明该国的价值链参与度相对水平越高。同理,（3.2）式为全球价值链地位综合指数,该指标数值越大,说明该国在该行业全球价值链地位中的综合竞争力较强。

3.1.2 数据说明

本文采用WTO-OECD在2016年最新发布的全球附加值贸易数据库(TiVA)展开指标的计算以及实证研究。该数据库基于OCED的跨国投入产出表和双边贸易信息,涵盖世界代表性国家和地区,便于进行国际比较。TiVA数据库涵盖了63个经济体和地区,16个制造业部门和14个服务业部门。TiVA(2016)数据库覆盖年度为1995—2011年。

本章制造业采用WTO-OECD的制造业分类方法,将制造业分为9类,分别为(1)食品、饮料及烟草制造业;(2)纺织品、纺织产品、皮革和鞋制造业;(3)木材、纸、纸制品、印刷和出版制造业;(4)化学品及非金属矿产品制造业;(5)基础金属和金属制品制造业;(6)机械及设备制造业;(7)电气和光学设备制造业;(8)运输设备制造业;(9)其他制成品及回收设备制造业。根据技术密集度,OECD将制造业划分为高技术产业,中高技术产业、中低技术产业和低技术产业,其中(1)(2)(3)(9)为低技术产业,即劳动密集型制造业;(6)(7)(8)为中低技术产业,即技术密集型制造业;(4)(5)为中高技术产业,即资本密集型制造业。

表3.1 制造业分类

产业类别	制造业
劳动密集型制造业	(1)食品、饮料及烟草制造业 (2)纺织品、纺织产品、皮革和鞋制造业 (3)木材、纸、纸制品、印刷和出版制造业 (9)其他制成品及回收设备制造业
技术密集型制造业	(6)机械及设备制造业 (7)电气和光学设备制造业 (8)运输设备制造业
资本密集型制造业	(4)化学品及非金属矿产品制造业 (5)基础金属和金属制品制造业

资料来源:根据OECD分类标准,作者整理

本章服务业选取生产性服务业测度。对生产性服务业的分类,由于各国研究背景和统计口径的不同,其划分尚未统一,下面列举了一些国内外机构和学者关于生产性服务业的分类,用以比较和认识生产性服务业的细分类别,如表3.2所示。参照以上分类标准并结合数据的可获取情况,在统计分析时将生产性服务业的核算范围界定为:C1(批发零售业)、C2(金融中介)、C3(租赁和商务服务业)、C4(交通运输仓储业)、C5(邮电业)5大类。其中C1包括批发零售和修理相关行业,C3包括机械设备租赁、计算机及相关活动、研发等业务活动。

表3.2 国内外生产性服务业分类

分类标准	范　围
美国统计局	1.金融保险服务;2.固定资产服务;3.商务服务;4.法律服务;5.社会组织服务;6.其它专业服务
英国标准产业分类	1.批发配送服务;2.垃圾处理;3.运输;4.金融保险服务;5.营销;6.研究开发;7.贸易协会
UNCTAD	1.批发贸易;2.商业银行;3.非银行金融;4.保险、信息服务;5.科学与技术服务
Browning, Singelman (1975)	1.金融服务;2.保险服务;3.法律及工商服务
Howells,Green(1986)	1.金融保险服务;2.商务服务;3.职业和科学服务
国民经济行业分类标准(2015)	1.交通运输、仓储邮政业;2.信息传输、计算机服务和软件业;3.批发和零售业;4.金融业、租赁和商务服务业;5.科学研究、技术服务;6.地质勘察业
段杰、闫小培(2003)	1.金融保险业;2.房地产业;3.信息咨询服务业;4.计算机应用服务业;5.科学研究与综合技术服务业;6.邮电通讯与交通运输业;7.教育、文艺和广播电视电影业;8.进出口贸易业
杨仁发(2017)	1.运输存储;2.邮政通信;3.计算机服务、研发及相关服务;4.生产性租赁;5.金融中介

资料来源:作者整理绘制

第二节　制造业全球价值链分工整体评价

　　根据德勤《2016全球制造业竞争力指数》,本文选取其制造业竞争力
排名前20位的国家和地区的制造业价值链地位进行测度,其制造业竞争
力如表3.3所示。

表3.3　2016年全球国家/地区制造业竞争力指数排名

排名	国家/地区	指数评分	排名	国家/地区	指数评分
1	中国	100	11	印度	67.2
2	美国	99.5	12	瑞士	63.6
3	德国	93.9	13	瑞典	62.1
4	日本	80.4	14	泰国	60.4
5	韩国	76.7	15	波兰	59.1
6	英国	75.8	16	土耳其	59
7	中国台湾	72.9	17	马来西亚	59
8	墨西哥	69.5	18	越南	56.5
9	加拿大	68.7	19	印度尼西亚	55.8
10	新加坡	68.4	20	荷兰	55.7

资料来源:作者根据《2016全球制造业竞争力指数》整理绘制

　　构建全球价值链地位坐标系,X轴表示全球价值链地位指数,Y轴表
示全球价值链参与度指数。根据公式可以测度出世界主要国家和地区制
造业全球价值链参与度指数和全球价值链地位指数,将其置于二维坐标
中,可以看出各国和地区在制造业全球价值链中的相对地位并进行比较。
以横坐标价值链地位指数的0指标为分界,可以得出位于该轴左侧的国
家和地区处于全球价值链的下游地位,而位于该轴右侧的国家和地区则
处于全球价值链的上游地位。而该点相对位置越高,则其价值链参与度
越低。本文选取1995年、2003年、2011年世界主要国家和地区在全球制
造业的地位,其测度结果如图3.2所示。

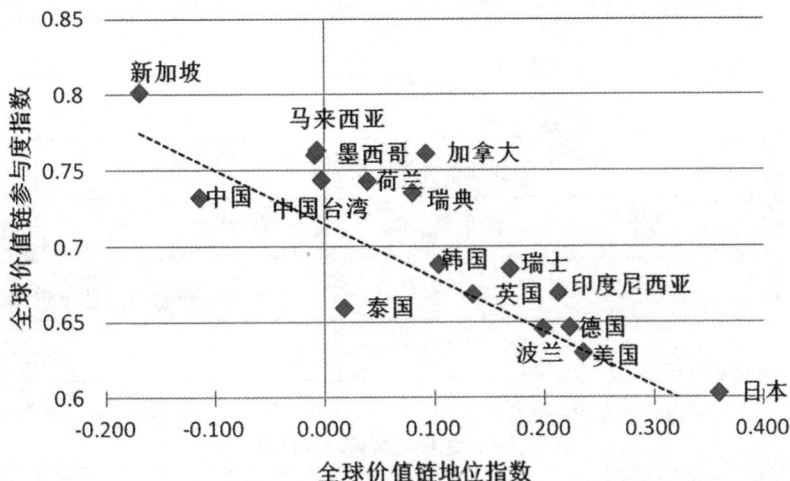

图3.2（a）:1995年世界主要国家/地区全球价值链地位

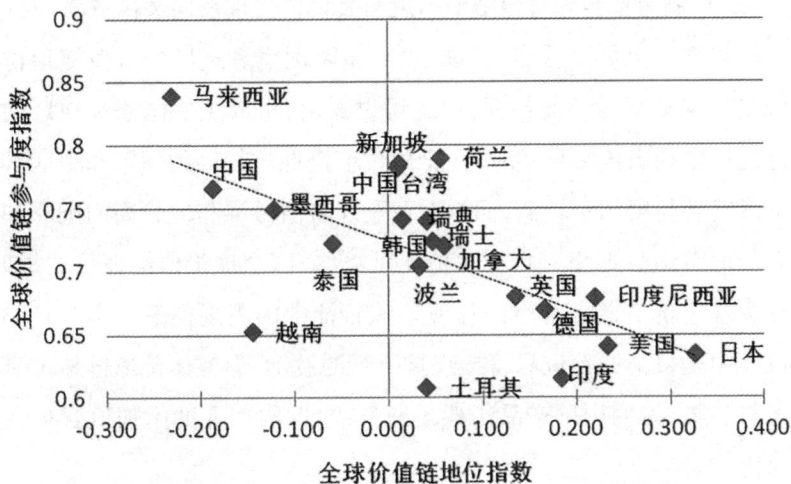

图3.2（b）:2003年世界主要国家/地区全球价值链地位

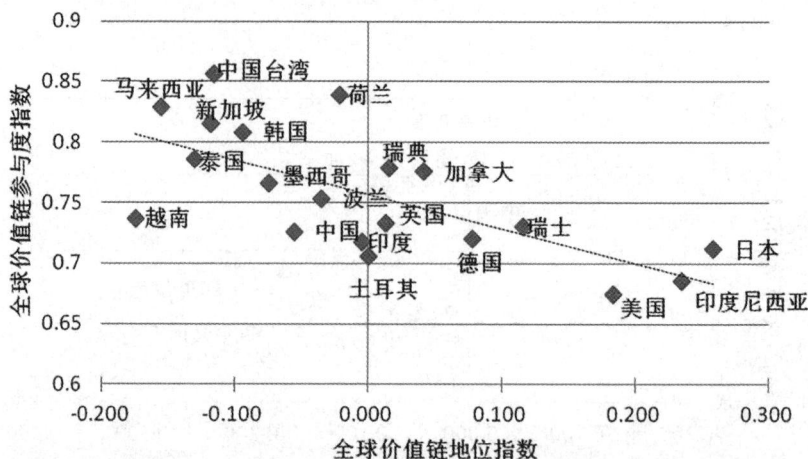

图3.2（c）:2011年世界主要国家/地区全球价值链地位

资料来源:根据WTO-OECD全球附加值贸易数据库(TiVA)(2016)测算绘制

3.2.1 制造业全球价值链参与度与其地位呈现反向替代特征

从测度结果可以看出,目前,世界主要国家和地区的价值链地位的趋势线呈现斜率为负的特征,由此可以看出,世界主要国家和地区的价值链地位呈现出该特征:制造业全球价值链地位较高的国家和地区其全球价值链参与度相对较低,而制造业全球价值链参与度较高的国家和地区其价值链地位却相对较低。由此可见,一国全球价值链地位的提升,往往会基于价值链参与度的让渡。该特征中国表现得最突出。1995—2011年中国价值链地位尽管出现过下行的波动,但整体价值链地位呈现出上涨趋势,说明中国产品结构不断升级,国内产业的附加值含量在逐步深化。

3.2.2 制造业全球价值链地位分布呈现扁平化特征

从图3.3可以看出,世界主要国家和地区的全球价值链参与度从1995年相对分散逐步至2011年相对集中,且价值链参与度相对有所提升,特别是部分发展中国家和地区。通过测度世界主要国家和地区价值链参与指数,发现1995年至2011年全球价值链参与度提升较快的国家和地区主要有印度、越南、土耳其、泰国、日本、韩国、波兰、中国台湾、荷兰和德国,这些国家和地区的价值链参与度增幅均在10%以上,特别是印度全球价值链参与度从1995年0.538提升至2011年0.718,提升了33.28%,越南全球价值链参与度提升了31.6%,土耳其全球价值链参与度提升了28.7%,这说明发展中国家正在逐步融入全球生产网络,且参与度在逐步提升。

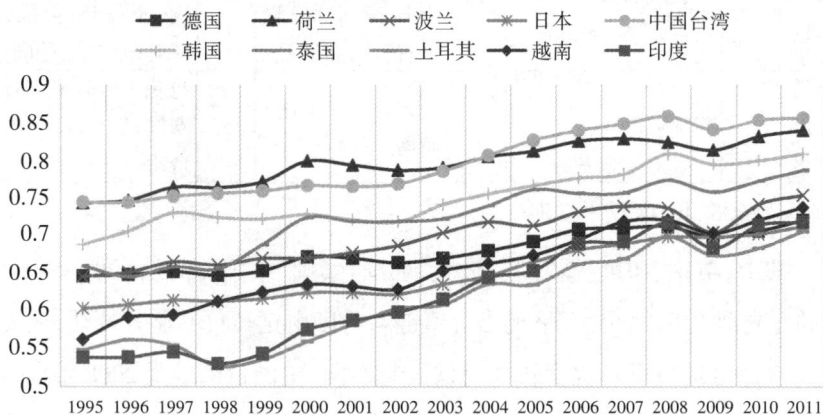

图3.3 世界主要国家国家和地区价值链参与指数变化趋势

资料来源:根据WTO-OECD全球附加值贸易数据库(TiVA)(2016)测算整理

3.2.3 制造业全球价值链分工由上游逐步向中、下游转移

根据全球价值链地位指数的经济学涵义,可以发现,若该指标越大说明该国所处的全球价值链地位越高,反之,若该指数越小,说明该国所处的地位越低。与传统上、下游国家的界定方式不同,本文根据全球价值链指标的测度结果,以-0.1和0.1为界,将世界主要制造业国家参与价值链分工地位分为三类,即上、中、下游国家和地区。如表3.4所示,世界主要国家和地区的价值链分工地位呈现出逐步向中、下游转移的趋势。从1995年,上游国家和地区数量由10个减少至4个,中游国家和地区数量由8个增加至11个,下游国家和地区数量由2个增加至5个。

表3.4 参与全球价值链分工上、中、下游国家/地区分布情况

国家	1995年		2003年		2011年	
	数量	国家/地区	数量	国家/地区	数量	国家/地区
上游国家/地区	10	韩国;英国;瑞士;波兰;印度尼西亚;德国;印度;美国;土耳其;日本	6	英国;德国;印度;印度尼西亚;美国;日本	4	瑞士;美国;印度尼西亚;日本
中游国家/地区	8	越南;墨西哥;马来西亚;中国台湾;泰国;荷兰;瑞典;加拿大	10	泰国;新加坡;中国台湾;韩国;波兰;土耳其;瑞典;瑞士;荷兰;加拿大	11	韩国;墨西哥;中国;波兰;荷兰;印度;土耳其;英国;瑞典;加拿大;德国
下游国家/地区	2	新加坡;中国	4	马来西亚;中国;越南;墨西哥	5	越南;马来西亚;泰国;新加坡;中国台湾

资料来源:作者计算并整理

其中,英国、印度、土耳其、波兰、韩国、泰国、中国台湾从1995—2011年价值链地位降幅较大,呈现出价值链参与度由正转负的显著特征,该类国家价值链地位下降幅度较大,且韩国、泰国、中国台湾等受2008年金融危机冲击较大,在2008年全球价值链地位呈现出显著下降的特征。由于发达国家掌控着高端产品环节的生产,其全球价值链地位要比发展中国家高。但是,几个主要发达经济体虽然仍处于全球价值链分工的上游,但是其价值链地位却出现了明显下降,如美国、日本和英国。

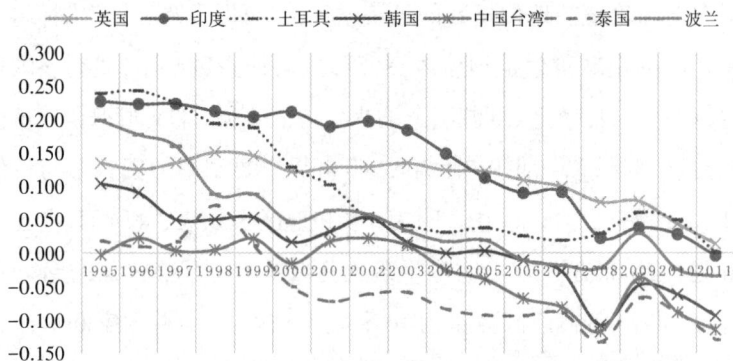

图3.4 世界主要下游国家/地区价值链地位指数变化趋势

资料来源:根据WTO-OECD全球附加值贸易数据库(TiVA)(2016)测算整理

从2011年上游国家和地区的全球价值链地位测度结果可以看出,印度尼西亚是价值链上游地位国家和地区中唯一价值链地位指数上涨的国家,与该国大力发展制造业的政策有关,印度尼西亚制造业发展对于印度制造业发展是很大的制约,从指标上也可以充分体现,印度尼西亚的价值链地位不断提升,而印度的价值链地位不断降低。

表3.5　世界价值链上游主要国家代表年份价值链地位指数测算结果

国家/地区	1995	1997	1999	2001	2003	2005	2007	2009	2011
日本	0.358	0.338	0.349	0.328	0.325	0.292	0.246	0.309	0.258
印度尼西亚	0.213	0.224	0.212	0.167	0.22	0.177	0.219	0.257	0.235
美国	0.235	0.232	0.232	0.239	0.232	0.213	0.195	0.238	0.184
瑞士	0.168	0.14	0.141	0.111	0.047	0.029	0.077	0.114	0.116

资料来源:根据WTO-OECD全球附加值贸易数据库(TiVA)(2016)测算整理

中国价值链地位呈现出显著提升的特征,从下游国家逐步进入中游国家。1995—2011年,中国价值链地位尽管出现过下行的波动,但整体价值链地位呈现出上涨趋势,说明中国产品结构不断升级,国内产业的附加值含量在逐步深化。

第三节　制造业全球价值链分工的评价:
要素密集度视角

3.3.1　劳动密集型制造业全球价值链分工的评价

(1)劳动密集型制造业参与全球价值链分工程度分析

通过测度劳动密集型制造业不同部门的价值链参与度指数,可以发现食品、饮料及烟草制造业中价值链参与度排名较高的国家和地区为荷兰0.6799、新加坡0.6758、中国台湾0.658、韩国0.593以及英国0.5502;纺织品、纺织产品、皮革和鞋制造业价值链参与度较高的国家和地区为中国台湾0.71、韩国0.662、日本0.661、新加坡0.6429、马来西亚0.6122;木材、纸、纸制品、印刷和出版制造业价值链参与度较高国家和地区为越南0.9468、马来西亚0.9154、中国0.901、中国台湾0.901、印度尼西亚0.9001;其他制成品及回收设备制造业价值链参与度较高的国家和地区荷兰0.7918、瑞典0.7008、泰国0.6971、马来西亚0.6823、韩国0.673。其中,木材、纸、纸制品、印刷和出版制造业在劳动密集型行业中属于参与全球价值链程度较高的部门,主要源于原材料的进口使各国参与全球生产网络布局。

表3.6 2011年世界主要劳动密集型制造业价值链参与指数及其排名

国家/地区	食品、饮料及烟草制造业		纺织品、纺织产品、皮革和鞋制造业		木材,纸、纸制品、印刷和出版制造业		其他制成品及回收设备制造业	
	价值链参与度指数	排名	价值链参与度指数	排名	价值链参与度指数	排名	价值链参与度指数	排名
中国	0.51	10	0.477	13	0.901	3	0.539	17
美国	0.408	19	0.389	20	0.84	10	0.496	20
德国	0.536	7	0.521	9	0.81	19	0.592	12
日本	0.465	14	0.661	3	0.844	9	0.559	15
韩国	0.593	4	0.662	2	0.873	8	0.673	5
英国	0.5503	5	0.4785	12	0.8248	16	0.5629	14
中国台湾	0.658	3	0.71	1	0.901	4	0.558	16
墨西哥	0.4472	16	0.508	11	0.8245	18	0.6371	10
加拿大	0.4965	12	0.4757	15	0.8289	14	0.5343	18
新加坡	0.6758	2	0.6429	4	0.8856	7	0.6464	7
印度	0.435	17	0.4336	18	0.835	12	0.6395	9
瑞士	0.5217	9	0.5564	8	0.8099	20	0.6026	11
瑞典	0.5405	6	0.4692	16	0.835	13	0.7008	2
泰国	0.5097	11	0.4768	14	0.8996	6	0.6971	3
波兰	0.4949	13	0.5191	10	0.8368	11	0.6519	6
土耳其	0.4281	18	0.4338	17	0.828	15	0.5899	13
马来西亚	0.342	20	0.6122	5	0.9154	2	0.6823	4
越南	0.5305	8	0.5581	7	0.9468	1	0.6412	8
印度尼西亚	0.4622	15	0.4205	19	0.9001	5	0.4976	19
荷兰	0.6799	1	0.5631	6	0.8248	17	0.7918	1

资料来源:根据WTO-OECD全球附加值贸易数据库(TiVA)(2016)测算整理

根据表3.7世界主要劳动密集型行业各部门价值链地位指数测度结果,可以看出,食品食品、饮料及烟草制造业,世界主要国家和地区中14个国家和地区均处于价值链上游地位,价值链地位较高的国家有印度尼西亚、日本、印度、马来西亚和美国,而价值链地位较低的国家和地区则为新加坡、韩国、中国台湾以及荷兰,而这些国家和地区恰好为食品、饮料及烟草制造业行业中参与度最高的四个国家和地区,这充分说明价值链参与度只体现了一国或地区参与全球生产网络的广度,而其中的深度还需要价值链地位指数的进一步说明。纺织品、纺织产品、皮革和鞋制造业中处于价值链地位上游的国家只有日本、印度尼西亚、印度和美国,除日本外,其余三国在该部门的价值链参与度均较低,而日本在该行业具有较高的价值链参与度,且具有较高的价值链地位,该部门价值链地位较低的国家主要有新加坡、马来西亚和墨西哥。木材、纸、纸制品、印刷和出版制造业中价值链地位较高的国家为日本、美国、印度尼西亚、加拿大和英国,价值链地位较低的国家和地区则为中国、中国台湾和越南。其他制成品及回收设备制造业中价值链地位较高的国家为荷兰、美国、日本、印度尼西亚等,而另一部分国家处于价值链下游且价值链地位较低的国家为墨西哥、泰国和马来西亚。

表3.7 2011年世界主要劳动密集型制造业价值链地位指数及其排名

国家/地区	食品、饮料及烟草制造业		纺织品、纺织产品、皮革和鞋制造业		木材、纸、纸制品、印刷和出版制造业		其他制成品及回收设备制造业	
	GVC地位	排名	GVC地位	排名	GVC地位	排名	GVC地位	排名
中国	0.003	14	−0.043	8	0.042	20	0.073	5
美国	0.113	5	0.019	4	0.430	2	0.157	2
德国	−0.008	15	−0.064	10	0.284	6	0.059	6
日本	0.172	2	0.118	1	0.453	1	0.139	3
韩国	−0.092	19	−0.033	7	0.206	13	−0.040	10
英国	0.019	12	−0.047	9	0.308	5	0.001	8
中国台湾	−0.032	18	−0.112	12	0.050	19	−0.207	17
墨西哥	0.091	6	−0.194	18	0.156	15	−0.255	20
加拿大	0.062	8	−0.142	15	0.346	4	0.037	7
新加坡	−0.248	20	−0.361	20	0.095	16	−0.114	13

国家/地区	食品、饮料及烟草制造业		纺织品、纺织产品、皮革和鞋制造业		木材、纸、纸制品、印刷和出版制造业		其他制成品及回收设备制造业	
	GVC地位	排名	GVC地位	排名	GVC地位	排名	GVC地位	排名
印度	0.158	3	0.030	3	0.240	9	−0.158	16
瑞士	0.020	11	−0.189	17	0.208	12	−0.127	14
瑞典	−0.014	16	−0.142	14	0.222	11	0.000	9
泰国	0.041	9	−0.033	6	0.088	17	−0.238	19
波兰	0.008	13	−0.124	13	0.181	14	−0.058	11
土耳其	0.071	7	−0.016	5	0.255	8	−0.150	15
马来西亚	0.144	4	−0.287	19	0.233	10	−0.236	18
越南	0.027	10	−0.150	16	0.063	18	−0.086	12
印度尼西亚	0.236	1	0.046	2	0.385	3	0.122	4
荷兰	−0.026	17	−0.068	11	0.261	7	0.247	1

资料来源：根据WTO-OECD全球附加值贸易数据库（TiVA）（2016）测算整理

（2）劳动密集型制造业参与全球价值链分工地位分析

1995—2011年世界主要国家和地区食品、饮料及烟草制造业价值链地位普遍下降，但中国、印度尼西亚的价值链攀升幅度较大，马来西亚也呈现出小幅攀升。中国食品、饮料及烟草制造业从下游逐步进入中游，而印度尼西亚则成为全球价值链中地位最高的国家，食品、饮料及烟草制造业是印度尼西亚制造业中的支柱产业，2011年其对制造业贡献率高达30.3%，高于该国内其他制造业。这主要源于印度尼西亚内部的自然资源优势以及国内市场的规模引致的大量外商投资，使印度尼西亚跨国公司的主要食品生产基地。2000—2009年，印度尼西亚食品制造业产量增长了176.3%，2010年底整个行业的总产值为1940亿美元，2011年总产值约为2200亿美元。1995—2011年纺织品、纺织产品、皮革和鞋制造业地位普遍下降，只有中国呈现出价值链地位明显提升的特征，中国纺织品、纺织产品、皮革和鞋制造业是我国的传统优势制造业。除荷兰、中国的小幅上涨外，其余国家和地区在木材、纸、纸制品、印刷和出版制造业均有较大幅度的价值链地位的下降。其他制成品及回收设备制造业中价值链地位提升幅度较大的国家为新加坡、越南、印度尼西亚、中国以及荷兰。

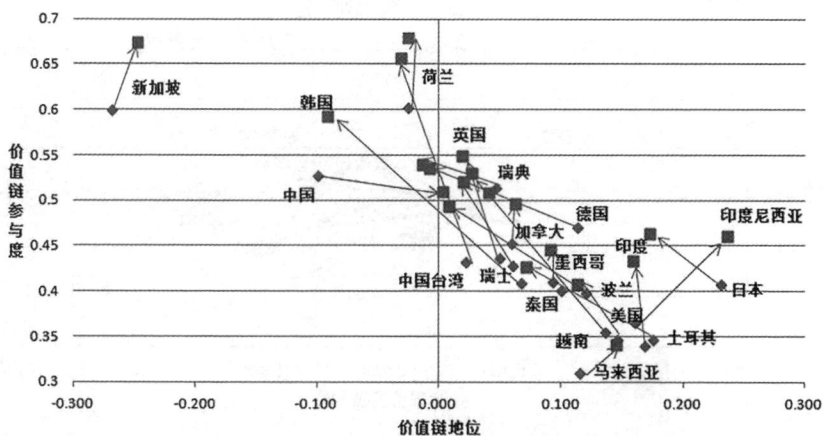

图3.5 1995—2011年食品、饮料及烟草制造业全球价值链地位变动

资料来源:根据WTO-OECD全球附加值贸易数据库(TiVA)(2016)测算整理并绘制

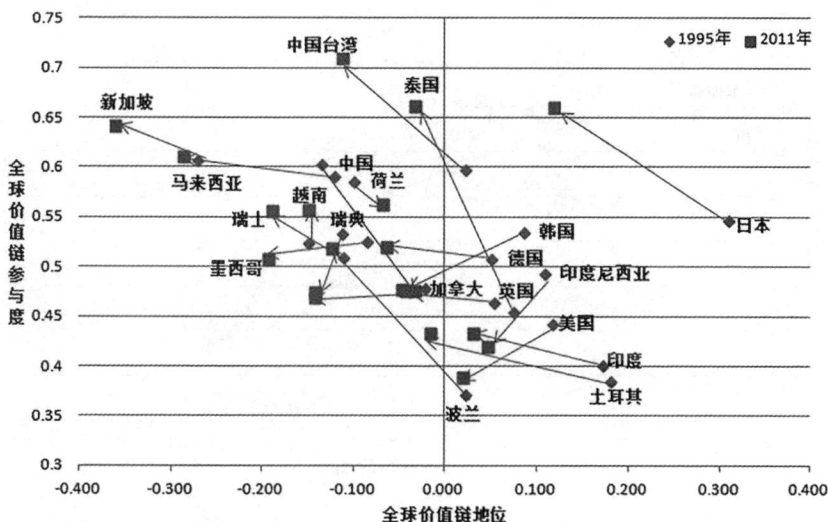

图3.6 1995—2011年纺织品、纺织产品、皮革和鞋制造业全球价值链地位变动

资料来源:根据WTO-OECD全球附加值贸易数据库(TiVA)(2016)测算整理并绘制

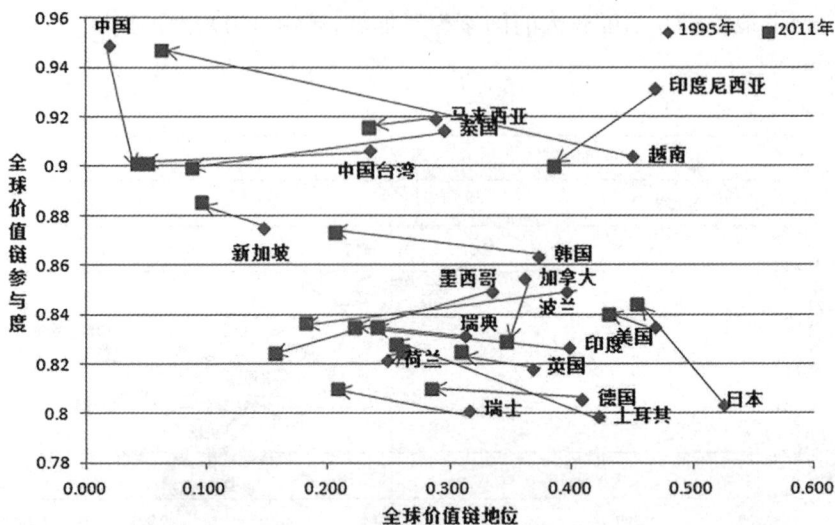

图3.7 1995—2011年木材、纸、纸制品、印刷和出版制造业全球价值链地位变动

资料来源：根据WTO-OECD全球附加值贸易数据库(TiVA)(2016)测算整理并绘制

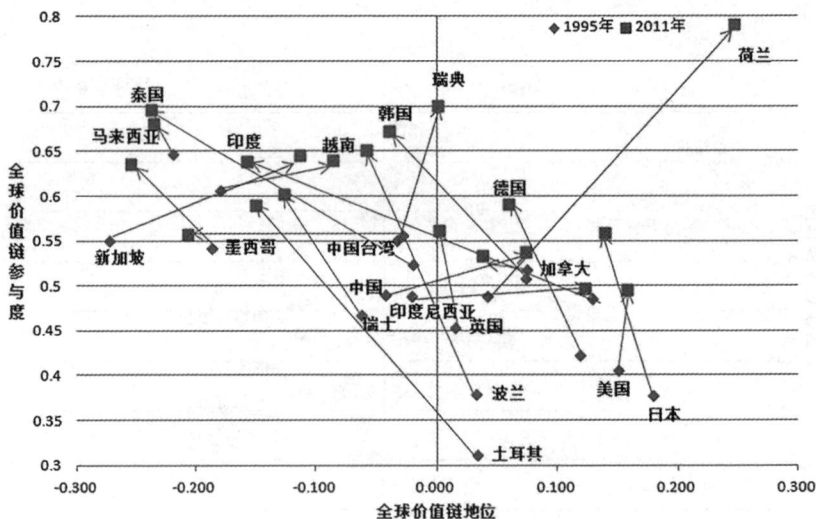

图3.8 1995—2011年其他制成品及回收设备制造业全球价值链地位变动

资料来源：根据WTO-OECD全球附加值贸易数据库(TiVA)(2016)测算整理并绘制

（3）劳动密集型制造业全球价值链竞争力国别分析

表3.8为世界各国和地区在2011年中不同劳动密集型行业全球价值链综合指数排名，根据公式(3.1)公式(3.2)测度世界主要国家和地区劳动密集型行业全球价值链参与度和全球价值链地位综合指数，从测度结果可以看出，劳动密集型行业中参与度最高的国家和地区是新加坡和中国台湾，参与度最低的是美国，而被认为传统劳动密集型国家中国其排名相对位于中游。而劳动密集型行业中价值链地位较高的国家为日本和美国、而价值链地位相对低的国家和地区则为中国台湾、新加坡。

表3.8　世界主要国家和地区劳动密集型行业全球价值链综合指数及排名

排名	国家/地区	全球价值链参与度综合指数		全球价值链地位综合指数	
		指数	排名	指数	排名
1	日本	0.42	9	0.91	1
2	荷兰	0.66	4	0.65	4
3	韩国	0.66	3	0.46	12
4	印度尼西亚	0.28	16	0.72	3
5	越南	0.64	5	0.35	17
6	中国台湾	0.7	2	0.27	19
7	美国	0.1	20	0.83	2
8	德国	0.33	13	0.58	8
9	瑞典	0.43	8	0.47	10
10	英国	0.31	15	0.59	6
11	马来西亚	0.52	7	0.37	15
12	泰国	0.53	6	0.36	16
13	中国	0.4	10	0.46	11
14	加拿大	0.25	18	0.6	5
15	印度	0.27	17	0.58	7
16	波兰	0.4	11	0.44	13
17	新加坡	0.71	1	0.1	20
18	瑞士	0.35	12	0.39	14
19	土耳其	0.21	19	0.53	9
20	墨西哥	0.32	14	0.33	18

资料来源：作者测度并整理

综合全球价值链参与度和全球价值链地位,可以看出,在世界主要国家和地区中,劳动密集型行业具有较高价值链竞争力的国家为日本、荷兰、韩国、印度尼西亚和越南。

3.3.2 技术密集型制造业全球价值链分工的评价

(1)技术密集型制造业参与全球价值链分工程度分析

通过测度世界主要国家和地区技术密集型制造业价值链参与度,发现机械及设备制造业中,价值链参与度较高的国家和地区为越南0.8531、墨西哥0.8331、加拿大0.7963、中国台湾0.794、荷兰0.772,而中国0.679、德国0.656、日本0.633美国0.595参与度却相对较低。电气和光学设备制造业中,价值链参与度较高的国家和地区有马来西亚0.8795、越南0.8741、泰国0.8621、荷兰0.8478、中国台湾0.825,而价值链参与度较低的国家主要为德国、英国、瑞士、印度、美国等发达国家;运输设备制造业中,价值链参与度较高的国家为越南0.7764、荷兰0.76、马来西亚0.7382、加拿大0.737、泰国0.7143,价值链参与度较低的国家为德国、美国、中国、印度尼西亚、日本。

表3.9 2011年世界主要技术密集型制造业价值链参与指数及其排名

国家/地区	机械及设备制造业		电气和光学设备制造业		运输设备制造业	
	价值链参与度指数	排名	价值链参与度指数	排名	价值链参与度指数	排名
中国	0.679	17	0.781	9	0.607	18
美国	0.595	20	0.64	20	0.61	17
德国	0.656	18	0.692	16	0.623	16
日本	0.633	19	0.727	11	0.509	20
韩国	0.729	9	0.808	6	0.641	14
英国	0.7004	13	0.6886	17	0.6746	10
中国台湾	0.794	4	0.825	5	0.71	7
墨西哥	0.8331	2	0.7972	7	0.7019	8
加拿大	0.7963	3	0.7173	13	0.737	4
新加坡	0.7517	8	0.7745	10	0.6481	13

续表

国家/地区	机械及设备制造业		电气和光学设备制造业		运输设备制造业	
	价值链参与度指数	排名	价值链参与度指数	排名	价值链参与度指数	排名
印度	0.6987	14	0.6829	19	0.629	15
瑞士	0.6861	16	0.6884	18	0.6661	11
瑞典	0.6964	15	0.7198	12	0.6791	9
泰国	0.7678	6	0.8621	3	0.7143	5
波兰	0.7134	11	0.7864	8	0.7116	6
土耳其	0.7165	10	0.7007	15	0.6635	12
马来西亚	0.7599	7	0.8795	1	0.7382	3
越南	0.8531	1	0.8741	2	0.7764	1
印度尼西亚	0.7046	12	0.7109	14	0.5149	19
荷兰	0.772	5	0.8478	4	0.76	2

资料来源:根据WTO-OECD全球附加值贸易数据库(TiVA)(2016)测算整理

根据表3.10世界主要技术密集型行业各部门价值链地位指数测度结果,可以看出,机械及设备制造业中,价值链地位较高的国家为日本、荷兰、德国、美国和加拿大;电气和光学设备制造业中,价值链地位较高的国家为日本、美国、德国、印度尼西亚和荷兰;2011年运输设备制造业价值链地位处于上游产业的只有四个国家,即日本、印度尼西亚、美国和中国,其余国家和地区均处于价值链下游。

表3.10 2011年世界主要技术密集型制造业价值链地位指数及其排名

国家/地区	机械及设备制造业		电气和光学设备制造业		运输设备制造业	
	价值链地位指数	排名	价值链地位指数	排名	价值链地位指数	排名
中国	0.053	8	−0.213	16	0.005	4
美国	0.090	4	0.262	2	0.025	3
德国	0.090	3	0.140	3	−0.024	6
日本	0.262	1	0.286	1	0.178	1
韩国	−0.065	15	−0.020	11	−0.090	8
英国	0.029	11	0.036	7	−0.096	10

国家/地区	机械及设备制造业		电气和光学设备制造业		运输设备制造业	
	价值链地位指数	排名	价值链地位指数	排名	价值链地位指数	排名
中国台湾	−0.198	17	−0.052	14	−0.176	15
墨西哥	0.062	7	−0.265	17	−0.205	16
加拿大	0.074	5	−0.014	10	−0.256	18
新加坡	−0.125	16	−0.025	12	−0.104	11
印度	0.034	10	0.026	8	−0.008	5
瑞士	0.064	6	0.045	6	−0.066	7
瑞典	0.045	9	−0.007	9	−0.167	13
泰国	−0.250	19	−0.273	18	−0.284	20
波兰	−0.018	12	−0.125	15	−0.172	14
土耳其	−0.037	13	−0.032	13	−0.148	12
马来西亚	−0.202	18	−0.313	19	−0.239	17
越南	−0.404	20	−0.358	20	−0.278	19
印度尼西亚	−0.041	14	0.131	4	0.026	2
荷兰	0.103	2	0.064	5	−0.095	9

资料来源:根据WTO-OECD全球附加值贸易数据库(TiVA)(2016)测算整理

(2)技术密集型制造业参与全球价值链分工地位分析

技术密集型行业价值链较长、复杂,并且大量的零部件靠离岸外包进行生产。企业利用国家和地区间成本、技术技能和规模经济的比较优势,专业化生产产品的零部件。1995—2011年机械及设备制造业价值链地位提升较大的国家为印度尼西亚和荷兰;电气和光学设备制造业全球价值链地位变动中,中国、新加坡、印度尼西亚、美国价值链地位均有所提升;运输设备制造业价值链地位变动中,只有中国和新加坡价值链地位不断提升。

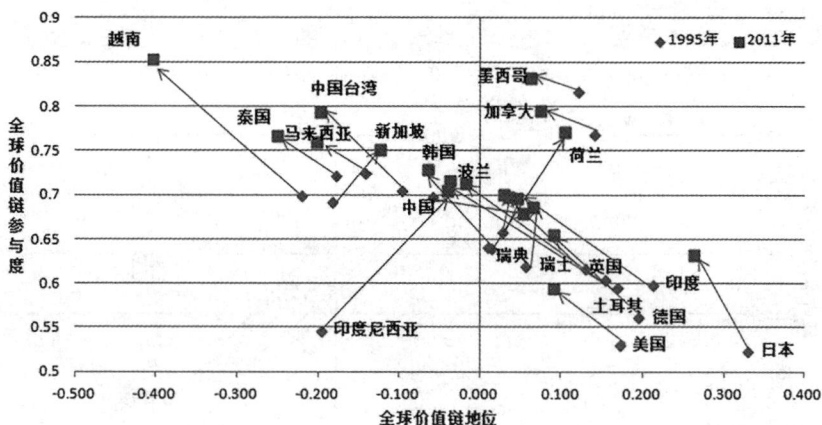

图3.9 1995—2011年机械及设备制造业全球价值链地位变动

资料来源：根据WTO-OECD全球附加值贸易数据库（TiVA）（2016）测算整理并绘制

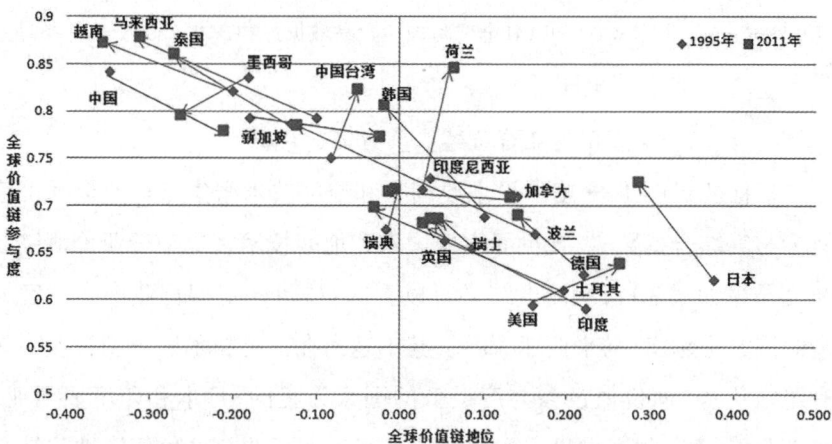

图3.10 1995—2011年电气和光学设备制造业全球价值链地位变动

资料来源：根据WTO-OECD全球附加值贸易数据库（TiVA）（2016）测算整理并绘制

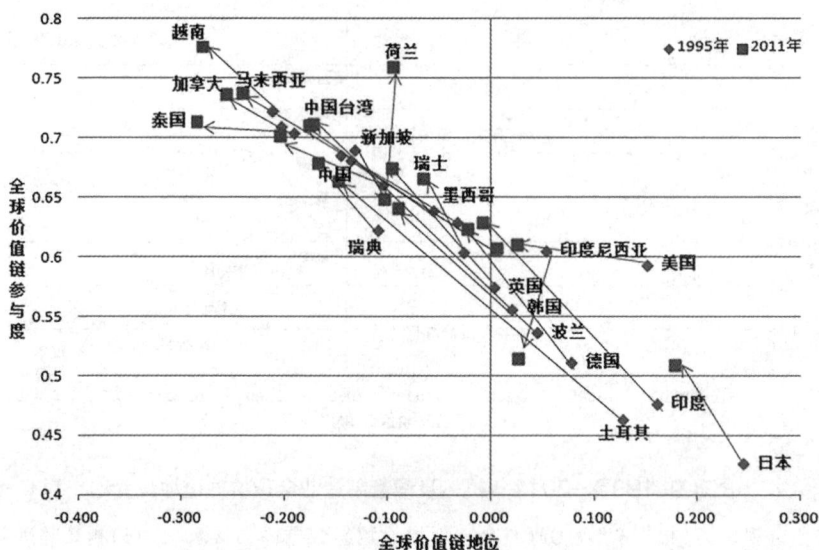

图3.11 1995—2011年运输设备制造业全球价值链地位变动

资料来源：根据WTO-OECD全球附加值贸易数据库(TiVA)(2016)测算整理并绘制

（3）技术密集型制造业价值链竞争力国别分析

根据公式(3.1)测度世界主要国家和地区技术密集型行业全球价值链参与度综合指数，发现世界主要国家和地区技术密集型行业价值链参与度排序如表3.11，从测度结果可以看出，技术密集型行业中参与度最高的国家是越南、马来西亚、荷兰，其中越南在三类技术密集型行业中具有绝对优势，而价值链参与度最低的国家为美国、日本和印度尼西亚。根据公式(3.2)测度世界主要国家技术密集型行业全球价值链地位综合指数，测算结果可以看出，技术密集型行业中价值链地位较高的国家为日本、美国、德国，而价值链地位相对低的国家则为越南和泰国。综合全球价值链参与度和全球价值链地位，可以看出，在世界主要国家和地区中，技术密集型行业具有较高价值链竞争力的国家和地区为荷兰、日本、墨西哥、中国台湾和加拿大。

表3.11 世界主要国家和地区技术密集型行业全球价值链综合指数及排名

排名	国家/地区	全球价值链参与度综合指数		全球价值链地位综合指数	
		指数	排名	指数	排名
1	荷兰	0.83	3	0.61	6
2	日本	0.17	19	1	1
3	墨西哥	0.77	5	0.34	17
4	中国台湾	0.77	6	0.34	16
5	加拿大	0.65	7	0.44	14
6	韩国	0.57	9	0.48	11
7	波兰	0.61	8	0.39	15
8	新加坡	0.56	10	0.44	13
9	马来西亚	0.83	2	0.16	18
10	越南	0.99	1	0	20
11	德国	0.29	17	0.69	3
12	瑞士	0.38	15	0.6	7
13	英国	0.41	14	0.56	8
14	印度	0.34	16	0.62	5
15	瑞典	0.45	11	0.49	10
16	中国	0.43	13	0.51	9
17	美国	0.13	20	0.79	2
18	泰国	0.79	4	0.12	19
19	印度尼西亚	0.25	18	0.66	4
20	土耳其	0.43	12	0.45	12

资料来源:作者测度并整理

3.3.3 资本密集型制造业全球价值链分工的评价

(1)资本密集型制造业参与全球价值链分工程度分析

通过测度世界主要国家和地区资本密集型制造业价值链参与度,发现化学品及非金属矿产品制造业价值链参与度较高的国家和地区主要为中国台湾0.945、韩国0.942、越南0.9167、荷兰0.9128、新加坡0.9042,而参与度较低的国家为美国、瑞士、墨西哥、加拿大;基础金属和金属制品制造业中,价值链参与度较高的国家和地区主要为印度尼西亚0.9738、泰国0.9734、日本0.969、中国台湾0.968、马来西亚0.9672,价值链参与度较低的国家为新加坡、美国、波兰、瑞士等。

表3.12 2011年世界主要资本密集型制造业价值链参与度
和价值链地位指数及其排名

国家/地区	化学品及非金属矿产品制造业				基础金属和金属制品制造业			
	价值链参与度指数	排名	价值链地位指数	排名	价值链参与度指数	排名	价值链地位指数	排名
中国	0.873	9	0.031	11	0.941	14	0.199	5
美国	0.789	17	0.228	3	0.908	18	0.252	4
德国	0.835	14	0.118	7	0.942	13	0.116	7
日本	0.891	7	0.259	2	0.969	3	0.363	1
韩国	0.942	2	-0.238	20	0.959	8	-0.032	15
英国	0.8172	16	0.034	10	0.9453	12	0.031	13
中国台湾	0.945	1	-0.204	19	0.968	4	-0.135	18
墨西哥	0.7832	19	0.159	5	0.966	6	0.352	2
加拿大	0.7741	20	0.112	8	0.9614	7	0.166	6
新加坡	0.9042	5	-0.202	18	0.9223	17	-0.073	16
印度	0.8543	10	-0.024	15	0.9402	15	0.092	9
瑞士	0.7859	18	0.222	4	0.9069	20	0.111	8
瑞典	0.8505	11	-0.014	14	0.956	9	0.071	10
泰国	0.9007	6	0.006	13	0.9734	2	-0.190	19
波兰	0.8463	12	0.027	12	0.908	19	0.048	12
土耳其	0.8346	15	0.143	6	0.9557	10	-0.007	14
马来西亚	0.8903	8	0.044	9	0.9672	5	-0.100	17
越南	0.9167	3	-0.163	17	0.9366	16	-0.242	20
印度尼西亚	0.8359	13	0.347	1	0.9738	1	0.339	3
荷兰	0.9128	4	-0.101	16	0.9498	11	0.064	11

资料来源：根据WTO-OECD全球附加值贸易数据库(TiVA)(2016)测算整理

根据表3.12世界主要资本密集型行业各部门价值链地位指数测度结果，可以看出，化学品及非金属矿产品制造业中，价值链地位较高的国家为印度尼西亚、日本、美国、瑞士和墨西哥；基础金属和金属制品制造业价值链地位较高的国家为日本、墨西哥、印度尼西亚、美国和中国。

（2）资本密集型制造业参与全球价值链分工地位分析

1995—2011年资本密集型制造业参与全球价值链分工地位变动中，中国和印度尼西亚在化学品及非金属矿产品制造业中价值链地位提升较快，而基础金属和金属制品制造业的价值链地位普遍成向中下游转移趋势，只有印度尼西亚的价值链地位在进一步攀升。

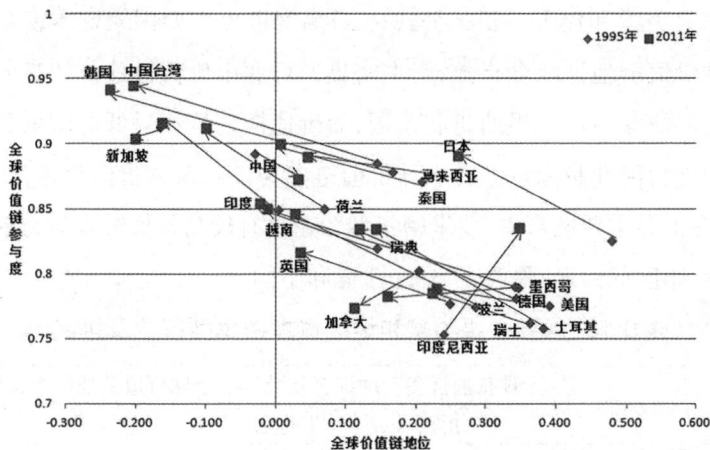

图3.12 1995—2011年化学品及非金属矿产品制造业全球价值链地位变动

资料来源：根据WTO-OECD全球附加值贸易数据库（TiVA）（2016）测算整理并绘制

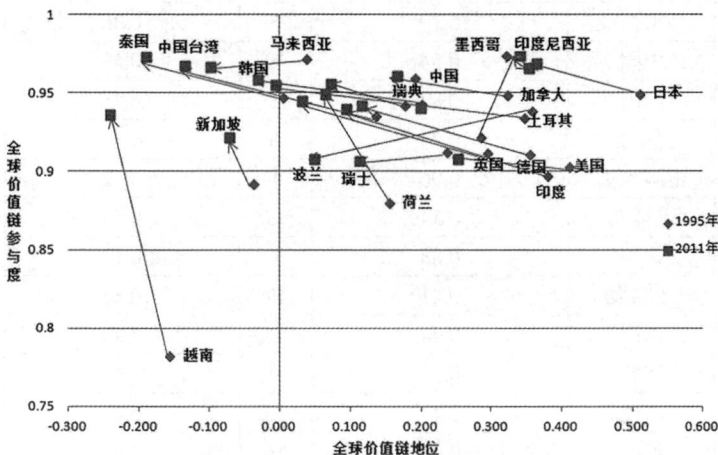

图3.13 1995—2011年基础金属和金属制品制造业全球价值链地位变动

资料来源：根据WTO-OECD全球附加值贸易数据库（TiVA）（2016）测算整理并绘制

(3)资本密集型制造业全球价值链竞争力国别分析

根据公式(3.1)测度世界主要国家和地区技术密集型行业全球价值链参与度综合指数,发现世界主要国家和地区技术密集型行业价值链全球价值链综合指数排序如表3.13,从测度结果可以看出,资本密集型行业中参与度最高的国家和地区是中国台湾、韩国和泰国,而参与价值链最低的国家为美国和瑞士。根据公式(3.2)测度世界主要国家资本密集型行业全球价值链地位综合指数,资本密集型行业中价值链地位较高的国家为印度尼西亚、日本、墨西哥和美国,而价值链地位相对低的国家和地区则为中国台湾和越南。综合全球价值链参与度和全球价值链地位,可以看出,在世界主要国家中,技术密集型行业具有较高价值链竞争力的国家为日本、印度尼西亚、墨西哥、马来西亚和中国。

表3.13 世界主要国家和地区资本密集型行业及排名

排名	国家/地区	全球价值链参与度综合指数		全球价值链地位综合指数	
		指数	排名	指数	排名
1	日本	0.81	4	0.93	2
2	印度尼西亚	0.68	7	0.98	1
3	墨西哥	0.47	14	0.83	3
4	马来西亚	0.79	5	0.36	15
5	中国	0.54	10	0.59	8
6	泰国	0.87	3	0.25	16
7	荷兰	0.73	6	0.37	14
8	中国台湾	0.96	1	0.12	19
9	土耳其	0.54	11	0.52	9
10	韩国	0.88	2	0.17	17
11	加拿大	0.41	17	0.64	6
12	德国	0.44	15	0.6	7
13	瑞典	0.59	9	0.45	13
14	印度	0.48	13	0.46	11
15	英国	0.41	16	0.46	12
16	美国	0.05	19	0.81	4
17	瑞士	0.03	20	0.69	5

排名	国家/地区	全球价值链参与度综合指数		全球价值链地位综合指数	
		指数	排名	指数	排名
18	越南	0.64	8	0.06	20
19	波兰	0.22	18	0.47	10
20	新加坡	0.5	12	0.17	18

资料来源:作者测度并整理

本节构建全球价值链地位坐标系和全球价值链综合指数,利用TiVA (2016)数据库分析了不同国家和地区的总体制造业、劳动密集型制造业、技术密集型制造业以及资本密集型制造业的全球价值链地位演变。主要得出以下结论:1.全球价值链参与度与全球价值链地位呈现反向替代特征:世界主要国家和地区全球价值链参与度在逐步提升,但制造业全球价值链分工地位由上游逐步向中、下游转移。特别是中国,随着全球价值链地位的提升,全球价值链参与度逐步降低,这与我国产品结构不断升级,国内产业附加值含量深化直接相关。2.在世界主要国家和地区中,劳动密集型行业具有较高价值链竞争力的国家为日本、荷兰、韩国、印度尼西亚和越南;技术密集型行业具有较高价值链竞争力的国家和地区为荷兰、日本、墨西哥、中国台湾和加拿大;技术密集型行业具有较高价值链竞争力的国家为日本、印度尼西亚、墨西哥、马来西亚和中国。

第四节　制造业全球价值链分工的评价: 制造业成本视角

2014年,世界主要25个出口国和地区制造业排名中,排名前十位分别为中国、德国、美国、日本、韩国、法国、意大利、荷兰、比利时以及英国。但是基于制造业成本竞争力指数[①]可以发现,排名前十位的国家和地区为

---

① 首先测度各国的制造业成本,然后以美国的制造业成本为100,各国均与美国相比较得出得分,从而核算出制造业竞争力指数

印度尼西亚、印度、墨西哥、中国、泰国、中国台湾、俄罗斯、美国、波兰以及韩国。通过对比发现,高制造业出口贸易的国家和地区其制造业成本却不一定较低,而一些具有较低制造业成本的国家和地区的制造业贸易发展却相对滞后。因此,本文以此为切入点,以制造业成本竞争力指数为基准,测度不同类制造业成本指数的国家的价值链地位,从而进一步发现其在全球价值链中的出口地位。波士顿咨询公司(BCG)基于其测度的2004—2014年全球制造业成本竞争力指数,将全球排名前25的国家和地区进行分类本文在其基础上,进行了进一步的划分。

表3.14 2014年世界主要出口国和地区制造业竞争力成本指数

国家/地区	制造业成本竞争力指数	出口贸易额世界排名	国家/地区	制造业成本竞争力指数	出口贸易额世界排名
中国	96	1	中国台湾	97	14
德国	121	2	印度	87	15
美国	100	3	瑞士	125	16
日本	111	4	澳大利亚	130	17
韩国	102	5	西班牙	109	18
法国	124	6	巴西	123	19
意大利	123	7	泰国	91	20
荷兰	111	8	印度尼西亚	83	21
比利时	123	9	波兰	101	22
英国	109	10	瑞典	116	23
加拿大	115	11	奥地利	111	24
俄罗斯	99	12	捷克	107	25
墨西哥	91	13			

数据来源:作者整理,BCG《全球制造业竞争力排名报告》(2015)

3.4.1 传统低成本制造业国家全球价值链地位分析

传统低成本制造业国家是指一直以来具有较大成本优势,且深入参与全球价值链的国家,其价值链参与度较高,但是价值链地位相对较低,但是随着其国内成本的上涨,生产要素价格的趋近,其制造业成本逐渐增加,其成本竞争力逐渐减小。

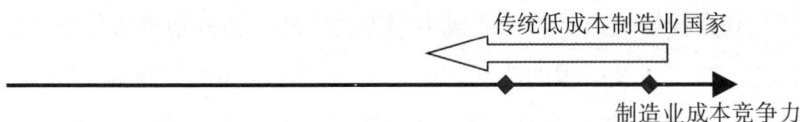

图3.14　传统低成本制造业国家制造业成本竞争力变化方向

资料来源:作者绘制

　　巴西、中国、捷克、波兰、俄罗斯被认为是传统的低成本制造业国家,但是随着全球价值链的发展,其制造业的低成本比较优势逐渐丧失,成本竞争力相对减弱,其制造业成本竞争力指数分别为巴西123、中国96、捷克107、波兰101、俄罗斯99,其竞争力成本与传统制造业高成本的美国(100)相当,比英国和西班牙低几个百分点。特别是中美之间制造业的成本差距呈现出显著的缩小趋势。通过对全球价值链参与指数的测算,可以发现,除波兰外,其余四国的全球价值链参与指数均有所下降,说明该国在制造业成本竞争力优势逐渐减弱的背景下,其参与全球价值链的程度也有所下降。

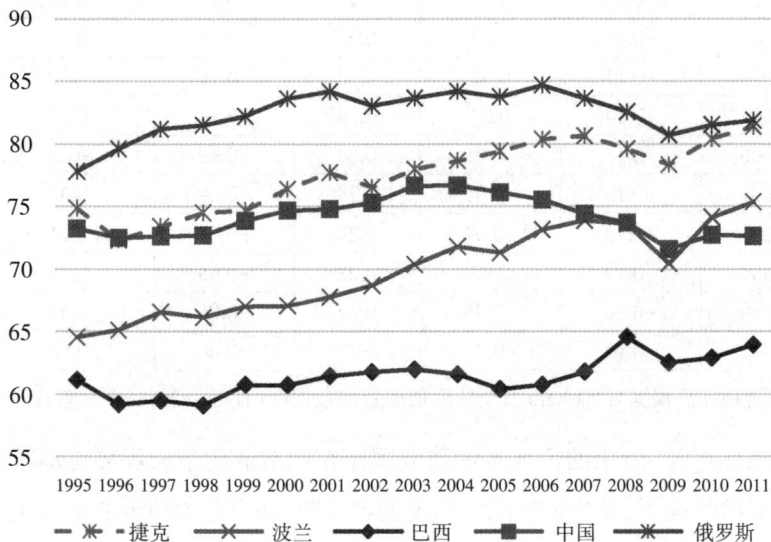

图3.15　传统低成本制造业国家全球价值链参与度

资料来源:根据 WTO-OECD 全球附加值贸易数据库(TiVA)(2016)测算整理

89

　　观察传统低成本制造业成本国家的全球价值链地位指数可以发现,
捷克、波兰、以及中国的测度结果为负,说明该类国家主要处于全球价值
链的下游行业,即在全球价值链中的地位较低。捷克、波兰和巴西的全球
价值链地位指数逐渐降低,说明这几个国家的价值链地位逐渐降低,这与
其制造业的竞争力成本有直接关系,特别是巴西,其制造业成本已经高于
西欧的部分国家,而波兰和捷克的制造业成本竞争力也相对下降较大。

表3.15 传统低成本制造业国家全球价值链地位指数

年份	捷克	波兰	巴西	中国	俄罗斯
1995	0.00	0.20	0.32	−0.11	0.31
1996	0.01	0.18	0.30	−0.11	0.33
1997	−0.02	0.16	0.28	−0.12	0.34
1998	−0.05	0.09	0.28	−0.13	0.28
1999	−0.05	0.09	0.25	−0.16	0.29
2000	−0.10	0.05	0.24	−0.17	0.27
2001	−0.11	0.06	0.21	−0.17	0.27
2002	−0.09	0.06	0.22	−0.17	0.28
2003	−0.11	0.03	0.23	−0.19	0.26
2004	−0.11	0.02	0.23	−0.16	0.32
2005	−0.14	0.02	0.24	−0.14	0.33
2006	−0.15	−0.01	0.24	−0.12	0.33
2007	−0.15	−0.02	0.24	−0.09	0.33
2008	−0.13	−0.02	0.24	−0.04	0.31
2009	−0.12	0.03	0.28	−0.05	0.31
2010	−0.16	−0.03	0.27	−0.06	0.31
2011	−0.17	−0.04	0.27	−0.06	0.30

资料来源:根据WTO-OECD全球附加值贸易数据库(TiVA)(2016)测算整理

　　由此可见,传统的低成本制造业国家在制造业竞争力优势逐渐减弱
或消失的情况下,其价值链的参与度明显下降,而全球价值链的相对地位
也有所降低。因此,传统低成本制造业国家的成本竞争力降低直接作用
于价值链参与度,而对价值链地位的影响程度较小。

3.4.2 传统高成本制造业国家全球价值链地位分析

传统高成本制造业国家是指一些发达国家虽然具有较高的价值链地位,但是其制造业成本不具有比较优势,且相对较高,这类国家随着价值链的发展,制造业成本呈现出进一步提升的特征,因此,这类国家的制造业成本竞争力进一步缩小。

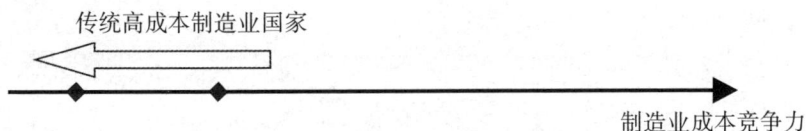

图3.16 传统高成本制造业国家制造业成本竞争力变化方向

资料来源:作者绘制

澳大利亚、比利时、法国、意大利、瑞典、瑞士被认为是传统高成本制造业国家,而其制造业成本在2004—2014年呈现出进一步增加的趋势,2004—2014年,比利时的平均制造成本上升了7%,瑞典8%,法国、意大利和瑞士10%,澳大利亚21%,这使得这些国家的制造业竞争优势进一步减弱,主要源于生产率的低增长以及能源成本的进一步提升。

表3.16 传统高成本制造业国家成本竞争力变化趋势

国家	2004年	2014年	增幅(%)
法国	115	124	10
意大利	112	123	10
比利时	117	123	7
瑞士	115	125	10
澳大利亚	109	130	21
瑞典	109	116	8

资料来源:作者整理,BCG《全球制造业竞争力排名报告》(2015)

通过测度这些国家的全球价值链的参与指数,可以发现除瑞士外,其余五国的全球价值链参与指数呈现逐步上升趋势,且价值链参与度显著提高。观察传统高成本制造业成本国家的全球价值链地位指数可以发现,除比利时外,其余五国全球价值链地位指数测算结果为正,说明该类国家主要处于全球价值链的上游地位。从价值链地位的变化趋势可以看出,其价值链地位指数呈现逐渐减小的趋势,说明其制造业地位正在逐步下降,这与其制造业成本的上升有直接关系。

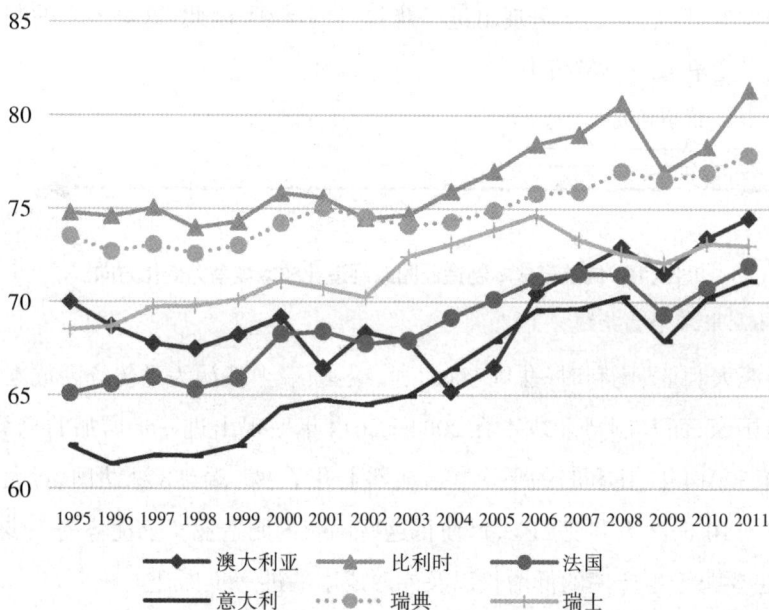

图3.17 传统高成本制造业国家全球价值链参与指数

资料来源:根据WTO-OECD全球附加值贸易数据库(TiVA)(2016)测算整理

表3.17 传统高成本制造业国家全球价值链地位指数

年份	澳大利亚	比利时	法国	意大利	瑞典	瑞士
1995	0.30	−0.02	0.15	0.15	0.08	0.17
1996	0.27	−0.02	0.14	0.17	0.08	0.17
1997	0.25	−0.03	0.12	0.16	0.06	0.14
1998	0.26	−0.02	0.11	0.15	0.05	0.13
1999	0.23	−0.02	0.11	0.15	0.05	0.14
2000	0.21	−0.06	0.07	0.12	0.03	0.11
2001	0.22	−0.06	0.08	0.12	0.01	0.11
2002	0.20	−0.03	0.08	0.13	0.03	0.13
2003	0.24	−0.02	0.09	0.13	0.04	0.05

年份	澳大利亚	比利时	法国	意大利	瑞典	瑞士
2004	0.24	−0.03	0.08	0.12	0.03	0.04
2005	0.24	−0.04	0.06	0.10	0.01	0.03
2006	0.23	−0.05	0.04	0.07	−0.01	0.02
2007	0.23	−0.05	0.04	0.06	−0.01	0.08
2008	0.19	−0.11	0.05	0.05	−0.04	0.09
2009	0.21	−0.04	0.08	0.12	0.02	0.11
2010	0.22	−0.04	0.05	0.07	0.02	0.11
2011	0.18	−0.09	0.04	0.05	0.02	0.12

资料来源：根据WTO-OECD全球附加值贸易数据库(TiVA)(2016)测算整理

由此看见，传统的高成本制造业国家其制造业成本竞争优势进一步恶化，但是这类国家的全球价值链参与度仍相对较高(高于传统低成本制造业国家)，这主要源于其一直处于上游的全球价值链地位。但是，随着其制造业成本的进一步上升，传统高成本制造业国家的价值链地位呈现显著下降的趋势，其下降幅度远高于低成本制造国家成本上升所引致的价值链地位变化幅度。因此，传统高成本制造业国家的成本竞争力减小主要引起其价值链地位的变动，而对价值链参与度影响较小。

3.4.3 制造成本竞争力相对稳定国家的全球价值链地位分析

荷兰、英国、印度和印度尼西亚相对美国的制造业成本竞争力保持稳定，这类国家尽管制造业工人工资水平逐年上涨，但是，随着全球价值链的参与，其生产率的提升对成本的上升起到了阻碍作用，因此，这些国家的制造业成本竞争力相对稳定。测度其全球价值链参与指数可以发现，英国和印度尼西亚的价值链参与度相对稳定，而荷兰和印度的价值链参与度呈现出显著的上升趋势，特别是印度，其价值链参与度的增幅位于25个样本之首，说明其在保持制造业成本相对稳定的基础下，参与全球价值链的程度在逐步深入。

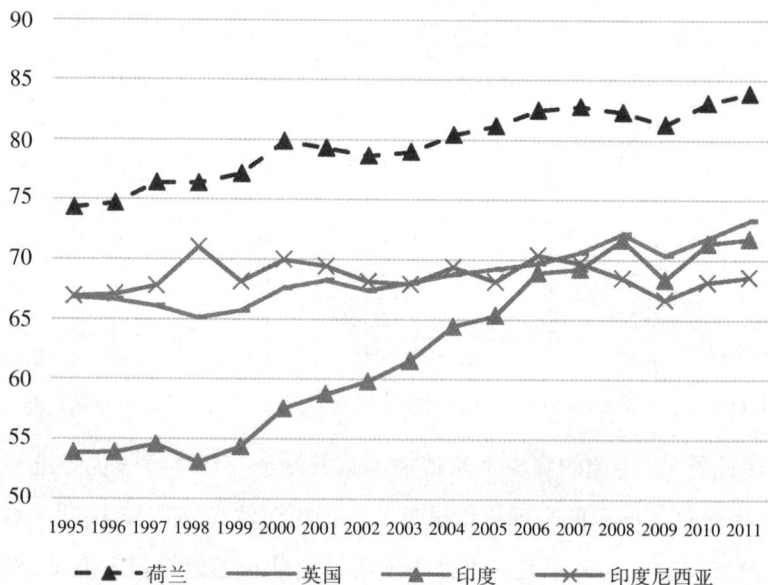

图3.18 制造业成本竞争力相对稳定国家的全球价值链参与指数

资料来源：根据WTO-OECD全球附加值贸易数据库(TiVA)(2016)测算整理

观察制造业成本竞争力相对稳定国家的全球价值链地位指数可以发现，其价值链地位指数结果均为正（除2011年荷兰外），这说明相对其在全球价值链地位中处于上游行业。与制造业成本竞争力减弱的国家相比，制造业成本竞争力相对稳定国家的价值链地位更高。但从价值链地位的变化趋势可以看出，英国和印度的价值链地位呈现出显著的降低趋势。其中，印度价值链地位的下降和价值链参与度的提升，可以解释为印度利用其制造业的成本优势，通过放弃部分国内附加值提升其全球价值参与度。

表3.18 制造业成本竞争力相对稳定国家的全球价值链地位指数

年份	荷兰	英国	印度	印度尼西亚
1995	0.04	0.13	0.23	0.21
1996	0.03	0.13	0.22	0.24
1997	0.02	0.13	0.22	0.22

年份	荷兰	英国	印度	印度尼西亚
1998	0.04	0.15	0.21	0.14
1999	0.03	0.15	0.20	0.21
2000	0.01	0.12	0.21	0.16
2001	0.04	0.13	0.19	0.17
2002	0.05	0.13	0.20	0.21
2003	0.06	0.13	0.18	0.22
2004	0.05	0.12	0.15	0.18
2005	0.04	0.12	0.11	0.18
2006	0.02	0.11	0.09	0.21
2007	0.02	0.10	0.09	0.22
2008	0.00	0.08	0.02	0.19
2009	0.04	0.08	0.04	0.26
2010	0.00	0.04	0.03	0.26
2011	−0.02	0.01	0.00	0.23

资料来源:根据WTO-OECD全球附加值贸易数据库(TiVA)(2016)测算整理

由此可见,制造业成本竞争力相对稳定的国家,其价值链参与度也相对稳定或逐步提升,而其价值链地位也相对较高,往往处于中上游环节。而其中部分国家的价值链地位的相对下降,往往源于其国内的企业价值链投资策略。但该类国家总体价值链地位均显著高于传统低成本制造业国家和传统高成本制造业国家,说明制造业成本是影响一国价值链地位的主要因素之一。

3.4.4 制造业成本竞争力显著提升国家和地区的全球价值链地位分析

制造业成本竞争力显著提升的国家和地区包括两类:一类为高成本制造业国家的成本显著降低,另一类为低成本制造业国家的成本显著降

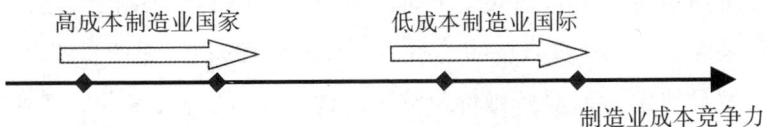

图3.19 成本竞争力显著提升的国家分类及变动方向

资料来源:作者绘制

低,但是本文选取的25个经济体中仅有美国和墨西哥符合,因此,下面重点分析美国和墨西哥的相关价值链指标。

1994—2014年墨西哥和美国的制造业成本竞争力呈现出显著提升的趋势。在全球排名前十的制造业出口国中,除中国与韩国,美国的制造业成本低于其余7国。而墨西哥按单位成本计算的平均制造成本低于中国。这主要源于生产率的提升以及较大的能源成本优势。

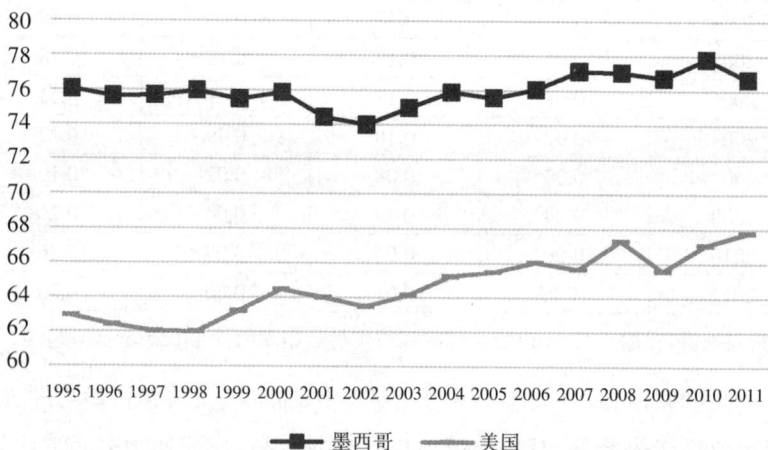

图3.20 制造业成本竞争力显著提升的国家全球价值链参与指数

资料来源:根据WTO-OECD全球附加值贸易数据库(TiVA)(2016)测算整理

通过对美国和墨西哥的全球价值链参与指数可以发现,美国的价值链参与度明显低于墨西哥,但是其价值链的地位在25个经济体中较高,且一直处于上游地位。墨西哥是世界领先的低制造业成本经济体,墨西哥的高价值链参与度对应了较低的价值链地位,说明墨西哥在全球价值链地位中长期处于下游环节,这与墨西哥承接的发达国家的加工装配制造业有着直接的关系。特别是在1994年,墨西哥签署《北美自由贸易协定》后,墨西哥价值链下游地位深入,且大量的制造业贸易出口国为美国。

表3.19　制造业成本竞争力显著提升的国家全球价值链地位指数

年份	墨西哥	美国
1995	−0.01	0.24
1996	−0.04	0.23
1997	−0.05	0.23
1998	−0.08	0.24
1999	−0.09	0.23
2000	−0.11	0.22
2001	−0.10	0.24
2002	−0.10	0.24
2003	−0.12	0.23
2004	−0.13	0.22
2005	−0.12	0.21
2006	−0.12	0.20
2007	−0.12	0.19
2008	−0.11	0.17
2009	−0.10	0.24
2010	−0.11	0.21
2011	−0.07	0.19

资料来源:根据WTO-OECD全球附加值贸易数据库(TiVA)(2016)测算整理

　　由此可见,美国和墨西哥的价值链地位差异较大,价值链参与度差距较远,但是其制造业成本竞争力的提升引致价值链参与度的小幅上涨,说明了制造业成本降低对于价值链参与度的正向促进作用。

3.4.5　制造业成本结构变动不显著国家和地区的全球价值链地位分析

　　除以上四种类型外,25个经济体中仍有部分国家和地区的成本竞争力变动不显著,虽然其相对于美国的制造业竞争力显著降低,即制造业成本增加,但是其相对于其他国家的成本竞争力显著提升。德国和日本相对英国、美国和荷兰的优势也有所减弱,但德国和日本相对中国、巴西和很多欧洲经济体则保持了优势或者优势增强。

表3.20 成本结构变动不显著国家和地区的制造业成本竞争力变化趋势

国家	2004年	2014年	增幅(%)
德国	117	121	4
日本	107	111	4
韩国	99	102	4
加拿大	104	115	11
中国台湾	92	97	5
西班牙	104	109	4
泰国	86	91	5
奥地利	108	111	3

数据来源：作者整理，BCG《全球制造业竞争力排名报告》(2015)

经测算，这类国家的价值链参与度显著提升，且其提升的幅度明显高于前四组。其价值链地位指数除日本外，大部分位于(-0.1,0.1)之间，说明这类国家一般处于价值链的中游，且价值链地位保持相对稳定。

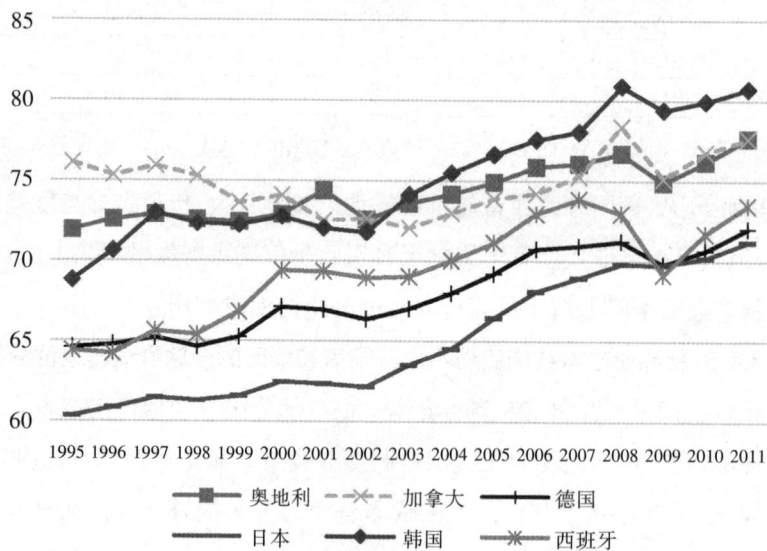

图3.21 制造业成本结构变动显著国家的全球价值链参与指数

资料来源：根据WTO-OECD全球附加值贸易数据库(TiVA)(2016)测算整理

表3.21　制造业成本结构变动显著国家和地区的全球价值链地位指数

年份	奥地利	加拿大	德国	日本	韩国	西班牙	中国台湾	泰国
1995	0.10	0.09	0.22	0.36	0.10	0.09	0.00	0.02
1996	0.07	0.07	0.22	0.34	0.09	0.08	0.02	0.01
1997	0.07	0.03	0.20	0.34	0.05	0.07	0.00	0.02
1998	0.07	0.03	0.19	0.34	0.05	0.05	0.00	0.07
1999	0.08	0.03	0.18	0.35	0.05	0.03	0.02	0.01
2000	0.07	0.02	0.15	0.34	0.02	−0.01	−0.02	−0.05
2001	0.04	0.03	0.15	0.33	0.03	0.01	0.02	−0.07
2002	0.07	0.03	0.16	0.32	0.05	0.01	0.02	−0.06
2003	0.06	0.06	0.17	0.33	0.02	0.01	0.01	−0.06
2004	0.05	0.05	0.16	0.32	0.00	0.00	−0.03	−0.08
2005	0.04	0.05	0.14	0.29	0.00	−0.01	−0.04	−0.09
2006	0.04	0.06	0.11	0.26	−0.01	−0.03	−0.07	−0.09
2007	0.04	0.07	0.10	0.25	−0.03	−0.04	−0.08	−0.09
2008	0.03	0.06	0.09	0.23	−0.11	−0.02	−0.12	−0.13
2009	0.07	0.06	0.12	0.31	−0.05	0.04	−0.04	−0.07
2010	0.05	0.05	0.11	0.29	−0.06	0.02	−0.09	−0.09
2011	0.04	0.04	0.08	0.26	−0.09	−0.01	−0.12	−0.13

资料来源：根据WTO-OECD全球附加值贸易数据库(TiVA)(2016)测算整理

　　由此可见，美国制造业成本上升较快，但是，相对于制造业成本较稳定或下降的这类国家和地区，制造业全球价值链的参与度逐步提升，价值链地位相对稳定。

　　本节利用TiVA(2016)数据库分析了不同制造成本竞争力国家的全球价值链地位演变。主要得出以下结论：传统低成本制造业国家的成本竞争力降低，往往源于中间品质量的改进，其主要作用于价值链参与度，对价值链地位的影响程度较小。传统高成本制造国家的成本竞争力的降低源于成本的提升，而成本的提升源于中间品质量的升级，其对于价值链地位的影响主要体现于价值链地位的变动，而对于价值链参与度的影响较小。

第五节　服务业全球价值链分工评价：
发展路径视角

在经济全球化和自由贸易浪潮的推动下,产品内工序分工逐渐代替了国际产业间分工,全球价值链生产的特点转变为以分段式生产为主,以服务为主导的全球价值链逐步形成。生产性服务业作为服务业中最有效率的部门,能够更进一步促进分工的深化,将跨国性的分段式生产环节联系起来,成为全球价值链的重要纽带。生产性服务业中的研发服务等专业化服务作为"微笑曲线"两端的高附加值环节对形成和塑造全球价值链以及升级制造业价值链都具有重要的作用,逐渐成为国际产业竞争和全球价值链的主要增值点。因此,各国在参与全球价值链的合作与竞争中,更加重视发展生产性服务业,培育生产性服务业向价值链高端延伸。本节将基于TiVA数据库1995—2011年连续数据计算生产性服务业全球价值链地位及参与度,运用增加值核算方法,从不同角度对全球生产性服务业的发展路径进行研究。

3.5.1　生产性服务业全球价值链发展路径整体趋势分析

本节计算了62个国家1995—2011年生产性服务业各细分行业的全球价值链地位指数和参与度指数,按照细分行业绘制出各自在全球价值链地位和全球价值链参与度发展趋势,如图3.21所示。

从总体趋势来看,全球生产性服务业及各细分行业的全球价值链地位指数均呈现出明显的下降趋势。生产性服务业全球价值链地位指数的增长主要来自于批发零售业的带动作用,2011年,批发零售业在全球价值链地位指数最高达到了0.085。邮电业的全球价值链的地位指数呈现倒U型的特征,全球价值链地位指数围绕0.08波动,变化幅度不大。租赁和商务服务业作为生产性服务业中最有效率的部门与金融业的全球价值链地位指数相当,位于0.6以上,但是其带动作用不强,整体发展呈现出下降趋势。交通运输仓储业的全球价值链地位下降幅度最大,降幅大约为0.04,

1995—2011年生产性服务业全球价值链地位发展趋势

+ 批发零售业 ■ 金融业 ◆ 租赁和商务服务业 ● 交通运输仓储业 ▲ 邮电业

1995—2011年生产性服务业全球价值链参与度变化趋势

+ 批发零售业 ■ 金融中介 ◆ 租赁和商务服务业 ● 交通运输仓储业 ▲ 邮电业

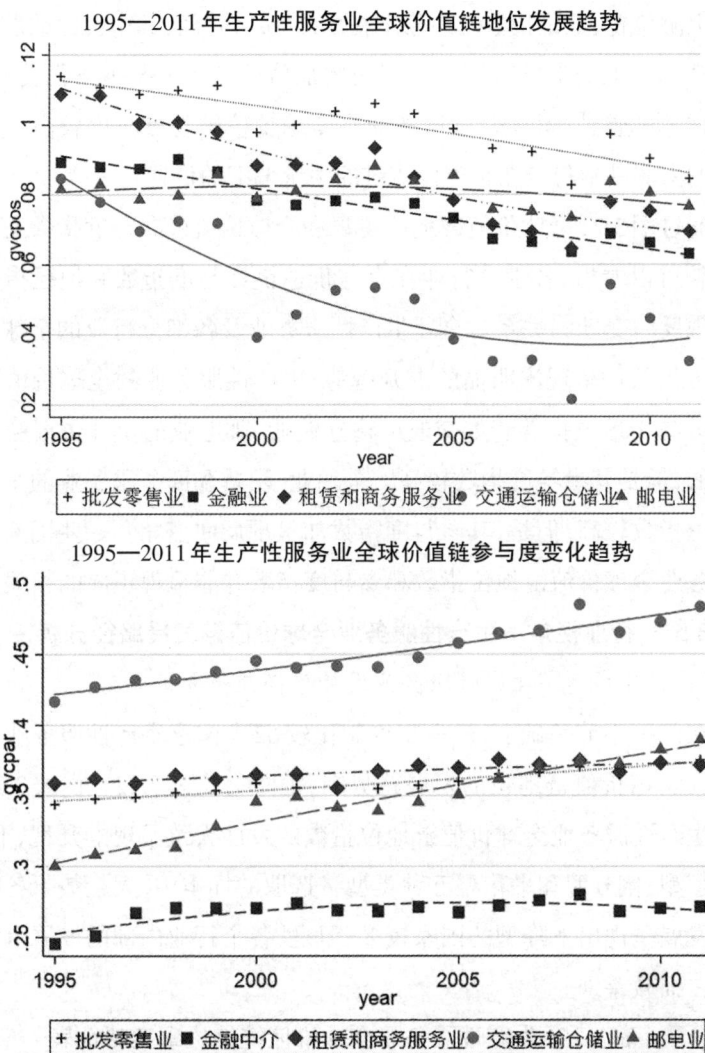

图3.22 1995—2011年生产性服务业全球价值链地位和参与度发展趋势

资料来源:作者整理绘制

在近几年出现了小幅度的回升,但仍然处于全球价值链的下游位置。在观测期内,生产性服务业全球价值链地位在前两位的是中国和澳大利亚,处于生产性服务业全球价值链的上游位置,地位指数均高于0.15。秘鲁、哥伦比亚、巴西、新西兰、印度、日本、美国等国家基本稳定在全球价值链的中上游位置,地位指数基本稳定在0.10~0.14之间,其中美国的总出口额最高达到了11159.249亿美元,国内增加值达到了1654.626亿美元,居于观测样本的首位,其生产性服务业在全球价值链的参与度较高。金砖五国中的南非基本稳定在全球价值链的中游偏下的位置。

通过图3.21全球价值链地位指数和全球价值链参与度指数发展趋势的比较可以看出,各细分行业在全球价值链参与度指数和地位指数趋势多呈现反向变动的关系。全球生产性服务业及各细分行业的全球价值链参与度指数均呈现出明显的上升趋势,生产性服务业的全球价值链参与度指数高于地位指数。如交通运输仓储业、邮电业的全球价值链地位指数较低,但是其参与度指数较高。金融业、租赁和商务服务业的全球价值链地位指数较高,但是,其参与度指数却呈现反向变化。一些国家的生产性服务业全球价值链地位指数和参与度指数并非呈现正向的相关关系。

3.5.2 行业视角下生产性服务业全球价值链发展路径分析

(1)行业视角下生产性服务业发展路径趋势分析

在前一小节基础上,进一步绘制比较62个国家生产性服务业各细分行业在全球价值链地位的发展趋势图,汇总得出表3.22。由表3.22可以看出生产性服务业全球价值链地位指数的发展大致呈现上升型、下降型、"微笑"型、倒U型和平稳型五种类型。选取的样本中,大趋势下各细分行业的发展呈现出下降型的国家较多,但是,各个行业内部的发展事实特征又存在细微差别。

表3.22 生产性服务业全球价值链地位事实特征表

行业	上升型	下降型	"微笑"型	倒U型	平稳型
生产性服务业	11	30	12	8	1
批发零售业	15	31	5	8	3
金融中介	12	31	3	6	10
租赁和商务服务业	9	30	11	5	7
交通运输仓储业	9	36	11	4	2
邮电业	21	22	9	7	3

资料来源:作者根据测度结果整理

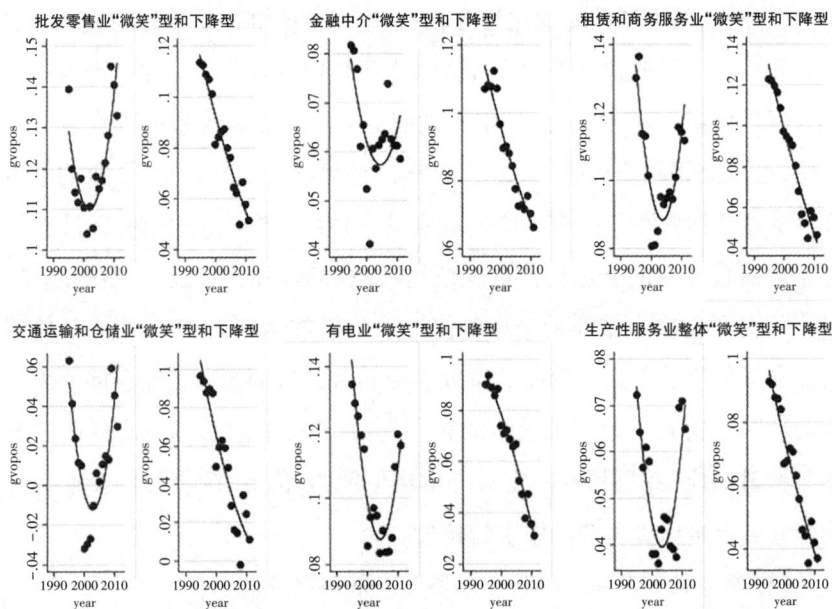

图3.23　生产性服务业细分行业横向对比

资料来源:作者根据测度结果整理

　　由横向比较得出图 3.22 所示趋势,各个细分行业具有不同的发展特征。各年选取的国家集中分布于批发零售业、金融业、邮电业的上升型和下降型以及租赁和商务服务业、交通运输仓储业的"微笑"型和下降型。批发零售业全球价值链地位呈现出下降趋势的国家主要集中在经济较发达国家,比如意大利、日本、韩国、西班牙等,这些国家通过转变产业结构,推进产业结构优化升级,逐渐淘汰低端产业,以提高其在全球价值链的分工地位向价值链上游环节攀升。整体来看金融业的全球价值链地位指数略高于邮电业,澳大利亚、日本、美国等具有较强经济实力的国家金融业发展较快,并且互联网金融的发展为金融业提供了新的发展模式和发展动力。交通运输仓储业和租赁商务服务业集于下降型和"微笑"型,以2003 年为拐点,全球价值链地位呈现出先降后升的"微笑"型特征,但是租赁和商务服务业的全球价值链地位指数明显高于交通运输仓储业。中国的租赁和商务服务业的全球价值链地位不断攀升,作为技术较高的生产性服务业,其生产的专业化程度较高,生产价值链容易被分割成不同的环节并且由不同的国家来完成,因此,生产性服务业的全球化生产较早并且发展较成熟。对中国而言,生产性服务业中存在着大量的国有企业和单位,可以获得国家的大力支持,因此,中国的租赁和商务服务业的全球价值链地位指数逐年攀升。印度尼西亚、阿根廷、瑞士、马来西亚、波兰等交通运输仓储业的全球价值链地位指数发展呈现出了"微笑"型的趋势,阿根廷交通运输仓储业的全球价值链地位指数达到了0.14,相比其他国家在全球价值链中处于较高的位置。劳动密集型的交通运输仓储业作为基础性产业得到当地国家政策的大力支持,不需要过多的依靠外国资金和原材料供应,并且拥有一定对外输出的能力,因此,阿根廷的交通运输仓储业居于全球价值链的中上游位置。

(2)行业视角下生产性服务业典型发展路径分析

生产性服务业全球价值链地位发展的每一种类型所对应的国家数量集中分布于不同的行业,在此平稳型不进行讨论,汇总得出如下四个行业的典型发展路径。

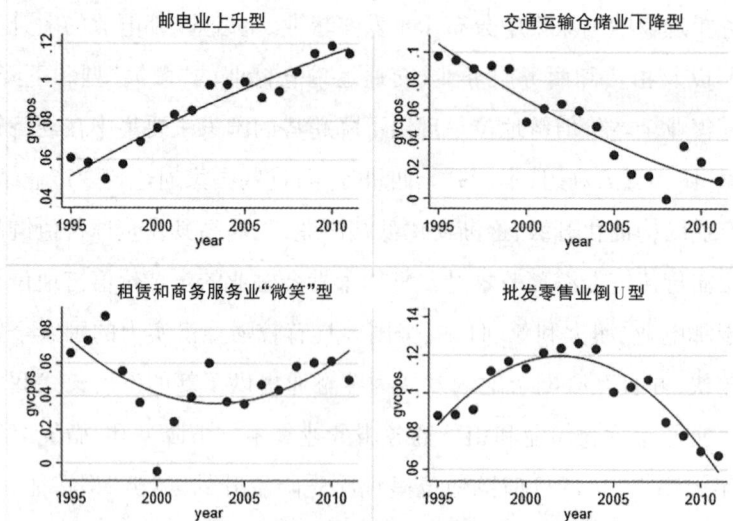

图3.24 生产性服务业细分行业纵向对比

资料来源:作者根据测度结果整理

在观测期内通过纵向对比得到图3.23所示的发展路径,分行业来看生产性服务业及各细分行业的全球价值链地位呈现下降型的国家较多,大多数国家生产性服务业及各细分行业在全球价值链的位置不断下降。与其他细分行业相比,邮电业的全球价值链地位呈现上升型国家最多,原因在于近年来许多国家开放了金融、电信业原来吸收外资受到限制的区域,使得FDI显著增加,提升了其全球价值链地位。呈现出下降趋势的国家主要集中在交通运输仓储业,降幅大约为0.1,虽然经济全球化速度加快,但是交通运输仓储业并没有显著地提升全球价值链地位指数,主要原因可能是经济全球化的发展使得一些发达国家进入市场挤占了市场份额,导致了很多发展中国家难以在市场上夺得一席之地,使得很多国家的交通运输仓储业得不到发展,在全球价值链的地位不断下降。租赁和商务服务业以及批发零售业的全球价值链地位在2003年出现了节点,但是两个细分行业的发展趋势相反。劳动密集程度较高的批发零售业作为传统的生产性服务部门,在生产性服务业发展前期发挥了积极作用,但随着经济发展方式的转变,传统生产性服务业发展逐渐失去比较优势,全球价值链地位指数的变化呈现出了倒U型的特征。与此相反,由于服务产品具有特殊性,提供公共服务产品的租赁和商务服务业部门受到政府的管理和投资,投资规模和生产规模相对来说比较大,导致租赁和商务服务业的全球价值链地位指数逐渐提升,呈现出"微笑"型的发展特征。

3.5.3 区域视角下生产性服务业全球价值链发展路径分析

(1)不同地区间生产性服务业发展路径呈现差异化特征

分样本下,把样本观测值分为亚洲、欧洲、北美洲、大洋洲、南美洲和非洲六大区域,对每个区域的生产性服务业及细分行业全球价值链地位指数的变化进行了汇总,如下图所示。

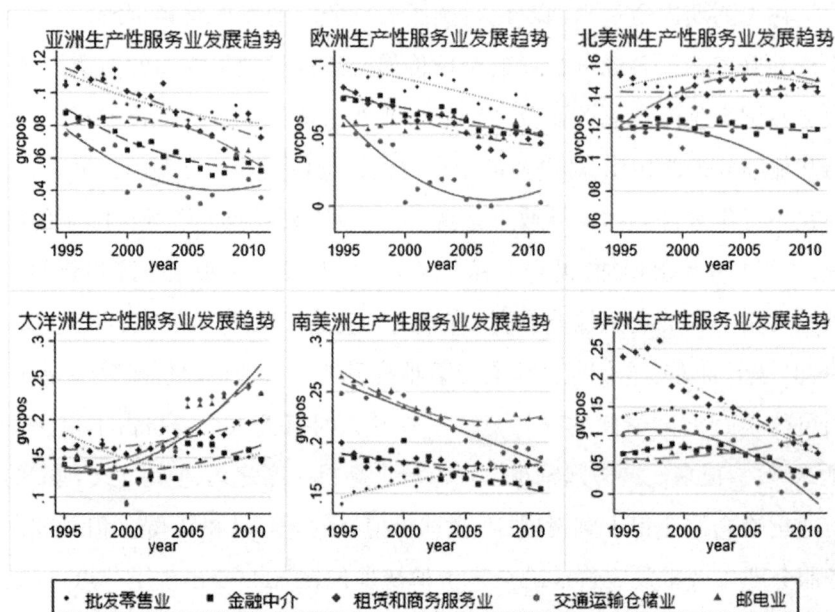

图3.25 分区域生产性服务业及细分行业全球价值链地位发展趋势

资料来源：作者根据测度结果整理

由图3.24通过比较，总体来说在选取的地区中，亚洲、欧洲、北美洲和非洲的批发零售业，大洋洲的交通运输仓储业，南美洲的邮电业相比其他地区在全球价值链地位中处于较高位置。在选取的样本中综合来看，大洋洲和南美洲的生产性服务业细分行业在全球价值链中的地位具有整体性优势，2011年各细分行业的全球价值链地位指数均位于0.15以上。其中大洋洲的交通运输仓储业全球价值链地位指数在观测期内一直保持稳定增长，已达到0.27，居于价值链分工的上游地位，邮电业位居其次。选取的样本中大洋洲主要以新西兰、澳大利亚等经济较发达国家为主，其生产性服务业发展具有整体优势。南美洲的生产性服务业各细分行业全球价值链地位指数大多呈现出了下降趋势，但是仍然保持较高的水平，由于本文选取的样本量中南美洲主要包括了阿根廷、巴西、智利、哥伦比亚、秘鲁这五个国家，其中阿根廷和巴西作为新兴经济体带动了生产性服务业向价值链上游攀升。细分到每个国家来看,中国、哥伦比亚、以色列、美国、澳大利亚的批发零售业,日本、新西兰、美国、巴西、德国、法国、土耳其的金融业,中国、南非、澳大利亚、巴西、希腊、美国、秘鲁的租赁和商务服务业,新西兰、中国、巴西、澳大利亚、秘鲁的交通运输仓储业,巴西、新西兰、哥伦比亚、日本、智利、南非、澳大利亚、阿根廷、土耳其、中国和哥斯达黎加的邮电业相比其他国家在全球价值链地位中处于较高的位置。作为金砖国家,中国和巴西的生产性服务业具有整体优势,其中中国的租赁和商务服务业以及批发零售业处于全球价值链的上游位置,这与中国服务贸易的发展以及自身产业结构的特点具有较强的相关性。

(2)不同发展水平国家间生产性服务业发展路径呈现差异化特征

在样本范围内进一步划分为不同国家的发展水平进行比较得到图3.25所示的发展趋势,发展中国家生产性服务业细分行业的全球价值链地位指数略高于发达国家的生产性服务业的全球价值链地位指数,具体的国家之间同时也存在着差异。由于2009年经济危机的爆发,主要冲击了金融市场,逐渐蔓延到其他的生产服务领域,严重影响了西方发达经济体的发展。2011年全球经济增长缓慢,整体上处于恢复期,而一些发展中国家受经济危机影响远不如发达国家,所以在这段时期可能出现生产性服务业地位指数略高于发达国家的情况。部分新兴经济体比如巴西、秘鲁等国的全球价值链地位指数高于美国、意大利、法国等发达国家的全球价值链地位指数,说明这些新兴经济体出口到其他国家的物质中间品相对来说小于服务中间品,而进口用于最终产品出口的服务中间品相对物质中间品较多。通过计算发现,全球价值链地位指数与全球价值链参与度指数之间并没有较强的线性相关关系,卢森堡生产性服务业的全球价值地位指数为-0.22,但其全球价值链参与度指数却较高,达到了0.37,全球价值链地位指数和参与度指数的相关性并不明显,一国服务业若有较大的前向参与度与相对较小的后向参与度,则其全球价值链地位指数往往较高,在全球价值链的地位越高。

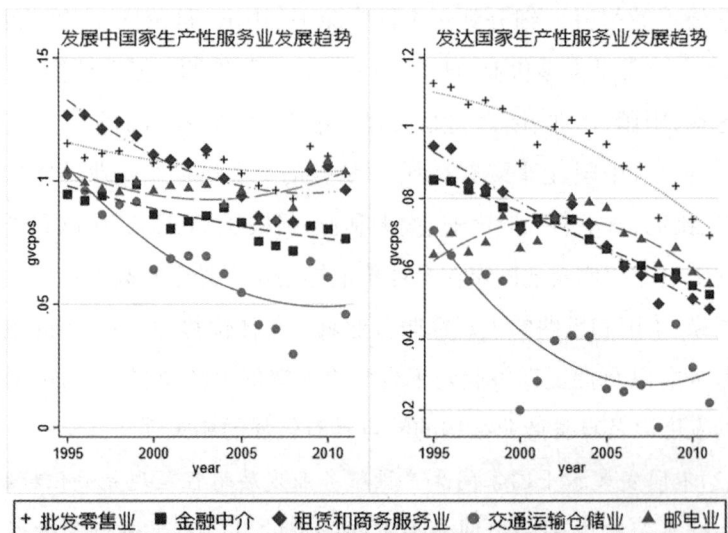

图3.26 不同发展水平的生产性服务业全球价值链地位发展趋势

资料来源：作者根据测度结果整理

第六节　本章小结

本章针对制造业构建全球价值链地位坐标系和全球价值链综合指数，利用TiVA（2016）数据库分析了不同国家制造业的全球价值链地位演变。主要得出以下结论：第一，全球价值链参与度与全球价值链地位呈现反向替代特征：世界主要国家和地区全球价值链参与度逐步提升，但制造业全球价值链分工地位由上游逐步向中、下游转移。特别是中国，随着全球价值链地位的提升，全球价值链参与度逐步降低，这与我国产品结构不断升级、国内产业附加值含量深化直接相关。第二，在世界主要国家中，劳动密集型行业具有较高价值链竞争力的国家为日本、荷兰、韩国、印度尼西亚和越南；技术密集型行业具有较高价值链竞争力的国家和地区为荷兰、日本、墨西哥、中国台湾和加拿大；技术密集型行业具有较高价值链竞争力的国家为日本、印度尼西亚、墨西哥、马来西亚和中国。第三，传统低成本制造业国家和地区的成本竞争力降低,往往源于中间品质量的改进,其主要作用于价值链参与度,对价值链地位的影响程度较小。传统高成本制造国家和地区的成本竞争力的降低源于成本的提升,而成本的提升源于中间品质量的升级,其对于价值链地位的影响主要体现于价值链地位的变动,而对于价值链参与度的影响较小。

本章针对服务业研究了不同行业、区域、发展水平下生产性服务业的发展路径发现:第一,全样本分析下,整体生产性服务业在全球价值链处于中下游位置,各细分行业中批发零售业和邮电业的全球价值链地位指数较高,主要带动了生产性服务业在全球价值链中的提升。第二,分样本下通过横向对比得出不同的行业其全球价值链地位指数路径发展趋势不同,批发零售业、金融业和邮电业全球价值链地位呈现出上升型和下降型的国家较集中。租赁和商务服务业以及交通运输仓储业"微笑"型和下降型的国家较集中。纵向对比得出呈现典型发展路径的主要是邮电业的上升型、交通运输仓储业的下降型、租赁和商务服务业的"微笑"型和批发零售业的倒 U 型。第三,分区域来看,全球生产性服务业发展不平衡,受到金融危机的影响发达国家生产性服务业价值链地位高于发达国家,其中,以经济发达国家为主的大洋洲生产性服务业的全球价值链地位最高,以发展中国家为主的非洲全球价值链地位最低,新兴经济体集中分布的南美洲地区生产性服务业发展具有整体优势。

因此,我国参与全球价值链分工中的启示为:(1)生产性服务业的发展针对于不同的行业具有不同的发展路径。邮电业上升型国家较集中,租赁和商务服务业以及交通运输仓储业"微笑"型的国家较多。全球生产性服务业分行业发展路径应重点发展这三个上升趋势的细分行业,努力提高生产性服务业的自主创新能力,加强资金投入,提升服务人员的素质。鼓励服务领域引进先进技术,加强对技术的再创新和再利用率,鼓励设立外商投资的研发中心,搭建服务贸易公共平台,提高生产性服务业的国际分工地位。(2)生产性服务业具有其特殊性,不同国家不同产业的生产性服务业发展路径不同。比如澳大利亚的批发零售业、金融业以及邮电业的全球价值链地位呈现出上升趋势,全球价值链地位指数较高位于价值链的上游环节,在大力发展现代服务业的基础之上充分发挥传统服务业的比较优势,扩大服务外包,加强金融服务、信息服务、研发及科技服务业的发展。每个国家要不断学习和吸收其他国家先进的生产技术,提高生产性服务业的自主创新能力,改变生产性服务业的低端化趋势。(3)不同区域具有不同的发展路径,大洋洲是服务业全球价值链地位最高的区域,继续发挥租赁和商务服务业以及金融业部门的带动作用。南美洲生产性服务业各部门发展不平衡,生产性服务业的发展路径重点以发展劳动密集型为主的邮电业和批发零售业,充分发挥当地的廉价劳动力优势。亚洲和欧洲的交通运输仓储业呈明显的"微笑"型,提升的重点路径应该放在交通运输仓储部门。非洲地区生产性服务业全球价值链地位最低,充分利用当地的廉价劳动力优势提升本地区的全球价值链地位。同时,不同经济发展水平的区域生产性服务业发展路径不同,各国应"因地制宜"的为提升生产性服务业在全球价值链地位提供发展路径政策。

第四章

制造业FDI与全球价值链： 产品结构视角

第二章建立了制造业 FDI 对全球价值链分工影响的理论模型,模型通过一般均衡法进行求解,得出命题:最终品贸易、中间品贸易、FDI 三者间呈现互补关系,且与一国经济规模 GDP 呈现正相关。第三章测度了中国制造业与服务业参与全球价值链分工的程度和地位,本章将从实证的角度验证理论命题并考察 FDI 影响我国制造业全球价值链分工的结构。中国作为加工贸易大国,FDI 对制造业全球价值链生产分工存在一定的影响,FDI 既会直接影响中间品进口,又会通过中间品贸易间接影响最终品贸易出口。本章将利用面板数据模型,考量 FDI 对全球价值链分工的结构影响,基于中间品贸易的分解数据,将中间品分解为初级产品、半制成品和零配件,将最终品分解为消费品和资本品,基于分解的中间品贸易数据,考察制造业 FDI 对中国中间品贸易、最终品贸易,以及中间品贸易对最终品贸易的影响,从而用中国数据验证第二章理论机制中提出的命题和假设。第一节主要介绍了相关模型的构建及样本选取,第二节和第三节从结构视角分别阐释了 FDI 对中间品进口和最终品出口的影响。

一国参与全球价值链分工的直接经济效应是带动该国的出口增长,FDI 对全球价值链分工的直接影响是促进贸易结构的变化。Hanson 等(2003)运用美国跨国公司企业层面数据检验母公司和海外分公司之间中间投入品贸易状况,经验研究结果证实中间投入品的价格每下 1%,中间投入品的贸易量将增加约 3.3%。这与 Yi(2003)提出的模型结论是相吻合的,Yi(2003)认为当每个国家的关税水平都下降一个百分点时,该产品的生产成本就会下降（N-1）个百分点。张小蒂（2006）结合了国际垂直专业化分工对我国产业竞争力动态变化的影响进行了分析。结合1995—2000年中国各产业的国际垂直专业化贸易额及指数，经分析得出中国的资本技术密集型产业在进行国际垂直化专业分工生产时在国内的价值链较长，从事的加工程度较深，而劳动密集型产业从事的加工程度较浅的结论。Amiti 和 Freund（2010）通过比较1992年和2005年中国的出口产品构成发现，农产品和纺织服装产品占中国出口额的比例显著下降，而计算机及其他电子产品在出口中的比例大幅上升。Wang 和 Wei（2010）通过将中国出口产品的种类与发达国家对比，发现美国、欧盟和日本出口而中国没有出口的产品种类从1996年的101种下降到2005年的83种，分别占所有产品种数的2.44%和1.97%。Yang 等（2009）同样发现，自20世纪80年代以来，中国出口产品的技术构成得到了较大幅度的提升。Milner 等（2004）、Alfaro 等（2007）对产业内贸易和跨国公司 FDI 对全球价值链的影响的研究，Balassa（1986）、Caves（1981）等学者对 FDI 与垂直专业化之间影响的进行了研究。马涛（2010）对中间品贸易、FDI 和跨国公司生产之间的关系进行了实证分析。Johnson 和 Noguera（2012）利用 GTAP 数据提出增加值出口的概念与度量方法，对各国增加值贸易进行了实证分析。Feenstra 与 Hanson（1996）对美国的研究表明，电子、电气机械、仪器制造等行业的进口投入比例要高于其他行业，进口中间投入比例高的行业具有两个共同特征更易发生外包行为：一是生产过程可以分为几个独立生产阶段，这便于中间投入跨地域运输；二是各生产阶段密集使用的劳动力的技能或熟练程度不同，因此，将密集使用某类劳动的生产活动移往国外具有经济意义（胡昭玲，2006）。Andersson 和 Fredriksson（2000）研究发现中间投入品贸易比重增加迅速，他们对瑞典的跨国公司贸易行为进行研究，发现母公司在公司内贸易结构中倾向于中间产品的贸易，中间产品贸易在公司内贸易比重由1970年的30%上升到1990年的70%。张锦和王向辉（2009）利用中国数据验证了知识—资本模型，进而考察了水平型和垂直型跨国公司的选择。杨大楷和应溶(2003)、李卓等(2006)、徐毅和张二震(2008)、刘杨(2009)、王建(2011)以发展中国家作为母国展开研究,讨论了发展中国家跨国企业进行对外直接投资动机和推行国际化经营模式的选择模型,并利用中国对外直接投资的宏观、区位、产业层面的数据考察了关于中国对外直接投资发展路径、区位分布特征和行业分布特征的经验事实。

第一节　计量模型、变量选取与数据说明

4.1.1　模型设定

本章将借用引力模型研究我国全球价值链分工的结构。从中间品贸易的视角,考察 FDI 对中间品贸易和最终品贸易,以及中间品贸易对最终品贸易的影响,进而反映出我国制造业参与国际垂直专业化分工的结构特征。

引力模型假设为 N(N>2) 个国家,一种异质商品,没有贸易成本,但存在不可移动因素(劳动或资本),从引力模型理论中可以得知 t 年 i 国出口到 j 国的贸易额($Flow_{ijt}$)定义为:

$$Flow_{ijt} = GDP_{it}GDP_{jt}/GDP_t^w$$

其中,GDP_t^w 是世界 GDP。对数形式为:

$$\ln Flow_{ijt} = -\ln(GDP_t^w) + \ln(GDP_{it}) + \ln GDP_{Jt}$$

无摩擦的标准引力模型可以用代数方法分开经济规模(GDP_i+GDP_j)和相似度(S_iS_j)其中,$S_i=GDP_i/(GDP_i+GDP_j)$,对 j 同理。可以得到:

$$Flow_{ijt} = GDP_{it}GDP_{jt}/GDP_t^w = (GDP_{it} + GDP_{jt})^2(S_{it}S_{jt})/GDP_t^w$$

当 i 国和 j 国在经济规模上相同时($S_i=S_j=1/2$),S_iS_j 最大化。对数形式为:

$$\ln Flow_{ij} = -\ln(GDP^w) + 2\ln(GDP_t + GDP_j) + \ln(S_iS_j)$$

由此，本文采用自然对数的形式构建模型为：

$$lnMT_{it}= \alpha_0 + \alpha_1 lnGDP_{it} + \alpha_2 lnChinaGDP_{jt} + \alpha_3 lndiscap_{it} + \alpha_4 lnFDI_{it} + \varepsilon_{1it}$$
(4.1)

$$lnFT_{it}= \alpha_0 + \alpha_1 lnGDP_{it} + \alpha_2 lnChinaGDP_{jt} + \alpha_3 lndiscap_{it} + \alpha_4 lnFDI_{it} + \varepsilon_{2it}$$
(4.2)

$$lnMT_{it} =\beta_0+\beta_1 lnGDP_{it}+\beta_2 lnChinaGDP_{jt}+\beta_3 lndiscap_{it}+\beta_4 linputotal_{it}+$$
$$\beta_5 linputraw_{it}+\beta_6 linputsemi_{it}+\beta_7 linputpc_{it}+\varepsilon_{3it}$$
(4.3)

$$lnFEX_{1it}=\beta_0+\beta_1 lnGDP_{it}+\beta_2 lnChinaGDP_{jt}+\beta_3 lndiscap_{it}+\beta_4 linputotal_{it}+$$
$$\beta_5 linputraw_{it}+\beta_6 linputsemi_{it}+\beta_7 linputpc_{it}+\varepsilon_{3it}$$
(4.4)

$$lnFEX_{2it}=\beta_0+\beta_1 lnGDP_{it}+\beta_2 lnChinaGDP_{jt}+\beta_3 lndiscap_{it}+\beta_4 linputotal_{it}+$$
$$\beta_5 linputraw_{it}+\beta_6 linputsemi_{it}+\beta_7 linputpc_{it}+\varepsilon_{4it}$$
(4.5)

其中，t代表年份，i代表与中国贸易和投资密切相关的33个国家或地区，$lnFDI_{it}$代表t年i国对中国的直接投资额，$lnMT_{it}$代表中国中间品进口总额，$lnFT_{it}$代表中国最终品总出口额，$lnFEX_{1it}$代表中国最终消费品出口，$lnFEX_{2it}$代表中国最终资本品出口，$lnGDP_{it}$代表i国t年的国内生产总值，$lnChinaGDP_{jt}$代表t年中国国内生产总值，$lndiscap_{it}$代表中国与i国的地理距离，ε为残差项。

4.1.2 样本选择与数据来源

选取的样本为1998—2012年33个国家和地区的面板数据。选取美国、韩国、日本、中国香港、法国、英国、德国、比利时、意大利、波兰、爱尔兰、丹麦、卢森堡、荷兰、希腊、葡萄牙、西班牙、奥地利、保加利亚、匈牙利、马耳他、瑞典、捷克、东盟十国等33个国家和地区。这些国家和地区包括了与中国贸易与投资关系密切的美国、东亚、东盟以及欧盟的一些国家。中间品、最终资本品与最终消费品是根据BEC分类法在联合国数据库整理得出。本文用以上33国对中国的直接投资作为解释变量，数据来源于《中国统计年鉴》。各国的GDP值来源于世界银行数据库。lndiscap表示两经济体首都距离的自然对数，单位为千米，是根据 www.geobytes.com 网站提供的距离计算器计算而得。

第二节 FDI对中间品进口和最终品出口
的影响分析

为了得到更精准的回归结果,本文分别用OLS和固定效应面板进行回归分析。分别测度了以下五个方面的关系。其中将中间品进口进一步分解为中间品进口总额、初级产品进口,半成品进口和零配件进口。

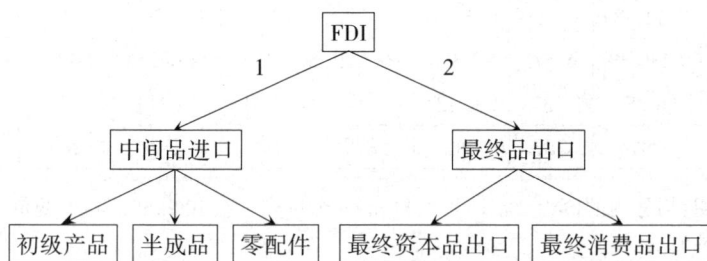

图4.1 FDI影响全球价值链分工结构

资料来源:作者绘制

4.2.1 FDI对中间品进口的影响分析

表4.1是对(4.1)式的回归结果,表明在FDI对中间品的进口有着一定程度上的拉动作用。列(1)—列(8)表示了不同被解释变量(中间品贸易总额、初级产品、半成品、零配件)在OLS和面板两种计量方法下的回归结果。其中,列(1)和列(2)的被解释变量为中间品的贸易总额。在OLS估计中,FDI对中间品进口的影响系数为0.354,即1%FDI的投入会带来0.345%的中间品进口量的提升。而在面板模型中FDI对中间品总进口的影响甚微。这说明FDI对中国的中间品贸易具有一定的互补性。外资企业可能通过贸易的内部化,以及加工原料、半成品或零配件的需要而促进了我国中间产品的进口。两国GDP对中间品进口都具有正向相关作用。

表4.1 FDI对中间品进口的回归结果

变量	(1)	(2)	(3)	(4)	(5)	(6)	(7)	(8)
lnFDI	0.354***	0.000	0.214**	0.034	0.352***	−0.129	0.486**	−0.153
	(10.13)	(0.01)	(3.16)	(0.50)	(10.11)	(−1.46)	(7.98)	(−1.39)
lnGDP	0.631***	0.900	1.116***	2.416*	0.878***	−0.453	0.574***	3.210*
	(10.28)	(0.93)	(8.79)	(1.76)	(13.07)	(−0.35)	(5.28)	(1.96)
lnChina GDP	0.979***	1.240**	1.473**	1.171**	0.917***	1.625***	1.071**	0.795
	(7.35)	(3.90)	(7.75)	(3.01)	(6.28)	(3.52)	(4.60)	(1.59)
lndiscap	−0.796***		−0.346*		−0.901***	−0.717***		
	(−11.32)		(−1.76)		(−12.60)	(−5.80)		
常数项	9.239***	4.902	−2.306	−6.752	8.208***	11.045**	4.481*	−3.520
	(6.25)	(1.37)	(−0.73)	(−1.34)	(5.29)	(2.41)	(1.72)	(−0.62)
样本量	282	282	282	282	282	282	282	282

说明：括号内的值为t统计量，*、**和***分别表示在10%、5%和1%的统计水平上是显著的。

表中列(3)和列(4)的被解释变量为初级产品的进口，可以看出在OLS回归中，FDI对初级品有着显著的正向影响。1单位FDI投入会带动0.214单位的初级品增长。中国出口中间品中，初级品占有较大比重，FDI与初级产品的互补关系说明中国成为全球"加工基地"的优势。表中列(5)和列(6)中被解释变量是半成品的进口，在OLS回归中有着显著的正向影响，系数为0.352。但在面板回归中FDI对半成品的进口却是负的影响，但不显著。在表中列(7)和列(8)中被解释变量为零配件的进口，在OLS回归中有着显著的正向的影响，系数是0.486。面板回归中，FDI对零配件的进口仍然是负向影响，但不显著。因此，FDI对半成品和零配件进口的影响并不完全是互补性。因为，半成品和零配件进口与FDI的影响比较复杂，外资企业更倾向于进口高新技术零配件和半成品。而非高技术含量的零配件和半成品，外资企业倾向于利用中国廉价的劳动力优势，在中国生产，对进口零配件和半成品有着替代作用。

4.2.2 FDI对最终品出口的影响分析

表4.2是FDI对最终品(包括最终资本品和最终消费品)出口的回归结果。总体上FDI对最终品的出口呈现正向拉动作用,即FDI与最终品的出口有着互补的关系。列(1)和列(2)是FDI对最终品出口总额的影响,在OLS回归下,1%的FDI增长会促进0.354%最终品的出口,但在面板固定效应回归中,FDI对最终品出口几乎没有什么影响。两国GDP对最终品贸易的影响比较大,两个经济体的经济规模对贸易影响比较重要。表中列(3)和列(4)是FDI对最终资本品出口的回归分析。在OLS回归下,FDI对最终资本品的出口呈现显著正相关,系数为0.173。从最终资本品出口系数可以看出,最终资本品出口与FDI相关性较小。一方面,外资企业生产的最终资本品用于出口,另一方面,外资企业所生产的最终资本品也供应给了国内企业使用。在固定效应面板回归中,FDI对最终资本品出口影响并不显著。表中列(5)和列(6)是FDI对最终消费品出口的回归结果。FDI对最终消费品弹性系数为0.385,1单位FDI投入会促进0.385单位的最终消费品的出口。这说明FDI带来的最终品出口效应是以最终消费品出口为主。在面板固定效应回归中,FDI对最终消费品的出口系数为正,但并不显著。

表4.2　FDI对最终品出口的回归结果

变量	(1)	(2)	(3)	(4)	(5)	(6)
lnFDI	0.311***	0.003	0.173***	0.015	0.385***	0.120
	(10.72)	(0.05)	(4.35)	(0.26)	(10.41)	(1.12)
lnGDP	0.536***	1.662*	0.839***	0.986***	0.430***	0.825***
	(10.33)	(1.77)	(12.12)	(7.74)	(5.93)	(4.56)
lnChinaGDP	1.435***	1.028***	0.884***	1.276***	2.08***	0.401
	(14.10)	(3.12)	(7.80)	(3.30)	(14.23)	(0.51)
lndiscap	−0.295***		−0.545***		−0.211***	
	(−2.98)		(−4.40)		(−1.98)	
常数项	3.091**	2.826	10.051***	3.604	−4.215***	10.880
	(2.32)	(0.75)	(5.73)	(1.03)	(−2.64)	(1.45)

续表

变量	(1)	(2)	(3)	(4)	(5)	(6)
样本量	282	282	282	282	282	282

说明:括号内的值为t统计量,*、**和***分别表示在10%、5%和1%的统计水平上是显著的。

从表4.1中可以看出,两国经济规模对中间品贸易的影响。中国GDP每增加1%,中间品贸易额则相应提高0.98%,而出口国GDP每增加1%,双边中间品贸易额则增加0.63%,可以看出,国家规模与中间品贸易额呈现显著的正相关。这种正相关同样适用于原材料的进口、半成品的进口以及零配件的进口。表4.2可以看出,两国经济规模对最终品贸易的影响。就最终品总出口额而言,中国GDP每增加1个百分点,出口额则增加1.435个百分点;进口国GDP每增加1个百分点,贸易额则提升0.53个百分点。从实证结果可以发现,贸易国家的规模与最终消费品和最终资本品的贸易额均呈现正相关,值得注意的是,两国经济规模对最终消费品的作用更大,这与消费品的属性是密不可分的。由此可见,实证结果与假设相吻合。

第三节　中间品进口对最终品出口的影响分析

为了得到更精准的回归结果,本章分别用OLS和固定效应面板进行回归分析。分别测度了以下三个方面的关系。其中,将中间品进口进一步分解为中间品进口总额、初级产品进口,半成品进口和零配件进口。

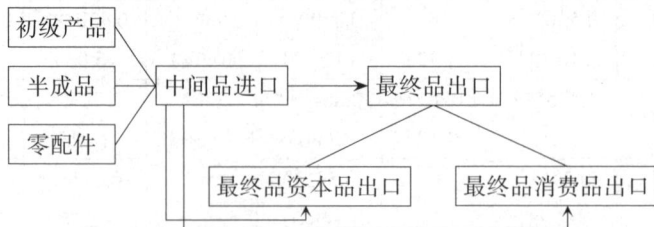

图4.2　中间品进口影响最终品出口结构

资料来源:作者绘制

4.3.1 中间品进口对最终品出口的影响分析

表4.3表示中间品进口对最终品总出口的回归结果。列（1）和列（2）是中间品总进口对最终产品总出口的影响。结果表明在OLS回归分析下，中间品进口对最终品的出口有着显著的正向影响，中间品进口增加1%，最终品总出口将增加0.29%。这一结果说明中国在全球生产网络中的加工装配地位会使得中国最终品出口量增加。面板固定效应中，中间品进口对最终品出口的影响为负，但系数较小，也并不显著。表中列（3）和列（4）是初级品进口对最终品总额的回归结果。在OLS回归分析中，初级产品的进口对最终品的出口有着显著的正向影响。1单位初级产品的进口会增加0.175单位的最终品的进口。面板回归中其对最终品出口的影响为负向，但并不显著。表中列（5）和列（6）是半成品的进口对最终产品出口的影响。在OLS回归和面板回归的结果中，半成品进口对最终产品的出口都为正，说明了半成品的进口促进了最终产品的出口，证明了我国加工贸易在出口中的重要作用。在OLS结果显著，1%的进口半成品会引起0.181%的最终产品出口的增长。表中列（7）和列（8）是零配件对最终品出口的回归结果。在OLS回归分析中，零配件进口对最终产品出口的弹性系数为0.122，并且回归显著。在面板固定效应模型中，系数为负，但不显著。

表4.3 中间品进口对最终品出口的回归结果

变量	（1）	（2）	（3）	（4）	（5）	（6）	（7）	（8）
lnGDP	0.594**	2.092**	0.696***	2.173**	0.684***	2.143**	0.768***	2.080*
	(11.34)	(2.98)	(9.27)	(2.81)	(9.76)	(3.26)	(16.45)	(2.82)
lnChina GDP	1.231**	1.058**	1.241***	1.038**	1.386***	0.820**	1.351***	1.024*
	(10.73)	(3.73)	(8.46)	(4.02)	(11.68)	(3.12)	(11.77)	(3.98)
lndiscap	−0.503**		−0.768**		−0.622*		−0.713*	
	(−3.46)		(−6.22)		(−4.12)		(−4.71)	
linputotal	0.278***	−0.029						
	(7.00)	(−0.28)						

续表

变量	(1)	(2)	(3)	(4)	(5)	(6)	(7)	(8)
linputraw			0.175***	−0.025				
			(3.32)	(−0.49)				
linputsemi					0.181**	0.117		
					(4.30)	(1.14)		
linputpc							0.122**	−0.004
							(4.14)	(−0.08)
常数项	6.200***	1.076	10.420*	0.656	7.571**	0.019	9.374**	0.923
	(3.76)	(−0.56)	(7.13)	(0.30)	(4.44)	(0.01)	(5.57)	(0.46)
样本量	352	352	352	352	352	352	352	352

说明:括号内的值为 t 统计量,*、**和***分别表示在10%、5%和1%的统计水平上是显著的。

由此可见,在中间品进口对最终品出口的影响中,半成品进口对最终品出口影响效应最大,其次为初级品进口,零配件的进口对最终品出口的影响效果最小。这说明中国在国际生产网络中主要进行加工装配,即从韩国、日本等新兴工业化国家进口半制成品,加工组装后将最终品出口至欧、美等发达经济体或地区。

4.3.2 中间品进口对最终资本品出口的影响分析

表4.4是中间品进口对最终资本品出口的回归结果。列(1)和列(2)是中间品总进口对最终资本品的影响。可以看出,中间品进口对最终资本品出口呈现正向显著影响。在OLS回归中,中间品进口增加了1%,最终品出口会增长0.405%。在面板固定效应中,1%的中间品进口提高,会增加0.258%的最终品出口。这说明中间品进口加工后,最终资本品除了国内生产使用外,有相当一部分出口到了国外。表中列(3)和列(4)是初级产品对最终资本品的回归结果。在OLS回归下,初级品进口对最终资本品出口的影响比较显著,弹性系数为0.183。而在面板固定效应下,初级品进口对最终资本品影响为负,但系数较小也并不显著。表中列(5)和列(6)是半成品进口对最终资本品出口的影响。在OLS回归和面板回归中,系数都为

120

正,都显著。每增加1单位半成品的进口都会促进0.25单位左右的最终资本品出口。表中列(7)和列(8)是零配件进口对最终资本品出口的影响。在OLS回归和面板回归中,零配件进口对最终资本品的出口系数也都为正。每增加1单位零配件的进口都会促进0.188单位左右的最终资本品出口。

表4.4 中间品进口对最终资本品出口的回归结果

变量	(1)	(2)	(3)	(4)	(5)	(6)	(7)	(8)
lnGDP	0.437***	0.746	0.689***	1.128**	0.567***	0.818	0.673***	0.930*
	(5.83)	(3.38)	(7.07)	(7.67)	(5.69)	(3.00)	(9.81)	(5.83)
lnChina GDP	1.807***	0.977	1.942***	1.702***	2.036***	1.226*	1.964***	1.456**
	(11.30)	(1.43)	(9.46)	(3.86)	(12.05)	(1.95)	(12.26)	(2.30)
lndiscap	−0.398***		−0.840***		−0.581***		−0.685***	
	(−2.38)		(−6.08)		(−3.28)		(−4.01)	
linputotal	0.405***	0.258						
	(6.63)	(1.53)						
linputraw			0.183***	−0.011				
			(2.7)	(−0.16)				
linputsemi					0.257***	0.207*		
					(4.06)	(1.71)		
linputpc							0.188***	0.108
							(3.96)	(0.95)
常数项	−2.331	2.825	3.961**	−0.371	−0.226	1.442	2.155	0.670
	(−1.05)	(0.52)	(2.14)	(−0.09)	(−0.10)	(0.26)	(1.01)	(0.13)
样本量	352	352	352	352	352	352	352	352

说明:括号内的值为t统计量,*、**和***分别表示在10%、5%和1%的统计水平上是显著的。

由此可见,中间品中对最终资本品出口影响效果排序应为半成品>零配件>初级产品,其中半成品和零配件的进口对最终资本品出口起到了比较重要的促进作用,这主要因为最终资本品多为零配件和半成品加工生产出来,与最终资本品的属性是密不可分的。实证结果与经验分析的结论相一致,这说明我国已经开始从进口半制成品并出口消费品向进口零部件并出口资本品转变,这也从另一角度体现我国产业结构的升级与发展。

4.3.3 中间品进口对最终消费品出口的影响分析

表4.5是中间品进口对最终消费品出口的回归结果。列（1）和列（2）是中间品进口总额对最终消费品出口的回归结果。在OLS和面板固定效应回归中可以看出中间品进口总额对最终消费出口都有着正向促进的作用。在OLS回归下，中间品进口对消费品影响显著。1%的中间品进口的增加会带来0.144%的最终资本品的增长。中间品的进口对最终消费品出口起到了一定的促进作用。但是与表相比，中间品进口对最终资本品出口的作用效果远大于对最终消费品的作用效果。表中列（3）和列（4）是初级产品进口对最终消费品出口的回归。在OLS回归中，初级产品进口增长1%，最终消费品出口增长0.216%。而半成品和零配件的进口对最终消费品出口的影响并不十分显著。表中列（5）和列（6）是半成品进口对最终消费品出口的回归。可以看出虽然半成品进口对最终消费品出口的影响都是正值，但影响系数很小，并且均不显著。因此，半成品的进口对最终消费品的出口影响有限。表中列（7）和列（8）是零配件进口对最终消费品出口的影响。与半成品相似，虽然OLS回归下零配件进口对最终消费品出口有着正向影响，但是系数很小。

表4.5 中间品进口对最终消费品出口的回归结果

变量	（1）	（2）	（3）	（4）	（5）	（6）	（7）	（8）
lnGDP	0.869***	1.059***	0.743***	1.046***	0.973***	1.068***	0.962***	1.038***
	(18.55)	(6.45)	(13.22)	(12.28)	(15.27)	(9.11)	(26.62)	(12.82)
lnChina GDP	0.819***	1.704***	0.614***	1.701***	0.931***	1.771***	0.884***	1.745***
	(7.77)	(5.39)	(5.34)	(6.92)	(8.83)	(7.36)	(8.46)	(8.19)
lndiscap	−0.677***	0.717***		0.802***		0.790***		
	(−4.77)	(−6.40)		(−5.37)		(−5.38)		
linputotal	0.144***	0.023						
	(4.59)	(0.20)						

续表

变量	(1)	(2)	(3)	(4)	(5)	(6)	(7)	(8)
linputraw			0.216 *** (5.75)	0.028 (0.73)				
linputsemi					0.054 (1.45)	0.015 (0.24)		
linputpc							0.061 *** (3.13)	0.030 (0.71)
常数项	11.757 *** (7.43)	−1.303 (−0.61)	13.682 *** (9.98)	−0.918 (−0.42)	13.176 *** (7.79)	−1.448 (−0.70)	13.431 *** (8.26)	−1.338 (−0.69)
样本量	352	352	352	352	352	352	352	352

说明:括号内的值为t统计量,*、**和***分别表示在10%、5%和1%的统计水平上是显著的。

由此可见,中间品中对最终消费品出口的影响效果排序应为初级产品＞零配件＞半制成品,这一结果与最终资本品恰好相反,即初级产品的进口对最终消费品出口有着重要作用,而半成品和零配件进口对最终消费品出口影响不大。从实证结果可以看出,中间品进口对资本品出口的影响要比对消费品出口的影响更为显著,表明我国从出口劳动密集型的最终消费品向出口技术含量相对较高的最终资本品转移。

第四节 本章小结

为了研究FDI影响全球价值链分工的结构,本章运用引力方程,基于对中间品贸易数据的分解,对FDI与中间品贸易、最终品贸易关系做了实证分析。选取了与中国贸易与投资关系密切的33个国家相关贸易投资数据,运用最小二乘法和固定效应的面板模型进行回归,得出以下结论:

1.制造业FDI与中间品的总进口呈现互补关系。中间品贸易是世界分工下,全球化生产、FDI与生产要素重新配置的产物。中间品贸易实质是从原始材料直至加工成成品的各阶段过程之间出现的生产要素及产品的集合体。外资企业出于各种动机对华的直接投资在一定程度上带动了中间品的进口,尤其是初级产品的进口,而单看FDI对半成品和零配件的回归,发现FDI对半成品和零配件的进口有着负向作用,即替代关系。这说明在高新技术的零配件和半成品方面,外资企业更倾向于进口。而非高技术含量的零配件和半成品,外资企业倾向于利用中国廉价的劳动力优势在中国生产。

2.制造业FDI对最终品出口的影响主要以最终消费品出口为主。对最终资本品的出口的影响甚微。FDI的增加提高了最终消费品出口。而最终资本品是企业用于生产的机器设备,即固定资本。外商的直接投资对最终资本品出口微弱的影响也说明了外资在华所生产的最终资本品多供应于国内企业进行生产。

3.经济水平越相似,两国间中间品贸易所占比重越大。这就解释了中国与新加坡、东南亚等国家的中间品贸易指数相对较高,接近50%,而与美国、日本等发达国家的中间品贸易指数相对较低。这说明中国作为发展中国家,与发达国家主要产生产业间贸易,而与经济规模相似国家多发生中间品贸易。

4.中间品进口对最终资本品出口的作用效果大于其对最终消费品出口的作用效果,即中间品进口对最终资本品出口作用更为显著。经验分析表明中国逐步从出口劳动密集型的最终消费品向出口技术含量相对较高的最终资本品转移。

5.对最终品出口的影响中,半成品和初级产品的影响效果较大,零配件进口对最终品出口影响效果较小。这是因为资本品出口更易受中间品进口的影响,而半成品进口是资本品出口的主要影响因素。我国本土企业处于全球价值链中低端,如果长期靠进口零配件会获得技术溢出,但是会形成技术依赖,限制了内资企业的自主创新,阻碍我国向全球价值链高端延伸。因此,我国在逐步提升本土零配件的自主创新能力,提高零配件的本土采购率,逐步降低零配件依赖进口的局面。因此,近年来半成品替代零配件成为最终品出口的主要影响因素。

6.对最终资本品出口的影响中,半成品进口和零配件进口对最终资本品出口起着较为显著的促进作用。而初级品进口对最终资本品出口影响并不显著。这是由于进口的半成品和零配件多用于外资企业最终资本品的生产,因此,对中国最终资本品的出口呈现积极推动作用。近年来,中国大量进口技术含量比较高的半制成品和零配件在中国进行组装,将机器等资本品出口,这导致中国中高技术最终资本品出口迅速增长。

7.对最终消费品出口的影响中,初级产品进口对最终消费品出口有着重要作用,而半成品和零配件进口对最终消费品出口影响不显著,这一结果与最终资本品恰好相反。中国对初级产品加工后成最终消费品而销往海外。国外政府的反倾销措施和各种规制条件也是导致最终消费品出口下降的另一原因。由此可见,生产网络视角下中国中间品贸易影响机制为,中间品中半成品进口和零配件进口对最终资本品出口呈现正向促进作用,中间品中初级产品进口对最终消费品出口呈现正向促进作用。产品内分工是国际分工深化的必然结果,产品内分工使中间品贸易成为了国际贸易的新形式。中国应利用现有的资源优势不断提升贸易质量、扩大贸易规模,进一步提升中国在全球价值链中的地位。深化产品内分工,扩大中间品贸易,不断提升技术水平,实现贸易结构的转型升级。从区域协调发展的角度,中国应充分利用各地区的资源优势和区位优势,以形成不同产业价值链的多生产区段的集聚,以此作为一个整体融入全球生产网络,使我国在国际分工中占据有利地位。此外,作者只是在这一方向上做了初步探讨。中间品进口结构与最终品出口结构的许多问题还有待进一步研究。例如,我国中间品贸易因地域不同而有所差异,如果从地域的角度进一步研究中间品贸易,应该可以得出更多有意义的结论。对于中国企业，一方面应加大技术、人力资本投入以及专业化生产的学习和积累，掌握关键零部件的核心生产权，成为核心零部件生产和出口大国，加入到跨国公司生产体系中。另一方面，中国企业需要在技术开发、信息开发以及市场开发等方面的进行创新，来带动国内市场的发展。国内同一个产业内的企业可以形成几个具有强大市场竞争实力的集团，并采用市场联合的方式，培养全球资源的整合能力，从而逐渐形成自主的创新品牌，成为能与发达跨国企业相抗衡的具有全球竞争力的企业。

第五章
制造业FDI与全球价值链：
产业结构视角

有效结构变动本质是要素投入从低生产率部门向高生产率部门转移,进而提高总生产率的过程,因此,准确测度结构变动并研究其对于经济增长的作用具有重要意义。本章基于23个OECD国家三个产业部门的样本数据,引用有效结构变动指数(ESC)指标,利用新方法测度经济部门结构变动,基于延迟效应和同期效应两个视角阐释有效结构变动对经济增长和出口国内增加值的影响机制。研究结果表明,有效结构变动在一定程度上能有效促进一国的GDP增长、劳动生产率以及出口增加值,产业部门结构改革能够创造经济收益。此外,在保证劳动力生产要素的正向流动的背景下,ESC指数可以作为测度结构政策措施影响的有用指标。其中,第一节阐释了产业结构变动对经济增长和出口国内增加值影响的理论基础。第二节诠释了主要变量的ESC的选取和测度,计量模型的设定以及相关数据来源。第三节对产业结构变动对经济增长、出口国内增加值进行了实证分析。

第一节 产业结构变动影响出口国内
增加值理论基础

经济增长的理论研究是由Domar(1939)首先建立起研究经济增长的数学模型,从而实现了经济增长理论从思想分析到模型分析。Solow(1957)解决了经济增长路径的稳定性问题,并发现了技术进步对经济增长的重大作用。Romer(1985)等致力于技术进步的内生化研究,从而实现经济增长理论从外生均衡分析到内在机制分析。目前,对于经济增长的研究集中于两方面,即经济增长的路线机制分析和经济增长的影响因素分析。

结构变动与经济增长的研究中,国内外学者主要集中于对产业结构变动的测度以及结构变动与经济增长的相互作用关系。付凌晖(2010)提出了比较完善的测度产业结构变动的方法,并说明经济增长促进产业结构的升级,但其中并不存在反向作用关系。Roberto(2016)进一步细化经济增长指标,说明不同行业和部门的生产率增长率也会导致经济结构变动。Tomasz(2017)将结构变动区分为四种不同的表现形式,通过研究45个国家的经济数据来观测不同发展水平国家的经济增长究竟是由于何种结构变动所导致的,本章所涉及的结构变动即为其中一种测量角度。但干春晖等(2010)研究发现我国产业结构升级对经济增长的影响呈现阶段性的特征。而对于产业结构的测度方式,李小平、卢现祥(2007)使用扩展的shift-share方法检验中国制造业在1985—2003年的结构变动与生产率增长的关系,然而制造业的结构变动并没有导致显著的"结构红利假说"现象。卢学法、杜传忠(2106)通过构建绝对值指数(NAV)、改进后的Lilien指数(MLI)两个不同的产业结构变动指数,基于省级1993—2013年的面板数据,运用GMM方法进行实证检验,结果表明短期内产业结构变动与经济增长之间存在双向格兰杰因果关系,而较长时期内仅存在经济增长到产业结构变动的单向格兰杰因果关系。曹文彬、张贵成(2016)、陶桂芳、方晶(2016)和傅元海等(2017)都将产业结构变动区分为产业结构合理化和产业结构高级化,探究两者对经济增长的促进方向和促进强度,并在不同的面板数据条件下得到不同的计量结果。

各国经济发展的历史经验表明经济的增长过程可以划分为经济发展早期阶段、经济高速增长阶段和经济发达三个阶段,在经济高速增长阶段,结构变动是现代社会经济增长的重要因素,生产要素在不同经济部门之间得到充分转移是获得人均产出的高增长率的必要条件(Kuznets,1979),经济总量增长和结构变动之间存在着必然的内在联系。由此可见,现代社会的经济增长过程不仅是生产率增长的过程,更是经济产业结构不断调整的过程。本文将构建理论模型诠释产业结构变动如何影响国家的经济增长,从而在理论层面证明结构变动对经济增长存在影响机制。

假设世界由N个国家组成,每个国家存在三个部门:农业(A)、制造业(M)和服务业(S),三个部分的产出分别为Y_A、Y_M、Y_S,生产技术不变,即规模报酬不变。每个国家存在两种要素,劳动(L)和资本(K),农业部门只使用劳动单一要素,而制造业和服务业部门使用两种要素,且设定资本为特定要素,即每一部门的资本只适用于本部门的生产,因此,$\overline{K_M}$、$\overline{K_S}$均为外生变量,而劳动则为共同要素,即劳动可以在国家内的三个不同部门之间流动,当一国劳动力生产要素在部门间流动时,该国的生产部门结构发生变动,这种变动可能是劳动力资源由低生产率部门向高生产率部门流动,也可能是由高生产率部门向低生产率部门流动,本文计入有效结构变动的是前者。当结构变动是有效发生时,该国劳动力生产要素的配置效率提高($\frac{L_M\uparrow}{L_A\downarrow}$ 或 $\frac{L_S\uparrow}{L_M\downarrow}$),流向后端的生产部门产生产业份额增加($\frac{Y_M}{Y_A+Y_M+Y_S}\uparrow$ 或 $\frac{Y_S}{Y_A+Y_M+Y_S}\uparrow$),此时该国经济则出现增长现象。

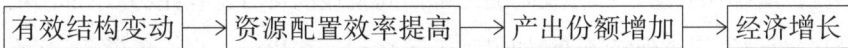

$$\boxed{\text{有效结构变动}} \longrightarrow \boxed{\text{资源配置效率提高}} \longrightarrow \boxed{\text{产出份额增加}} \longrightarrow \boxed{\text{经济增长}}$$

图5.1 产业结构影响经济增长的传导机制

资料来源:作者绘制

综上所述,结构变动与经济增长之间存在着作用关系,一个国家的经济发展存在着结构变动对其的积极影响,需求结构、产业结构与经济增长的内在联系机制可以用图5.1来描述。生产要素在部门间重新分配会导致生产结构变动,但是这种变化存在两种极端情况,即劳动力可能从生产率低的部门转移到生产率高的部门,也可能从生产率高的部门转移到生产率低的部门,这就要求需要准确测度劳动力生产要素的转移究竟是带来部门人均产值的增加还是削减了新部门的人均产值,那么,这种测度将能够有效衡量行业政策的效用。

第二节 计量模型、变量选取与数据说明

5.2.1 重要变量设定及说明

本节介绍一种新的结构变动测量方法,以下称为有效结构变动指数(ESC),该指标的引入来源于K.M.Vu(2017)的计算方法。该指标建立在两种现有方法的基础上,分别是转移份额法和绝对值指数(NAV)指数,这两种方法都被广泛用于研究结构变化的程度及其对经济增长的影响。

(1)转移份额法

$$\frac{\Delta P}{P_0} = \sum_{i=1}^{n} \frac{S_{i0} \Delta P_i}{P_0} + \sum_{i=1}^{n} \frac{P_{i0} \Delta S_i}{P_0} + \sum_{i=1}^{n} \frac{\Delta S_i P_{i0}}{P_0}$$

下标i和0表示第i部门和第一年,P表示以增加值除以工人数量计算的劳动生产率水平,S代表经济部门的就业份额,Δ则表示指标在周期[0,T]上的变化。该公式的第一部分反映的是部门内部生产能力的提高,如果部门的劳动生产率都会随着时间的推移而增长,那么这一部分的影响就是积极的;第二部分反映的是部门间就业的再分配作用,每个部门的初始劳动生产率保持不变,如果工人转移到平均生产力以上的部门,那么这一部分的影响就是积极的;第三部分反映的是就业再分配和生产力增长的联合效应,如果部门的生产力增长是正的,它的劳动力份额也在扩大,或者它的生产力增长是负的,它的劳动力份额也在缩小,也就是说工人从生产率下降部门转向生产率增长部门,那么这一部分的影响是积极的。

(2)绝对值指数(NAV)

对于一个给定的经济体,绝对值指数(NAV)的计算期间为[0,T],具

体公式如下:

$$NAV = 0.5* \sum\nolimits_{k=1}^{n} |S_{iT} - S_{i0}|$$

其中n是经济体的部门数量,S_{i0} 和 S_{iT} 分别代表时间段0和T时的部门i的就业份额。该方法可快速测量结构变化程度的大小,但是只要发生部门间的结构变动,该指数都将其纳入计算范围之内,所以不能区分某个部门所发生的结构究竟是提高生产率还是降低生产率。因此,这种方法的限制之处使得其在衡量结构变动的增长效应方面没有多大意义。

(3)有效结构变动指数(ESC)

本文提出的有效结构变动指数(ESC),该指数是基于上面提出的份额转移方法和NAV指数的优点建立的。ESC指数计算如下:

$$ESC = 0.5* \sum\nolimits_{i \in X} |S_{iT} - S_{i0}| \quad X = \{i\}, C_i > 0, C_i = \frac{\Delta P}{P_0}$$

其中n、S_{i0}、S_{iT} 和下标与上面定义的NAV指数相同。X是部门i中能够使得 $C_i > 0$ 的集合,这样就可以在计算ESC时,只考虑对劳动生产率增长有积极贡献的部门。根据定义,ESC指数有两个主要优点。首先,通过核算总体贡献而不是几个组成部分的效应,ESC指数克服了转移份额法计算时需要满足这些效应彼此间独立的不合理假设的限制。其次,ESC指数只纳入提高生产力的有效结构变动,消除了生产率降低部门的结构调整,从而优化NAV指数的表现效果。

图5.2绘制了样本国家2001—2016年随时间维度变化的ESC指数和NAV指数。这表明大多数国家的ESC指数在大多数年份都显著低于NAV指数,这意味着并非所有结构性变动都能够提高生产率增长。为了更好地了解ESC和ESC-NAV差距的趋势,23个OECD国家按各自的ESC变化趋势分为三组。一般情况下,生产要素向经济效益高的部门流动,在农业、制造业和服务业中,劳动力会经历由农业部门到制造业部门再到服务业部门的一般流程,所以,在样本国家多数为发达国家的情况下,部门间的结构变动将会越来越小。

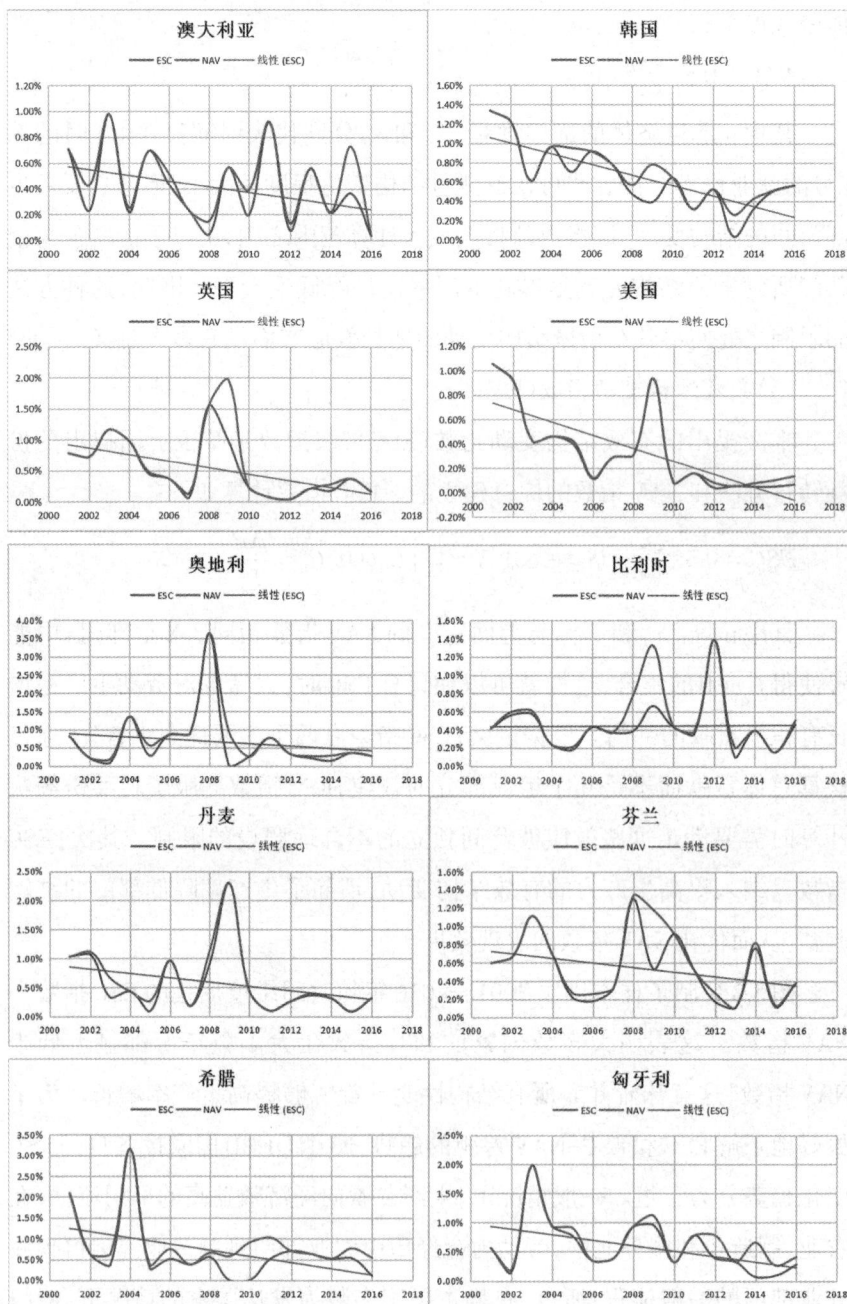

澳大利亚

韩国

英国

美国

奥地利

比利时

丹麦

芬兰

希腊

匈牙利

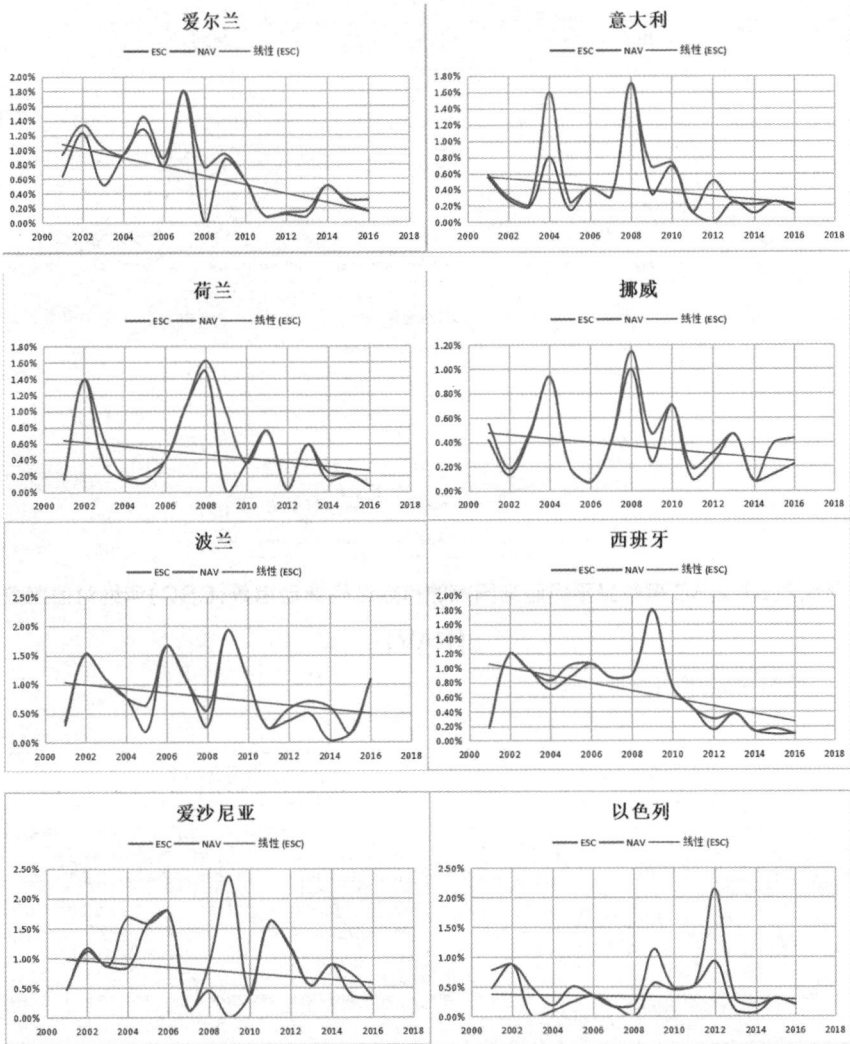

图5.2(a) ESC指数呈下降趋势国家的有效结构变动指数(ESC)和绝对值指数
(NAV)

资料来源:作者测度并绘制

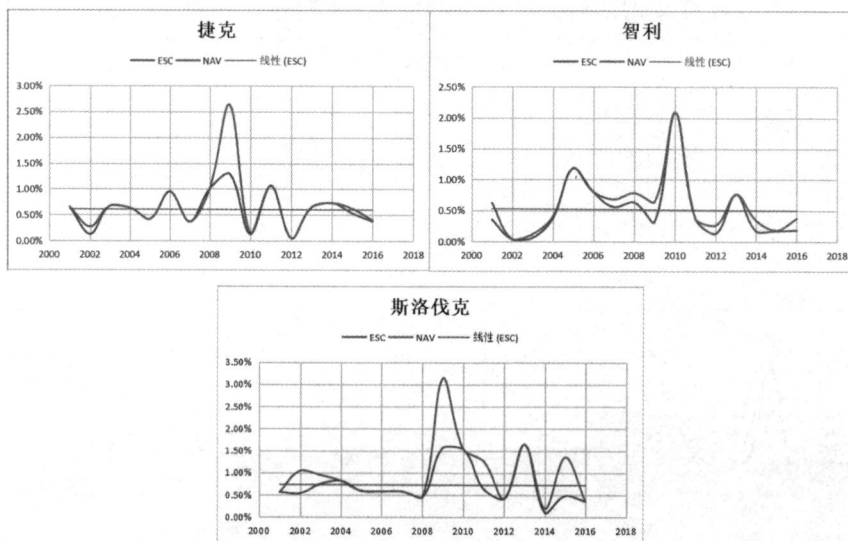

图5.2(b) ESC指数呈平稳趋势国家的有效结构变动指数(ESC)和绝对值指数
(NAV)

资料来源:作者测度并绘制

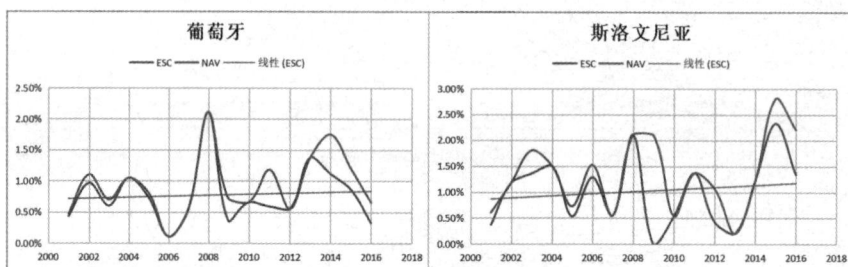

图5.2(c) ESC指数呈上升趋势国家的有效结构变动指数(ESC)和绝对值指数
(NAV)

资料来源:作者测度并绘制

第1组包括ESC指数呈下降趋势的国家,如上所述该组含有绝大多数样本国家,包括澳大利亚、奥地利、丹麦、芬兰、希腊、匈牙利、爱尔兰、意大利、韩国、挪威、波兰、西班牙、英国、美国、爱沙尼亚和以色列,共计18国。澳大利亚、奥地利、丹麦、西班牙、英国、美国的ESC指数与NAV指数几乎无明显差异,说明这些国家生产部门的结构变动大多是使得劳动生产率有所增加。但是韩国、以色列等国家存在ESC指数明显长时间低于NAV指数,说明有部分劳动力转移并未引起劳动生产率的增加。比利时、爱尔兰的ESC-NAV差值在不断缩小,这意味着这两个国家的结构变动在提高生产率增长方面变得更加有效。

第2组包括ESC指数呈平稳趋势的国家,该组包括捷克、斯洛伐克和智利。这些国家的ESC指数大致处于0.5%~0.7%左右,相较于其他国家来说,ESC指数值处于一个较低的水平,说明这些国家的部门结构比较稳定,除去个别年份有所波动外,其余年份劳动力生产要素并没有较大的部门间转移现象。

第3组包括ESC指数呈上升趋势的国家。该组包括葡萄牙和斯洛文尼亚。两国的上升幅度并不明显,同时两国的ESC指数与NAV指数在较多年份存在不一致,并且这两个国家在测度期间ESC指数的数值大致维持在0.5%~0.6%,说明有些部门发生结构变动并没有提高劳动生产率水平。但是两国的ESC指数上升幅度并不明显,甚至远低于第1组ESC指数的下降幅度,这能从一定程度上说明样本国家的经济发展水平较高。

5.2.2　模型设定

Eicher和Schreiber(2010)为动态面板数据分析提供了一种有用的方法,并提供了一个简洁的模型来检测相关变量之间的因果关系。按照这一方法,结构变动对经济增长影响的研究基于以下动态模型:本文构建如下动态面板模型,以考察ESC指数对经济增长的影响:

$$g_{i,t} = \beta_0 + \beta_1 \text{ESC}_{i,t-1} + \beta_2 \Delta\text{ESC}_{i,t} + \beta_3 y_{i,t-1} + \beta_4 g_{i,t-1} + u_i + \omega_t + \varepsilon_{i,t}$$

$$(5.1)$$

式中，$g_{i,t}$是第t年i国的经济增长指标，包括GDP增长率、劳动生产率增长率以及出口总值中的国内生产增加值；$y_{i,t-1}$是收入水平$y_{i,t}$的滞后项，反映收入对经济增长的收敛效应，即一国经济增长趋势往往会随着收入水平的增加而放缓，因此，低收入经济体的增长反而更快；有效结构变动指数ESC被分解成两个部分：$ESC_{i,t-1}$和$\Delta ESC_{i,t}$，其中$ESC_{i,t-1}$测量上一年发生的有效结构变动（ESC）的滞后效应，$\Delta ESC_{i,t}$则是ESC从t-1年到t年的结构变动差值；u_i和ω_t分别测量国家固定效应和时间固定效应，$\varepsilon_{i,t}$代表随机误差项。

实证检验方法选择的是最小二乘虚拟变量法（LSDV），其优点是可以控制国家和时间的固定影响，消除与各国的时间不变特性和时间相关效应有关的不可观察因素造成的偏差，LSDV估计可以作为检验其他估算方法所得系数大小的有用基准。同时，采用GMM估计法用于辅助检验。

5.2.3 数据来源及说明

本文将一国选取经济生产的三个主要部门，即分别为（1）农业部门；（2）制造业部门；（3）服务业部门。文章主体使用的是基于国民账户编译的经合组织（OECD）数据集，涵盖了2001年至2016年的16年间23个经合组织成员国（由于数据的可得性和一致性问题，这里未计入其他13国）的数据，本文选取的经合组织23国分别为：澳大利亚、奥地利、比利时、捷克共和国、丹麦、芬兰、希腊、匈牙利、爱尔兰、意大利、韩国、荷兰、挪威、波兰、葡萄牙、斯洛伐克、西班牙、英国、美国、智利、爱沙尼亚、以色列、斯洛文尼亚。此外，对于一些辅助数据，选取的是世界银行数据集。在表5.1所示的数据指标的描述性统计结果中，g[t]、ESC、ESC[t-1]、ΔESC均为相对变化比率，只有人均收入水平y[t]是绝对指数，其单位为万美元。在OECD数据库中直接获取的有GDP、劳动生产率、人均收入水平、部门产出增加值及其就业人数，通过指标公式进一步得出有效结构变动指数（ESC）的相关值。

表5.1 变量描述性统计

	变量	样本量	中值	标准差	最小值	最大值	预期符号
被解释变量	g[t]=GDP增长	368	4.12%	4.28%	−10.24%	34.73%	
	g[t]=劳动生产率增长	368	1.34%	2.36%	−6.26%	20.63%	
	g[t]=出口总值中的国内生产值增长率	253	−0.05%	2.91%	−10.41%	8.1%	
解释变量	ESC	368	0.58%	0.51%	0.00	3.62%	正
	ESC[t−1]	368	0.60%	0.51%	0.00	3.62%	正
	ΔESC	368	−0.02%	0.67%	−3.62	2.79%	正
	人均收入水平(y[t])	368	3.08	1.13	0.90	6.81	负

资料来源:作者整理绘制

第三节 产业结变动构影响出口国内增加值的实证分析

5.3.1 基准回归结果

基于上述等式表示的模型的回归结果如表5.2所示,集中包含三个被解释变量,分别为人均GDP增长率、劳动生产率增长率和出口总值中的国内生产值增长率,每个独立被解释变量的回归结果分三列报告,其中[a]和[b]列使用的是LSDV估计法,[a]列研究ESC[t]对g(t)的影响,[b]列研究ESC[t−1]和ΔESC[t]对g(t)的影响,而[c]列使用的是GMM估计法,从而形成有效的计量分析结果。

在对于计量结果的观察中三个结论最为显著。首先,解释变量ESC[t]([a]列)的系数介于ESC[t−1]和ΔESC[t]([b]列)之间,也就是说明ESC[t]的系数大于ESC[t−1]的系数而小于ΔESC[t]的系数。在本节开始我们将ESC[t]对于经济绩效指标的影响分为两个途径来研究,分别为ESC[t−1]和ΔESC[t],也即ESC[t]的延迟效应和同期效应,那么,回归结果也就表明结构变化的延迟效应(β1)和同时期效应(β2)是不相同的,在对于GDP增长中后者的影响程度明显大于前者（β2>β1），而在出口总值中的国内生产增加值增长中后者的影响程度明显小于前者（β2<β1）。第二，居民收入水平滞后一期y[t-1]的系数β3在所有回归中都为负向预期，即说明上一年的居民收入水平增高会抑制下一年的经济增长幅度，也即人均GDP增长、部门劳动生产率增长以及国内生产值的增长。这意味着居民收入水平越高的国家，其部门生产水平越接近世界技术的前沿领域，那么，在进口外国技术和提高管理技能中获得增效的空间也就越小。第三，g[t-1]的系数β4在所有回归结果中均为正且显著的1%水平，这表明前一期的被解释变量对当期被解释变量具有积极的促进作用，具体地说，前一期的人均GDP对于当期人均GDP的增长具有显著促进作用，同理前一期劳动生产率也促进当期劳动生产率增长，以及在国际贸易中的前一期的国内生产增加值对于当期国内生产增加值的增长具有显著的促进作用。

表5.2(1) 有效结构变化与经济绩效指标的回归结果

解释变量	g(t)为GDP增长率		
	LSDV		SYS-GMM
	（1a）	（1b）	（1c）
ESC(t)	1.0787** (0.5098)		1.0848*** (0.4102)
ESC(t-1)		0.2879 (0.7951)	
ΔESC(t)		1.0960** (0.5035)	
y(t-1)	−1.8083*** (0.2708)	−1.9014*** (0.2422)	−0.8070*** (0.2383)
g(t-1)	0.2026*** (0.0356)	0.2201*** (0.0361)	0.2734*** (0.0670)
c	9.3586*** (0.9382)	9.9985*** (0.9013)	4.8955*** (0.9326)
国家固定	是	是	是
时间固定	是	是	是

续表

解释变量	g(t)为GDP增长率		
	LSDV		SYS-GMM
	(1a)	(1b)	(1c)
R²	0.2507	0.2586	–
样本量	368	368	368

注:括号内是稳健的标准误,*、**和***分别表示在10%、5%和1%的统计水平上是显著的。

资料来源:作者整理绘制

表5.2(2) 有效结构变化与经济绩效指标的回归结果

解释变量	g(t)为劳动生产率增长率		
	LSDV		SYS-GMM
	(2a)	(2b)	(2c)
ESC(t)	0.0556		0.1561
	(0.1936)		(0.2188)
ESC(t-1)		−0.2734	
		(0.3241)	
ΔESC(t)		0.0678	
		(0.1939)	
y(t-1)	−0.8865***	−0.9288***	−0.4222***
	(0.2261)	(0.2190)	(0.1207)
g(t-1)	0.1667***	0.1702***	0.2815***
	(0.0355)	(0.0368)	(0.0922)
c	4.1828***	4.4857***	2.1734***
	(0.8532)	(0.8217)	(0.4758)
国家固定	是	是	是
时间固定	是	是	是
R²	0.2577	0.2625	–
样本量	368	368	368

注:括号内是稳健的标准误,*、**和***分别表示在10%、5%和1%的统计水平上是显著的。

资料来源:作者整理绘制

表5.2(3)　有效结构变化与经济绩效指标的回归结果

解释变量	g(t)为DVA增长率		
	LSDV		SYS-GMM
	(3a)	(3b)	(3c)
ESC(t)	0.4038**		0.1435*
	(0.3684)		(0.2337)
ESC(t−1)		1.2945***	
		(0..4292)	
ΔESC(t)		0.4269*	
		(0.3631)	
y(t−1)	−0.1212***	−0.1321**	−0.0307*
	(0.0654)	(0.0661)	(0.0491)
g(t−1)	2.4291***	2.6346***	0.1553**
	(0.6228)	(0.6608)	(0.1043)
c	−10.0593***	−11.2541***	−.6426**
	(2.6036)	(2.7831)	(0.4269)
国家固定	是	是	是
时间固定	是	是	是
R^2	0.0981	0.2586	−
样本量	253	253	253

注:括号内是稳健的标准误,*、**和***分别表示在10%、5%和1%的统计水平上是显著的。

资料来源:作者整理绘制

5.3.2　分样本回归结果

在进行总样本基准回归的基础上,本文将样本国家按照地理区位进行再次划分,分别为西欧国家(英国、爱尔兰、荷兰、比利时)、北欧国家(芬兰、挪威、丹麦)、中欧国家(波兰、捷克、斯洛伐克、匈牙利、奥地利)、南欧国家(希腊、斯洛文尼亚、意大利、西班牙、葡萄牙)、东欧国家(爱沙尼亚)、亚洲国家(韩国、以色列)、北美洲国家(美国)、南美洲国家(智利)和大洋洲国家(澳大利亚)这九个组别。

表5.3 区域分样本回归结果

解释变量	g(t) = GDP增长率				
	西欧国家	北欧国家	中欧国家	南欧国家	东欧国家
ESC(t)	0.4464 (0.8684)	−0.2703 (1.9402)	0.0485 (0.5560)	1.2186* (0.7390)	6.2465** (2.3745)
y(t−1)	−0.8333 (0.5073)	−2.1015*** (0.3017)	−2.0871** (0.9075)	−2.9796*** (0.7181)	−3.2148 (2.0701)
g(t−1)	0.1094 (0.0146)	0.1477 (0.1297)	0.1698** (0.0676)	0.3095*** (0.1085)	0.1611 (0.2052)
c	5.9133*** (1.9599)	11.5218*** (0.5906)	11.2013*** (4.1467)	10.2737*** (1.8633)	7.8294 (5.4170)
	亚洲国家	北美洲国家	南美洲国家	大洋洲国家	
ESC(t)	5.0127** (2.4219)	−5.7574*** (1.1130)	5.4051* (2.9094)	0.9773 (2.2970)	
y(t−1)	1.2974 (0.9466)	−2.7553*** (0.5674)	−3.7572 (3.2741)	−2.1684* (1.1522)	
g(t−1)	−0.1120** (0.0455)	0.32680** (0.1401)	0.2919 (0.2367)	−0.4804* (0.2616)	
c	−2.3340 (1.6941)	16.8763*** (3.0436)	6.9410 (5.9452)	13.2008** (5.3293)	

注:括号内是稳健的标准误,*、**和***分别表示在10%、5%和1%的统计水平上是显著的。

资料来源:作者整理绘制

在进行区域性计量回归时,有以下三个信息值得注意。首先,北美洲国家的回归结果在1%的置信水平下有效结构变动对于经济增长依然具有强烈的抑制作用,也就是说结构变动一方面引发劳动力向人均增加值增长的部门转移,另一方面劳动力也向人均增加值下降的部门移动,并且后者的作用效果大于前者。其次,只有亚洲国家人均收入水平对经济增长起促进作用,一般情况下,若一国居民人均收入水平越高,其下一年的经济增长将越加困难,但是从计量结果中发现这条规定不适用于样本中的亚洲国家,一国的居民收入水平反而促进经济的增长,这也说明亚洲国家发展的潜力巨大。最后，同样不同于总样本回归结果的现象，还出现在上一期的GDP增长率对本期GDP增长率的影响之上，亚洲国家和大洋洲国家的上一期GDP增长率对本期GDP增长起到了抑制作用，即某一年的GDP若是呈现较高增长，则会一定程度上对下一年经济的增长形成阻碍。

5.3.3 稳健性分析

在实证研究中，为了保证计量模型设定和计量方法选择的准确性，一般需要进行稳健性分析。如果仅汇报此最佳模型，则会导致偏差，因此，有必要适当地改变模型的设定，比较其主要结果的变化，显然只有稳健的结果才有说服力，故稳健性分析已成为高质量实证检验不可或缺的一部分。针对上述计量结果，下面将从计量模型重新设定和计量方法重新选择两方面进行稳健性分析。

(1)内生性检验

内生性的主要来源包括遗漏变量的偏差，联立方程的偏差(双向因果关系)以及测量误差的偏差。解决内生性的主要方法之一为工具变量法，它对实证研究有着重要的价值。在本节所涉及到的计量研究中由于上文有效结构变动对经济增长的理论机制，我们可以明确有效结构变动对于经济增长存在促进效果，但是一旦一国经济增长，即该国居民人均收入水平就会得到提高，那么各生产部门的需求收入弹性则会变动，从而引起需求结构的变动，最后部门的产出结构也会随之改变，也就说明计量模型中被解释变量与核心解释变量之间存在经济上的相关关系，即模型存在内生性，因此，引入工具变量并采用广义矩估计法(GMM)测度。两种常用的GMM估计法分别是差分GMM估计法和系统GMM估计法。通常，差分GMM估计法更适合于高持久性因变量存在的情况，而当实体(例如国家)的数量较小时，系统GMM估计法比差分GMM估计法更有效。在计量方法的选择上，由原先的LSDV估计法转换为GMM估计法，检验结果详见表5.2的1c和2c列，GMM估计法下的系数受内生性问题引起的偏差影响最小。在新的计量方法下，实证结果依然与前一种计量方法的结果保持一致。但是其中LSDV估计法明显低于GMM估计法，这一观察结果与Nickell(1981)的说法是一致的，即对于动态面板模型，滞后因变量上的LSDV系数一般偏低，而其他变量的系数受影响较小。

（2）稳健性检验

稳健性检验，通过改变样本区间（或去掉极端值）、函数形式、计量方法、控制变量、变量定义、数据来源等方面来考察计量结果的稳定性。在计量实践中，通常会对数据进行调整以找到最佳的计量模型，在对于经济增长的衡量方面，由原先的GDP增长率更换为劳动生产率的增长率，检验结果详见表4的2a、2b和2c列，可以发现当期的有效结构变动依然能够促进劳动生产率的增长，但是，在ESC[t-1]和ΔESC[t]([b]列）的影响结果中，ΔESC[t]还是表现为促进劳动生产率增长，但是ESC[t-1]却在一定程度上对劳动生产率的增长起反向作用，这可能是因为上一期的有效结构变动会影响即期的有效结构变动，从而影响劳动生产率增长。

第四节　本章小结

本章的重点研究样本为OECD国家，利用OECD数据集的丰富性，研究了在2001年至2016年期间的23个经济体。从本文研究结果中，得出以下三个结论。第一，在传统结构变动指数（NAV）对于生产部门劳动力变动的测量中，只能得出结构变动的绝对值，即只要劳动力发生转移就会被计入到结构变动的计算之中，但是，由于劳动力变动方向不确定性的因素，传统测度结构变动的方法保证所计入的结构变动程度均为积极正向的，而有效结构变动指数（ESC）的引入恰好解决此方面的问题。第二，从总样本分析结果中得知有效结构变动对于经济增长有促进作用，同时将结构变动效应区分为结构变动的延迟效应和同期效应，得到同期效应的作用要大于延迟效应，也就是说上一期的结构变动只能较小程度上影响经济增长，甚至其会抑制劳动生产率的增长。第三，从区域分样本分析结

果中,本章发现结构变动并不能促进所有经济体的经济增长,特别是北美
地区的美国,结构变动就极大抑制了该国的经济增长,但是对于大多数国
家总样本的计量结果依然成立。

第六章
制造业FDI与全球价值链：
产品质量视角

　　互联网的发展重塑了传统制造企业的生产模式与组织方式。作为新一轮信息产业变革的核心内容之一，互联网，特别是工业互联网的发展，对产业结构升级有着重要的影响。在全球经济与价值链数字化发展的趋势下，互联网对一国制造业的研发效率与国际竞争力起着举足轻重的作用。本章利用WDI与UNComtade数据库中的相关数据，对2005—2019年美国、英国、韩国、中国等15个代表性国家和地区的互联网发展程度、制造业出口产品质量进行了测算，并基于研发效率的中介效应探究了互联网发展对出口产品质量的影响。结果表明：互联网发展水平的提高不仅能直接提升制造业出口产品质量，还通过提升研发效率显著改善制造业出口产品的质量。我国应深度融合制造业与新一代信息技术，加强互联网基础设施建设，依靠我国互联网在使用、消费端世界领先的规模与较为成熟的应用，大力促进技术创新，提升国内制造业贸易增加值比重，实现从"中国制造"到"中国智造"的转变。本章第一节阐释了互联网发展影响出口产品质量的理论基础并提出研究假设；第二节对计量模型、相关变量选取与数据进行了说明，其中出口产品质量的测度方法为下一章的出口技术复杂度奠定了基础；第三节对其进行了实证分析并得出结论。

第一节　互联网发展影响出口产品质量的理论基础

部分学者着眼于研究互联网发展水平与我国出口贸易间关系。潘嘉栋等(2018)研究表明,互联网的发展对我国出口贸易,尤其是对我国向发达国家的出口贸易具有显著的促进作用;韩剑(2018)等发现互联网的发展可以提升我国的价值链地位。毛其淋、方森辉(2018)的研究结果表明,企业研发投入相当程度上正面影响了我国企业出口技术复杂度的提升,并且地区知识保护强化了企业研发对出口技术复杂度的提升作用。学者们对于互联网对出口产品质量的影响机制也进行了探索。李金城、周咪咪(2017)基于李嘉图比较优势设计了计量模型,指出互联网的发展主要通过节约信息成本和提升人力资本来提升企业的出口产品质量。卓乘风、邓峰(2019)将资源配置效率作为互联网发展影响制造业出口技术复杂度的中介变量,得出互联网发展很大程度上通过改善资源配置效率进而推动制造业高质量、高水平地"走出去"的结论。卢福财、金环(2019)证实了互联网的发展通过增加制造业产品的出口贸易额,进而推动制造业出口产品质量提升。

互联网在提升一国出口规模的同时,更能提升一国的出口产品质量。为了研究互联网与出口产品质量之间的关系,学者主要从两个方面进行研究。一种是以全球价值链的发展为背景,探讨互联网发展对特定行业的影响,例如物流、农业、服务业与本文所提到的制造业等。其次是探索互联网发展对一个国家的国际贸易和全球价值链升级(出口产品质量提升)的影响。互联网通过减少交易成本,交易时间和距离来大大促进贸易,而低廉的成本则促进了价值链的提升(Guolin等,2021)。互联网对企业生产环节、营销环节以及服务环节的价值创造均有显著的正向作用,其中对于服务环节的影响尤为明显(徐远彬和卢福财,2021)。研究发现互联网技术的发展可以空间维度上产生技术扩散效应,强化各地制造业出口产品技术升级的互动环节,并在时间维度上产生技术收敛效应,促使制造业出口产品质量向顶部加速收敛,从而在整体上提升我国的出口产品质量——这些效应在沿海地区表现得尤为明显。本文总结互联网发展水平对制造业出口产品质量的直接影响如图6.1所示。

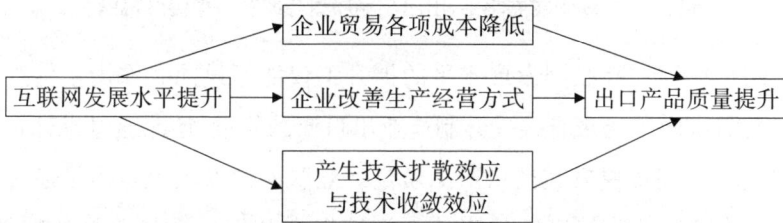

图6.1 互联网发展水平提升对出口产品质量的直接影响

基于上述分析,本文提出以下假设:

假设6.1：互联网的发展,有利于一国制造业出口产品质量的提升。

互联网使得企业可以不受地理限制的特性使其在企业建立创新伙伴关系、提升创新能力等方面起到重要作用(Kaufman,2003),互联网通过其显著的"创新激励"效应推动制造业国际竞争力的提升(郭然等,2021)。互联网发展水平与企业前沿技术的研发具有高度相关性,数字技术,是企业获得技术创新优势的重要来源之一(Guire,2012)。特别是当大量企业开始使用互联网时,互联网带来的技术流通性优势将催生出许多新的、基于互联网的研发模式,极大提高研发效率。互联网发展对于劳动市场的影响,使得人力资本得以在市场中有效流动,实现了人力资源的"高度市场化",从而在某些意义上最大限度地开发与利用了人力资本。互联网可以有效串联产业链上下游的各个环节,从而起到淘汰企业落后产能,提升生产效率与提升出口产品质量的作用(李建桐,2020)。

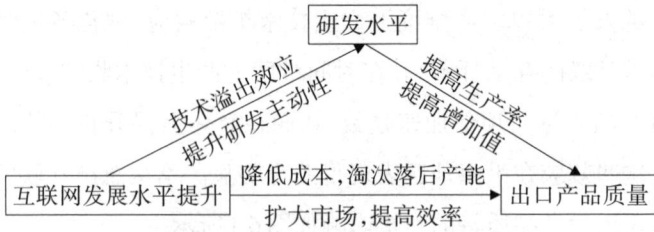

图6.2 互联网发展水平、出口产品质量与研发效率传导机制

图6.2表明,互联网发展水平的提升不仅能通过同时作用于供给端市场与需求端市场来直接提升制造业出口产品质量,还能通过提升企业的研发水平间接提升其出口产品质量。互联网的发展表现出了通过促进企业创新,提升其研发效率从而间接提升其出口产品质量的特征。Mahshid Bagheri 等(2019)证实出口贸易是中小企业成长与能力的重要战略抉择;同时,技术创新对于企业的出口水平起到了积极的中介作用。互联网的发展可以一定程度上优化企业所处的国际营商环境,提升企业进行创新活动的主动性(Glavas,2014)。互联网可以使技术在企业间更快的扩散,增加企业的创新频率;互联网的发展也能推动传统型制造业向服务化、智能化等新型模式转变,通过科技的发展提升企业的创新效率,激发企业的创新意愿,降低企业的创新成本。因此,互联网的发展不仅能直接地作用于企业出口产品质量,还能通过提升企业的研发效率与动力从而间接地增强企业出口产品的竞争力(图6.1)。基于上述分析,为进一步联网发展对出口产品质量的影响路径,本文还将做出如下假设:

假设6.2:互联网的发展不仅直接提升一国制造业出口产品的质量,还会产生通过提升一国研发效率,进而提升其制造业出口产品国际力的中介效应。

第二节 计量模型、变量选取与数据说明

6.2.1 计量模型

基于上述分析，为检验假设6.1中互联网发展对制造业出口产品质量的影响，本文将构建下述计量模型：

$$EXPY_{it} = \partial_0 + \partial_1 INT_{it} + \partial_2 FIN_{it} + \partial_3 OPEN_{it} + \partial_4 HR + \delta_{it} \qquad (6.1)$$

其中，i代表国家，t代表时间，EXPY代表制造业出口产品质量，INT代表互联网发展水平，FIN代表金融支持，OPEN代表开放程度，HR代表人力资本，δ为随机误差项。

在此模型的基础上，本文借鉴温忠麟和叶宝娟（2014）提出的中介效应检验方法与郭然等（2021）构建的中介效应检验模型对假设6.2进行检验。依据图6.1提出的影响机制，本文的解释变量于被解释变量分别为互联网发展水平与制造业出口产品质量，中介变量为研发效率。因而，本文中介效应的检验模型设定如下：

$$EXPY_{it} = \alpha_0 + \alpha_1 INT_{it} + \alpha_2 FIN_{it} + \alpha_3 OPEN_{it} + \alpha_4 HR + \delta_{it} \qquad (6.2)$$

$$RD_{it} = \alpha_0 + \alpha_1 INT_{it} + \alpha_2 FIN_{it} + \alpha_3 OPEN_{it} + \alpha_4 HR + \delta_{it} \qquad (6.3)$$

$$EXPY_{it} = \beta_0 + \beta_1 INT_{it} + \beta_2 FIN_{it} + \beta_3 OPEN_{it} + \beta_4 HR + \beta_5 RD + \delta_{it}$$

$$\qquad (6.4)$$

其中，EXPY代表制造业出口产品质量，互联网发展对制造业出口产品质量的总效应系数为 α_1，互联网发展通过提升研发效率进而间接提高制造业出口产品质量的中介效应系数为 $\alpha_1 \times \beta_5$，互联网发展对制造业出口产品质量影响的直接效应系数为 β_1，那么本模型中中介效应的大小可以表示为 $\alpha_1 \times \beta_5 = \alpha_1 - \beta_1$.

6.2.2 变量选取

（1）被解释变量

本章参考王思语、郑乐凯（2019）的做法，用出口技术复杂度（EXPY）

来代表出口产品质量的升级。Hausmann(2007)采用基于显性比较优势指数提出了一种测度一国出口产品质量的方法——即技术复杂度。其核心思路为：第一步，以GDP为权重，对研究范围内的国家在一种产品上的显性比较优势指数进行加权平均运算，得到该种产品的"技术含量"(即产品技术复杂度)；第二部，以此种产品在某国出口总额中的比重为权重，对每一种产品的"技术含量"进行加权平均，即可算出该国出口产品的技术复杂度。本文在Hausmann提出的测度方式基础上，参考李谷成(2020)提出的方法，构建制造业出口技术复杂度指标。

$$Prody_{jk} = \sum_j \frac{(x_{jk}/x_j)}{\sum_j (x_{jk}/x_j)} y_j \tag{6.5}$$

式(6.5)中，$Prody_{jk}$代表j国产品k的技术复杂度；x_{jk}代表国家j产品k的出口总额；y_j表示j国的收入水平，本文使用国人均制造业增加值来表示。

$$EXPY_j = \ln \left(\sum_k (x_{jk}/x_j) Prody_{jk} \right) \tag{6.6}$$

式(6.6)中，$EXPY_j$代表j国制造业出口技术复杂度，其余指标同(6.1)式。EXPY越大，则代表该国制造业出口产品技术复杂度越高，出口产品质量越高。本指标用到的出口额来自UNComtrade数据库，GDP指标来自WDI数据库。

(2)核心解释变量

本文选取的核心解释变量为互联网发展(INT)。已有文献大多采用单一指标测算法，即互联网用户数作为互联网发展的测算指标。本文参考郭然等(2021)对互联网发展程度的测算方式，采用符合指标测算法，以一国移动电话用户占总人口百分比、固定宽带用户占总人口百分比、互联网用户占总人口百分比的几何平均数来测度一国的互联网发展程度。

$$INT_{it} = \sqrt[3]{CEL_{it} \times BND_{it} \times NET_{it}} \tag{6.7}$$

式(6.7)中，i代表国家，t代表时间，CEL代表移动电话用户占总人口百分比，BND代表固定宽带用户占总人口百分比，NET代表互联网用户占总人口百分比。本指标用到的三个数据均来自于WDI数据库。

（3）控制变量

本模型选取的控制变量包括:①金融支持指标(FIN),李玉山等(2019)指出,金融支持主要通过影响R&D的投入、转化与外溢等途径提升出口技术复杂度。本文采用资本市场发达程度,即上市公司市值与GDP之比来测度金融支持程度,该指标来自于直接银行数据库。②人力资本指标(HR),本文采用接受高等教育人口占总人口的百分数的自然对数来衡量,该指标来自于WDI数据库。③开放程度(OPEN),本文用一国进出口贸易总额占其GDP的百分比的自然对数来衡量其开放程度,该指标使用WDI数据库中的进出口贸易总额与GDP总额作比得出。此外,为探究互联网发展对出口产品质量的影响路径,本文选取研发效率(R&D)作为互联网影响出口产品质量的中介变量。R&D投入与相应产出是衡量一国研发效率最直接的标志。本文借鉴郭然等(2021)的测度方式,采用R&D投入占当年GDP的百分比来衡量一国的创新研发水平。本指标直接来源于WDI数据库。

6.2.3 数据说明

囿于数据的完整性与可得性,本文最终仅保留了15个数据较为完整的国家2005—2019年的数据进行计量分析,为使计量结果严谨,本文对发达国家与发展中国家进行了异质性回归以进行稳健性检验。关于如何界定制造业产品种类,本文根据盛斌(2002)整理的GB/T4754-2002与Rev3对照表,将所研究的15国2005—2019年200余种制造业产品出口总额求和得出制造业出口总额;本文涉及的变量描述性统计见表6.1。

表6.1 变量描述性统计

变量名	样本数	均值	标准误	最小值	最大值
Internet	225	3.107	0.983	0.009	4.102
EXPY	225	8.359	0.153	8.044	8.785
OPEN	225	3.929	0.358	3.096	4.659
HR	225	3.978	0.506	2.368	4.647
FIN	225	4.07	0.75	1.836	5.864
R&D	225	1.527	1.008	0.083	4.81

数据来源:作者整理绘制

第三节 互联网发展水平影响出口产品质量实证分析

6.3.1 基准回归结果分析

为检验一国的互联网发展水平与其研发效率的关系,本文使用公式(6.1)来检验假设6.1。根据Hausmann检验,将固定效应模型作为原假设时,其P值为0.00,因此采取个体固定效应模型进行回归。检验结果如表6.2所示。

表6.2 互联网发展出口产品质量的全样本回归结果

变量	模型1	模型2	模型3	模型4
INT	0.017*** (0.001)	0.017*** (0.001)	0.013*** (0.001)	0.014*** (0.001)
OPEN		0.03 (0.050)	0.141*** (0.048)	0.167*** (0.046)
HR			0.26*** (0.036)	0.259*** (0.035)
Fin				0.001*** (0)
常数项	7.832*** (0.034)	7.713*** (0.204)	6.371*** (0.261)	6.17*** (0.255)
样本量	225	225	225	225
调整后 R^2	0.542	0.543	0.634	0.665

注:***、**、*分别表示在1%、5%和10%的统计水平上显著;括号内数值为标准误。

数据来源:作者使用STATA16.0进行回归分析得出

为确保回归结果的稳健性,本文采用了逐步回归的方法,在模型2—模型4中依次加入了不同的控制变量。其结果如表6.3所示,控制变量的加入基本未使互联网发展的系数估计值与显著性发生改变,互联网发展对制造业出口产品质量的影响依旧维持在很高的显著水平上。可见,发展互联网确实是提升制造业出口产品质量的可行路径。数字经济时代中,互联网产业的重要性日渐凸显。互联网及其衍生技术的发展成为世界各国未打破原有技术壁垒、创造全新经济增长模式的新切入点。大力推动互联网产业发展,加速制造业向信息化、智能化转型,是世界各国的发展共识。同时,在跨国贸易中,互联网的发展有效降低了跨国贸易中企业的信息搜寻等各项成本,扩大了国际贸易的集约边际于广延边际。控制变量方面,在加入开放程度变量后,互联网发展水平对于制造业出口产品质量的影响系数出现了一定程度的下降,这表明总体上来讲,互联网的发展可以通过提升一国的开放程度,从而提升一国的出口产品质量;人力资本变量于资本市场发达程度变量的加入则未使系数发生明显改变。

6.3.2 异质性分析

本文依据IMF的标准,将15个国家分为7个发达国家和8个发展中国家,分析进行了异质性,检验结果如表6.3所示。

表6.3 互联网发展对出口产品质量的分样本回归结果

变量	发达国家				发展中国家			
INT	0.018***	0.016***	0.015***	0.016***	0.016***	0.016***	0.01***	0.01***
	(0.002)	(0.002)	(0.002)	(0.002)	(0.001)	(0.001)	(0.001)	(0.001)
OPEN		0.204*	0.122	0.165		−0.027	0.087*	0.114**
		(0.117)	(0.121)	(0.117)		(0.06)	(0.05)	(0.048)
HR			0.392**	0.27			0.281***	0.286***
			(0.178)	(0.177)			(0.035)	(0.033)
Fin				0.001***				0.001***
				(0.000)				(0.000)
常数项	7.578***	6.82***	5.541***	5.704***	8.034***	8.142***	6.75***	6.555***
	(0.085)	(0.442)	(0.726)	(0.703)	(0.023)	(0.24)	(0.256)	(0.251)
样本量	105	105	105	105	120	120	120	120
调整后R^2	0.518	0.533	0.556	0.591	0.563	0.564	0.728	0.754

注:*** 、** 、* 分别表示在1%、5%和10%的统计水平上显著;括号内数值为标准误。

数据来源:作者使用STATA16.0进行回归分析得出

表6.3的回归结果表明,互联网的发展对于发达国家与发展中国家的出口产品质量均有显著的提升作用,且其显著性并不随着将其他影响因素加入模型而发生根本性改变。这一结果进一步证实了假设6.1的成立,即互联网的发展确实可以显著提升一国制造业的出口产品质量。其中,相比发达国家,发展中国家互联网发展水平提升对于出口产品质量的提升更小——而这种差异是在加入人力资本这一控制变量后明显表现出来的。这一结果表明,对于发展中国家,互联网的发展很可能存在通过提升人力资本而间接影响一国制造业出口技术复杂度的效应,互联网有潜力成为发展中国家高等教育行业的新增长点,但对发达国家来说这一效果并不明显;同时,控制变量开放程度在分样本回归中也在发达国家与发展中国家中表现出了不同的显著性,即互联网的发展可以通过改善原本的营商环境提升发展中国家的开放程度,但不能显著提升发达国家的开放程度。

6.3.3 影响路径检验

基于前文的理论分析,互联网发展水平的提升确实可以显著提升制造业出口产品质量。因而本文将继续对于其传导机制进行检验。依据温忠麟等(2014)提出的中介效应检验模型,本文采用方程(6.2)—方程(6.4)来检验互联网发展对于制造业出口产品质量提升的直接效应,以及通过提升该国研发效率而提升其制造业出口产品质量的中介效应,回归结果如表6.4所示。表6.3中模型2检验了互联网发展对一国研发效率的总效应,其结果在1%水平下显著,说明互联网的发展对于研发效率有直接的提升作用。这充分说明了互联网的发展对制造业企业的创新动力与创新效率有着显著的激励作用。在互联网发展的作用下,制造业企业能更精准地根据需求招募人才,更直观地研究市场需求,更有效地与研发人才进行沟通,既节约了人才搜寻与储备成本,又提高了企业的市场化程度;另一方面,互联网的发展打破了原本技术溢出效应的时空局限性,使企业不断开发出基于互联网的新的研发模式;表6.4中模型1表明互联网发展水平对于制造业出口产品质量具有显著的影响。

表6.4　传导机制全样本回归结果

变量	模型1	模型2	模型3
	EXPY	R&D	EXPY
INT	0.013***	0.024***	0.01***
	(0.001)	(0.003)	(0.001)
FIN	0.001***	0.001*	0.001***
	(0.000)	(0.001)	(0.000)
HR	0.007***	−0.007**	0.008***
	(0.001)	(0.003)	(0.001)
OPEN	0.15***	−0.19	0.171***
	(0.048)	(0.127)	(0.046)
R&D			0.109***
			(0.025)
常数项	6.874***	1.856***	6.671***
	(0.216)	(0.574)	(0.212)
样本量	225	225	225
调整后 R^2	0.638	0.234	0.669

注:*** 、** 、* 分别表示在1%、5%和10%的统计水平上显著;括号内数值为标准误。

数据来源:作者使用STATA16.0进行回归分析得出

鉴于上述两个模型在检验中都得到了显著的结果,本文将继续进行中介效应的检验。表6.4中模型3是制造业出口产品质量对解释变量、中介变量与全体控制变量的回归,其结果显示互联网发展与研发效率的估计系数均在1%的水平下显著;且从传导机制中有部分中介效应存在。研发效率虽然不是互联网发展提升一国出口产品质量的唯一渠道,但确实是不可忽视的重要渠道。随着数字技术与各类制造业的广泛融合,大力推动大数据、云计算、人工智能、互联网+等技术的发展,降低制造业的技术壁垒,提升国内制造业的创新力与竞争力,是各国政府21世纪以来的共识。本文构建的模型基本符合现实。为进一步检验其影响机制,本文对发达国家与发展中国家分样本按照方程(6.2)—方程(6.4)的中介效应模型进行了分样本回归,结果如表6.5所示。

表6.5 传导机制分样本回归结果

变量	发展中国家			发达国家		
	EXPY	R&D	EXPY	EXPY	R&D	EXPY
INT	0.007***	0.007**	0.001***	0.017***	0.037***	0.013***
	(0.002)	(0.003)	(0.000)	(0.002)	(0.005)	(0.002)
FIN	0.001***	0.000	0.001***	0.001***	0.004***	0.001**
	(0.000)	(0.000)	(0.000)	(0.000)	(0.001)	(0.000)
HR	0.011***	0.005**	0.011***	0.003	−0.026***	0.006**
	(0.001)	(0.002)	(0.001)	(0.003)	(0.008)	(0.003)
OPEN	0.153***	−0.363***	0.137**	0.168	0.453	0.116
	(0.053)	(0.086)	(0.057)	(0.120)	(0.352)	(0.114)
R&D			0.043***			0.114***
			(0.011)			(0.033)
常数项	7.006***	1.936***	7.089***	6.586***	0.204	6.563***
	(0.236)	(0.385)	(0.262)	(0.427)	(1.257)	(0.405)
样本量	120	120	120	105	105	105
调整后 R^2	0.730	0.388	0.732	0.588	0.391	0.634

注:***、**、*分别表示在1%、5%和10%的统计水平上显著;括号内数值为标准误。

数据来源:作者使用STATA16.0进行回归分析得出

表6.5依次给出了中介效应模型的三步回归结果。不难看出,互联网的发展对于发达国家与发展中国家的出口产品质量于研发效率都表现出了显著的正向影响——这与前文全样本的检验结果高度一致,说明了表6.3中回归结果具有稳健性。其中,互联网发展对于发达国家研发效率的提升更为明显,其可能原因为,发达国家本身享有更多的研发资本存量与技术积累,互联网的发展为研发提供了新的模式与导向,成为了研发效率的新增长点;发展中国家对于研发的累计投入与已有成果较少,技术上仍存在较大瓶颈互联网的发展短期内并不能给其的研发工作带来实质性的

改变;同时,发展中国家在互联网技术的高端应用上发展也与发达国家有较大差距,难以真正将互联网技术运用到研发工作当中。

6.3.4 稳健性检验

在互联网产业重要性日益凸显的时代背景下,出口产品质量较高的国家在扩大生产销售的过程中对互联网发展水平产生着更大的需求;而互联网发展水平的提高、制造业与互联网产业的融合又进一步提升了出口产品的质量。因此,为避免计量模型中可能出现的内生性问题,本文借鉴郭然等(2021)的方法,使用滞后两期的各项变量作为工具变量,通过系统广义矩估计的方式对基础回归与传导机制的模型进行了稳健性检验。检验结果如表6.6所示。

表6.6　对基础回归和传导机制的系统GMM估计结果

变量	模型1 EXPY	模型2 R&D	模型3 EXPY
INT	0.005*** (0.000)	0.045*** (0.001)	0.004*** (0.000)
R&D			0.033*** (0.004)
OPEN	0.059*** (0.008)	0.220*** (0.023)	0.051*** (0.008)
HR	−0.010 (0.007)	−0.140*** (0.019)	−0.006 (0.007)
Fin	0** (0.000)	0.003*** (0.000)	0.000 (0.000)
常数项	7.992*** (0.038)	−0.431*** (0.110)	8.007*** (0.039)
样本量	225	225	225

注:***、**、*分别表示在1%、5%和10%的统计水平上显著;括号内数值为标准误。
数据来源:作者使用STATA16.0进行回归分析得出

表6.6中给出了系统GMM估计的结果。从模型3的估计结果来看,互联网发展水平的提高对出口产品质量有明显的提升作用,且估计系数

在1%的水平下显著。这验证了假设6.1,即互联网的发展有利于一国制造业出口产品质量的提升这一结论是稳健的。模型1与模型2的估计结果则显示互联网发展水平与研发效率、出口产品质量均具有正向关系,且估计系数在1%的水平下显著;结合模型3的估计结果,则可以验证假设6.2互联网的发展通过提升一国研发效率,进而提升其制造业出口产品国际力的中介效应是稳健的。

第四节　本章小结

本章利用2005—2019年UNComtrade与WDI数据库中的数据,结合Hausmann提出的出口技术复杂度指标与国内众多学者提出的互联网发展、研发效率测算方式,从国家层面探究了互联网发展如何提升制造业出口产品质量。主要研究结论为:第一,互联网发展水平对制造业出口产品质量具有正向影响。互联网的发展扩大了一国贸易的集约边际与广延边际,加速了制造业向高端化、智能化的转型。第二,互联网发展水平的提升不仅直接影响出口产品质量,还通过提高研发效率间接提升制造业出口产品质量。一方面,互联网的发展优化了企业的营商环境,增大了其进行新技术研发的意愿与需求;另一方面,互联网发展带来的大数据、云计算、区块链、人工智能等技术,改变了传统的研发方式,使得研发能够更有效地进行,而企业研发效率的提升将显著提高其出口产品的技术含量。我国应抓住时代机遇,充分利用自身庞大的互联网用户体量带来的互联网产业优势与改革开放以来打下的深厚制造业基础,将二者有机结合从而实现对发达国家的"弯道超车";在发展互联网时,不应只注重体量的扩张,更应注重其发展质量,进一步优化大数据、云计算、人工智能、区块链等基于互联网的新技术,建立健全网络监管体系与知识产权体系,让互联网发展切实提升我国研发效率、推动我国制造业的技术进步,尽快实现由"中国制造"向"中国智造"的转变。

第七章
制造业 FDI 与全球价值链：
行业技术视角

制成品进出口贸易作为促进国内经济增长的重要动力,有关出口产品技术含量以及出口贸易结构的研究一直是学者关注的焦点,而生产分工的不断细化以及总贸易分解方法的不断完善为制造业出口研究提供了新的视角。在我国制造业深度融入全球价值链分工体系且全面扩大开放、提高开放水平的背景下,本章第一节构建了全球价值链嵌入位置影响出口技术复杂度的理论框架。第二节对所采用的计量模型、变量及数据进行了说明。基于WIOD提供的2000—2014年的世界投入产出数据,采用改进后的显性比较优势指数测算了42个国家的制造业行业的出口技术复杂度和全球价值链嵌入位置。第三节利用固定效应面板模型实证考察了制造业全球价值链嵌入位置对出口技术复杂度的影响。第四节对影响路径进行了检验。研究发现,制造业全球价值链嵌入位置越上游,越有助于出口技术复杂度的提高;制造业全球价值链嵌入位置对不同经济发展水平的国家的出口技术复杂度均产生了积极影响,且促进了中低技术水平制造业、劳动密集型和资本密集型制造业的出口技术复杂度,而高技术行业的上游度提高则会抑制其出口技术复杂度的提升,知识密集型制造业的上游移动无法产生显著影响;一国国内良好的制度质量有利于制造业出口技术复杂度的提升,同时制度质量会促进全球价值链嵌入位置的上游移动对出口技术复杂度的积极影响;全球价值链嵌入还会通过提升制造业行业的研发创新能力促进出口技术含量的提高。

第一节　全球价值链位置影响出口技术
复杂度理论机制

　　要素禀赋理论和比较优势理论指出,一国会根据自身的要素禀赋情况进行出口选择并倾向于出口具有比较优势的产品,而垂直专业化的分工形式则拓宽了比较优势的范围,使得跨国企业可以着眼于世界范围,将生产环节分配到要素禀赋最优的国家或地区,消除了地理意义上各国边界的限制。作为价值链分工的推动主体,跨国公司可以通过内部化有效地降低成本,而垂直专业化则实现了全生产环节的资源重新整合和优化配置,研发部门将有更丰裕的资源专注于创新开发,完善和提高自身核心技术,从而提高其出口零部件的技术复杂度。各国凭借自身优势嵌入到全球价值链的特定位置,不仅可以充分发挥自身在资源禀赋或是知识技术上的优势获得规模经济(Antras,2012),还能通过产品内分工的形式从全球生产要素有效配置中获益。中国制造业嵌入全球价值链有效促进了出口技术复杂度提高(余姗和樊秀峰,2016)。上游度从需求端刻画了全球价值链位置,它与传统投入产出模型中的总前向联系等价(Miller和Temurshoev,2015),而前向嵌入方式有效地促进了出口技术复杂度的提升(王思语和郑乐凯,2019)。上游的生产环节往往具有更高的技术密集度,这将有利于一国国内产品技术含量的提升,从而促进出口技术复杂度的提升(章韬等,2019;王岚和李宏艳,2015)。基于此,提出下列假设。

　　假设7.1:制造业参与全球价值链分工将提升出口技术复杂度,且出口技术复杂度与全球价值链嵌入位置正相关。

　　出口结构与高收入经济体相近有助于出口技术复杂度的提高(Hausmann,2007),在全球价值链中嵌入位置一定程度上反映了一国的产业结构,价值链嵌入位置相近的国家出口结构相似度较高(何祚宇和代谦,2016),那么与高收入国家的同位性也会反过来促进出口技术复杂度的提高。尽管嵌入全球价值链专业化从事特定的生产环节看似对各参与国都有利,但实际上,经济发展水平不同的国家在资源禀赋、创新能力、学习吸收能力等方面都存在较大差异,这使得即使两国处于价值链的同一位置,也会因为这些差异产生不同的成本和学习效果,结果就是各国的获益能力和学习效果各不相同,从而对其出口技术复杂度产生异质性影响。对于不同经济发展水平的国家制造业而言,发展中国家从发达国家引进大量优质中间品,这些中间品通过前后向关联嵌入到发展中国家的国内生产网络中,产生知识溢出和技术溢出,促进发展中国家制造业出口产品技术含量的提高(王思语和郑乐凯,2019)。发达国家往往具有更雄厚的资金实力和创新能力,也因此掌握更高的话语权,与之相比发展中国家更多是凭借庞大的人口基数带来的劳动力优势嵌入到全球价值链的下游环节中,这些环节往往是利润微薄的加工组装活动,能够从中获得的知识技术也十分有限。同样的,不同要素密集度、不同技术水平生产环节的差异也会对各国嵌入该位置的行业产生不同影响。嵌入劳动密集型环节的发展中国家如果劳动力成本优势被削弱将会倒逼其向上游提升,国内要素结构升级也会促进其向上游移动(王岚和李宏艳,2015)。但是,发达国家的跨国大公司在全球价值链分工中的主导地位,将发展中国家推向劳动密集环节,如最下游的组装环节,发展中国家的企业可能面临被"低端锁定"的风险,一方面发达国家通过纵向控制防止技术扩散条款制约模仿,另一方面国内出口制造业本身吸收学习能力弱,导致人才流失、抑制研发投入等(刘维林等,2014),使得发展中国家制造业只能从事低增加值环节,不利于国内行业的技术升级和出口技术复杂度的提升。基于此,提出如下假设。

假设7.2:全球价值链嵌入位置会对不同经济发展水平的国家、不同要素密集度和技术水平的行业产生异质性影响。

除去自然禀赋的因素,一国的制度质量是各大跨国公司重点关注的对象。制度质量包括知识产权保护等相关法律制度质量、金融服务等营商制度质量、政治稳定性等多个维度(韩沈超和徐姗,2021),当一国企业面临不够完善的外部制度环境时,为规避合约风险往往选择内部交易(Antras和Helpman,2004)。知识产权制度等制度质量会影响产品的生产成本,进而会对一国的出口贸易产生影响(Moenius和Berkowitz,2004)。延伸到当前国际分工背景下,跨国公司为降低成本,倾向于选择劳动工人技能、资源禀赋、消费者偏好等方面组合带来最大效益的国家或地区,而经济环境、政治稳定性、法律完善程度等制度质量因素不仅会在经济金融开放度、税收、审批效率等方面影响交易成本,还会涉及制造业行业核心技术的安全性问题,制度质量较好的国家在知识技术密集型产品上有明显的比较优势,同时,制度质量也是影响一国价值链地位提升的关键(戴翔和郑岚,2015)。在全球价值链分工下,制度质量与全球价值链的交互作用对出口技术复杂度表现出积极的影响(刘琳,2015;齐俊妍和任奕达,2022),那些凭借低价优势、处在全球价值链较低分工位置的生产环节和阶段对制度质量要求较低,而处于较高分工位置、技术复杂度较高的生产阶段则相反(戴翔和金碚,2014),全球价值链的攀升作用在制度质量等因素的协同下更加显著(李建军等,2019)。因此,一国的制度质量是其参与全球价值链活动的重要考虑因素,不仅影响该国行业出口技术复杂的改善,还会影响嵌入价值链活动的位置选择,并和全球价值链嵌入位置产生交互作用,影响行业出口技术复杂度的提高。基于此,提出以下假设。

假设7.3:制造业全球价值链嵌入位置对出口技术复杂度的影响机制中,一国的制度质量与其制造业行业在全球价值链中的位置的交互作用会对出口技术复杂度产生积极影响。

全球价值链嵌入可以通过影响国内制造业的研发创新从而促进或抑制对进口技术的吸收。一国制造业融入全球价值链,价值链活动通过中间品的进出口贸易将上游行业包含的知识技术转移给下游低技术行业,高质量的进口中间品有利于生产效率提升,同时种类繁多的中间品与国内生产产生互补作用,带来内生增长动力(Halpern,2015),下游行业从进口中间品外溢的知识、信息和技术中学习,促进技术进步的同时也降低了投入成本。处于全球价值链不同位置的各国企业不仅可以专门从事自身具有核心竞争力的生产环节,上游高技术含量产品在后续的加工制造中还可能对下游部门提出更高的要求,促使嵌入下游环节的各国国内企业不断提高制造技术水平和生产效率,进而实现本国生产制造的转型升级,提高出口产品的技术含量。研发投入有助于制造业提高价值链技术溢出的吸收能力(刘琳和盛斌,2017),对于那些进口来自欠发达国家的中间产品的制造业出口行业,在生产过程中投入大量国外购入的生产要素,凭借工人的高技能优势或是资金等优势对进口中间品进行加工再创造,这种制造模式不仅可以从低价中间品中获得成本优势(刘维林等,2014),还会促进自身研发创新能力的提高,在价值链中从"被动参与"到"主动构建"(刘会政和朱光,2019),从而提高出口产品的技术含量。

假设 7.4:制造业全球价值链嵌入位置对出口技术复杂度的影响机制中,全球价值链中的位置会通过促进研发创新对一国制造业行业出口技术复杂度产生积极影响。

第二节 计量模型、变量选取与数据说明

7.2.1 模型的构建

本章采用固定效应面板模型对各国制造业行业的全球价值链嵌入位置对其制造业行业层面出口技术复杂度的作用机制进行了实证检验,模型构建如下:

$$\text{Lne}_{cit} = \beta_0 + \beta_1 UP_{cit} + \beta_2 X_{cit} + I_i + C_C + T_t + \varepsilon_{cit}$$

c 表示国家,i 表示行业,t 表示年份,e_{cit} 表示 c 国 i 行业在 t 年的出口技术复杂度,UP 为核心解释变量全球价值链嵌入位置,用上游度指标来表示。I_i 表示行业固定效应,C_C 表示国家固定效应,T_t 表示年份固定效应,ε_{cit} 表示随机误差项。X_{cit} 表示其他控制变量。

7.2.2 变量的选取与数据来源

（1）被解释变量

被解释变量制造业行业出口技术复杂度，借鉴李洲和马野青（2020）的方法，采用王直等（2015）改进后的显性比较优势指数对各国制造业行业出口技术复杂度进行测度，数据来自UIBE数据库。

首先计算出c国i部门的显性比较优势指数RCA（假设共有M个部门N个国家）：

$$RCA_{ci} = \frac{x_{ci} / \sum_{i=1}^{M} x_{ci}}{\sum_{c=1}^{N} x_{ci} / \sum_{c=1}^{N} \sum_{i=1}^{M} x_{ci}}$$

其中，x_{ci}表示c国i部门的出口额，$\sum_{i=1}^{M} x_{ci}$表示c国M个部门的出口额，$\sum_{c=1}^{N} x_{ci}$表示所有N个国家i部门的出口额，$\sum_{c=1}^{N} \sum_{i=1}^{M} x_{ci}$表示N国M行业的总出口额。然而这种传统的显性比较优势的计算方法并未剔除国外增加值和重复计算的部分且忽视了国际国内的分工情况，根据王直等（2015）基于前向联系对总出口的分解，对该指标进行了修订，以c国总出口的国内增加值里隐含的i部门的增加值占N国总出口国内增加值中i部门增加值的比例代替总出口数据，表示为：

$$RCA\_VA_{ci} = \frac{dva\_x_{ci} / \sum_{i=1}^{M} dva\_x_{ci}}{\sum_{c=1}^{N} dva\_x_{ci} / \sum_{c=1}^{N} \sum_{i=1}^{M} dva\_x_{ci}}$$

其中，dva_x_{ci}表示基于产业部门前向联系计算的c国i部门的增加值，即：

$$dva\_x_{ci} = VAX\_F_{ci} + RDV\_F_{ci}$$

那么，c国i行业的出口技术复杂度可以表示为：

$$ETC_{ci} = RCA\_VA_{ci} \times Y_c$$

其中，c代表国家，Y_c表示国家c实际人均收入，用2015年不变价美元的人均GDP来表示。由此，行业层面的出口技术复杂度即为各国该行业出口技术复杂度的汇总；而国家层面的出口技术复杂度定义为按该国行业国内增加值份额加权的出口技术复杂度的和，即：

$$\text{ETC}_i = \sum\nolimits_{c=1}^{N} ETC_{ci}$$

$$\text{ETC}_c = \sum\nolimits_{i=1}^{M} \frac{dva\_x_{ci}}{\sum\nolimits_{i=1}^{M} dva\_x_{ci}} ETC_i$$

（2）核心解释变量

核心解释变量为全球价值链嵌入位置,采用Antràs等(2012)构建的上游度指标来表示,数据来自WIOD发布的2000—2014年的世界投入产出表。

首先,一国某行业生产的最终产品Z加上其他行业消耗的本行业中间品A,即为本行业的总产出Y,即:

$$Y_i = Z_i + A_i$$

可以表示为如下无穷级数的形式:

$$Y_i = Z_i + \sum_{j=1}^{N} a_{ij} Z_j + \sum_{j=1}^{N}\sum_{k=1}^{N} a_{ik} a_{kj} Z_j + \sum_{l=1}^{N}\sum_{j=1}^{N}\sum_{k=1}^{N} a_{il} a_{lk} a_{kj} Z_j + ...$$

其中Z_i表示i行业生产的最终产品,a_{ij}表示生产1单位j行业的产品需要的i行业中间品数量。

基于此,Antràs等建立了如下的上游度指数:

$$UP_i = 1 \times \frac{Z_i}{Y_i} + 2 \times \frac{\sum\limits_{j=1}^{N} a_{ij} Z_j}{Y_i} + 3 \times \frac{\sum\limits_{j=1}^{N}\sum\limits_{k=1}^{N} a_{ik} a_{kj} Z_j}{Y_i} + 4 \times$$

$$\frac{\sum\limits_{j=1}^{N}\sum\limits_{k=1}^{N}\sum\limits_{i=1}^{N} a_{il} a_{lk} a_{kj} Z_j}{Y_i} + ...$$

将式中各项乘以它们距离最终使用的距离加一再除以行业总产出,求得的UP_i为i行业的价值链上游度。显然,$UP_i \geqslant 1$,当UP_i等于1时,说明该行业只生产最终产品。同时,可以看出该行业生产的产品距离最终需求越远,UP_i值越大,也就是说,i行业处于越上游的位置。

在实际计算中,Antràs等证明了如下公式:

$$UP_i = [I - A]^{-1} i$$

其中，A表示以aijYj/Yi为第(i,j)项元素的矩阵，i表示N维单位列向量，$UP_i=(UP_1,UP_2,\cdots\cdots,UP_n)$，是由各行业上游度组成的列向量。

上述计算过程是Antràs设定的封闭经济无存货模型下的行业上游度，为了衡量各国出口行业上游度，以行业总产出减去行业净出口作为原式A矩阵中的第(i,j)项元素的分母进行了调整。何祚宇和代谦(2016)指出，Antràs等(2012)虽进行了调整，但他们的数据来源展示的仍是国内行业的投入产出关系，因此无法进行跨国比较，而世界投入产出数据库(World Input-Output Database，简称WIOD)解决了这一问题。该数据库2016年更新的数据涵盖了世界44个国家(地区)的投入产出关系，通过该表，可以从中得到详细的A国(地区)i行业对B国(地区)j行业的投入产出数据，解决了无法跨国比较的问题。

基于以上的考虑，本章基于WIOD 2016年发布2000—2014年的世界投入产出表(WIOT)，此次发布的WIOTs包含15年间56个部门28个欧洲国家、15个主要经济体以及世界其他地区(Rest of World)间的中间品和最终品贸易数据，本章剔除了中国台湾地区和世界其他地区，选取欧洲28国及14个世界主要国家共42个样本国，c05-c23共19个制造业行业，计算各国行业上游度指数及国家上游度指数。

关于国家层面的上游度计算，倪红福(2019)总结有两种计算国家层面的上游度的方法：一种方法是利用WIOT整理得到单个部门世界投入产出关系数据，然后用上述方法计算；第二种方法则是利用多部门的世界投入产出表先计算出各国部门层面的上游度，再将得到的部门层面数据加权加总得到国家层面的上游度。本章采用第二种方法，借鉴何祚宇和代谦(2016)的做法以各国行业出口占本国货物贸易和服务贸易总出口的比重加权得到一国国家层面上游度指标，行业出口数据来自WIOD National Input-Output Table，国家层面上游度指标的计算公式如下：

$$UP_c = \sum_{i=1}^n \frac{x_{ci}}{X_c} UP_{ci}$$

其中，UP_c表示 c 国上游度，X_c表示 c 国总出口额，x_{ci}为 c 国 i 行业出口额，UP_{ci}为 c 国 i 行业上游度。

（3）控制变量

总结相关研究，本章从行业层面选取了三个指标，分别是行业要素密集度、行业人均资本存量以及行业研发创新能力，均通过 WIOD 社会经济账户相关数据计算得到。同时，选取了五个国家层面的指标，分别是制度质量、人力资本、外资存量额、基础设施质量以及人口规模。行业要素密集度（FI）：用资本报酬/劳动力报酬表示，数据来源于 WIOD 社会经济账户，预计符号为正；行业人均资本存量（CP）：用固定资本存量/劳动力人数表示，数据来源于 WIOD 社会经济账户。人均资本存量越高，行业出口技术复杂度越高，预计符号为正；行业研发创新能力（TFP）：用行业全要素生产率来表示，借鉴 Levinsohn 和 Petrin（2003）的方法测算了行业要素密集度，数据来源于 WIOD 社会经济账户。该指标代表行业的创新能力，创新能力越高，越有助于行业出口技术复杂度的提高，预计符号为正；人力资本（HC）用中高技能员工工作时间表示，数据来自 WIOD 社会经济账户。中高技能工作时长越长说明该行业有更高的技术含量，预计符号为正；外来投资（FDI）：用国家外来投资存量额衡量，来自联合国贸发会议统计（UNCTAD）数据库，跨国公司的外来投资被认为是出口技术复杂度提高的重要因素，预计符号为正；制度质量（INS）：借鉴韩沈超和徐姗（2021）的做法，采用来自世界银行 WGI 数据库的指标体系。制度质量代表一国的经济政治等制度环境稳定性，良好的制度环境会促进行业出口技术复杂度提高，预计符号为正；基础设施质量（INF）：用因特网使用人数占总人口的百分比来表示，来自世界银行 WDI 数据库；人口规模（POP）：用城市人口占总人口的比重表示数据，数据来自联合国贸发会议统计数据库。在对各变量进行相关性分析后，最后选取行业要素密集度、行业人均资本存量、行业全要素生产率、制度质量、人力资本和外资存量额作为控制变量。

表7.1 变量的描述

变量类型	变量名称	变量解释	数据来源
被解释变量	ETC	出口技术复杂度	UIBE全球价值链指标库
解释变量	UP	行业上游度	WIOD数据库
控制变量	CP	人均资本存量	WIOD社会经济账户
	FI	要素密集度	WIOD社会经济账户
	TFP	全要素生产率	WIOD社会经济账户
	HC	人力资本	WIOD社会经济账户
	FDI	外资存量额	UNCTAD数据库
	INS	制度质量	WGI数据库

资料来源：作者整理绘制

7.2.3 变量的描述性统计

本章选取了WIOD提供的2000—2014年15间42个国家19个制造业行业作为样本，变量的主要分布情况如下表所示。

表7.2 描述性统计

变量	变量名	平均值	标准差	最小值	最大值	样本量
lne	出口技术复杂度	9.6497	1.8541	0.0000	13.3766	11970
up	上游度	2.3903	0.6769	1.0000	4.0249	11970
lnfi	行业要素密集度	2.1916	0.1227	0.6529	4.3563	11709
lncp	行业人均资本存量	5.5598	2.2462	0.0000	14.2803	11437
lntfp	行业研发创新能力	1.5467	0.0640	1.1300	1.7713	11967
lnins	制度质量	6.0822	0.3165	4.8849	6.3945	10640
lnhc	人力资本	7.2847	2.0380	0.0000	11.5769	11970
lnfdi	外来投资	11.6237	1.5527	7.4332	15.5124	11799

资料来源：作者整理绘制

从出口技术复杂度来看，最大值为13.3766，是2011年冰岛的基础药品和药物制剂制造业；最小值为0，是由日本、韩国、卢森堡等多国机械设备的维修和安装业在2000年等多个年份取得；平均数为9.6497，标准差为1.8541，表明该数据值比较集中。从核心解释变量上游度指数来看，最大值为4.0249，时间为2012年，冰岛的造纸和纸制品制造业，表示其全球价值链嵌入位置距离最终消费最远;最小值为1.0000,也是由多国取得,如2011年俄罗斯的机械设备除外的金属制品制造业和r18电气设备制造业、2001年土耳其的机械设备的维修和安装业等;国家上游度指标的平均数为2.3903,标准差为0.6769,表明数据较为集中。就要素密集度而言,最大值为4.3563,是2000年马耳他的机械设备的维修和安装业;最小值为0.6529,为2012年巴西的焦炭和精炼石油产品制造业取得。就人均资本存量而言,最高值为14.2803,时间为2012年,国家为韩国,行业为r10焦炭和精炼石油产品制造业取得。就全要素生产率而言,最大值为1.7713,为2001年中国的计算机、电子和光学产品制造业取得;最小值为1.1300,是2001年立陶宛的基础药品和药物制剂制造业。就外资存量额而言,最大值为15.5124,时间为2014年,国家为美国;最小值为7.4332,是拉脱维亚在2000年取得的。就制度质量而言,最大值为6.3945,时间为2003年,国家为芬兰;最小值为4.8849,为2000年的葡萄牙所取得。就人力资本而言,最大值为11.5769,时间为2014年,国家为印度;最小值为0。除人力资本和人均资本存量的标准差略高外,其他控制变量的数据都比较集中。

第三节 全球价值链位置影响出口技术复杂度实证分析

7.3.1 基准回归分析

首先是基于构建模型的基准回归,本章选用固定效应模型,对国家、行业和时间都进行了固定效应处理。为了确保实证结果的稳健性,本章采用依次加入控制变量的方式进行回归。

表7.3 基准模型回归结果

变量	(1)	(2)	(3)	(4)	(5)	(6)	(7)
up	1.8061*** (58.64)	1.8072*** (58.81)	0.2726*** (11.76)	0.2716*** (12.15)	0.2323*** (9.70)	0.2375*** (9.91)	0.2292*** (9.54)
lntfp		1.6813*** (7.56)	1.4178*** (9.69)	1.0679*** (7.54)	1.0643*** (6.79)	1.0703*** (6.83)	1.1405*** (7.05)
lncp			0.2908*** (23.50)	0.2256*** (18.58)	0.2075*** (16.29)	0.2093*** (16.44)	0.2137*** (16.56)
lnfi				2.2638*** (29.20)	2.2860*** (28.10)	2.2826*** (28.08)	2.2710*** (27.83)
lnins					0.3443** (1.98)	0.3717** (2.14)	0.3939** (2.09)
lnhc						0.4111*** (4.17)	0.4589*** (4.49)
lnfdi							-0.0086 (-0.36)
常数项	5.3325*** (71.49)	2.7291*** (7.74)	5.4204*** (23.47)	1.3682*** (5.21)	-0.5819 (-0.54)	3.7820*** (-2.84)	4.2483*** (-3.10)
样本量	11,970	11,967	11,434	11,434	10,167	10,167	10,038
R^2	0.503	0.505	0.518	0.552	0.556	0.556	0.557
国家固定效应	是	是	是	是	是	是	是
行业固定效应	是	是	是	是	是	是	是
时间固定效应	是	是	是	是	是	是	是

注：***、**和*分别表示在1%、5%和10%的水平上显著；参数估计下面的括号内的数值为t统计量。

170

表 7.3 是对 2000—2014 年 15 年间 42 个国家 19 个制造行业的整体回归结果报告。其中,模型(1)是固定了时间、国家和行业效应,未加入控制变量的回归。回归结果显示,行业上游度指标在分步回归的过程中系数估计始终为正,且在加入所有控制变量后依旧在 1% 的水平上显著,表明一国制造业行业的上游度每提高 1 单位,该国的该行业的出口技术复杂度指标就会提高 22.9%~180.6%。这表明,一国制造业行业在全球价值链处于越是相对上游的位置,一国制造业行业距离最终需求就越远,就越倾向于出口高技术含量的产品。出现这种现象,是因为远离最终消费的生产环节多是作为供应关键零部件的角色,这些出口中间品往往具有更高的技术含量。控制变量方面的报告显示,行业人均资本存量、行业要素密集度、行业全要素生产率和人力资本的系数估计均在 1% 的水平上显著为正,说明行业人均资本存量、行业研发创新能力和人力资本均会促进出口技术复杂度的提高。制度质量在 5% 水平上通过了统计检验,系数估计为正,说明完善的制度质量对出口技术复杂度的提高起正向促进作用。而外资存量额未通过统计检验,是因为模型剔除了进口中间品的影响,而外来投资对出口技术复杂度的贡献作用主要是通过跨国企业的中间品引入,这一结果与刘维林等(2014)的结论一致。综上,基准回归的结果验证了前文提出的假设 7.1,即一国制造业行业全球价值链嵌入位置越高,越有助于其出口技术复杂度的提高。

7.3.2 异质性分析

(1)区分经济发展水平异质性分析

考虑到经济发展水平不同的国家的制造业在生产效率和技术上的区别,因此将 42 个样本国进行了分类。首先,根据人文发展指数 HDI,大于 0.8 的国家定义为发达国家,其余为发展中国家,回归结果如表所示。

表7.4 区分经济发展水平和收入水平的分样本回归结果

变量	（1）发达国家	（2）发展中国家	（3）高收入	（4）中高收入	（5）中低收入
up	0.1409***	0.6277***	0.1367***	1.1809***	0.5789***
	(5.52)	(10.53)	(5.60)	(15.22)	(3.67)
lntfp	0.9454***	1.1554***	1.1644***	1.5081***	3.3790***
	(4.91)	(3.27)	(6.29)	(4.09)	(2.80)
lncp	0.3095***	0.1780***	0.3465***	−0.1842***	−0.0146
	(18.52)	(8.17)	(23.11)	(−6.36)	(−0.36)
lnfi	2.3985***	1.6923***	2.3924***	1.8413***	0.1293
	(24.36)	(12.31)	(24.92)	(11.82)	(0.58)
lnins	0.2485	−0.5331	0.4411	0.0352	−1.3489
	(0.93)	(−1.56)	(1.71)	(0.04)	(−1.55)
lnhc	0.8085***	−0.0183	0.7426***	−0.9688***	−0.3829
	(5.38)	(−0.11)	(5.12)	(−3.53)	(−0.41)
lnfdi	−0.0300	0.2399***	−0.0182	0.3326***	−0.1081
	(−1.22)	(2.87)	(−0.75)	(3.13)	(−0.39)
常数项	−5.4602***	1.6962	−6.8113***	5.5721	13.9959
	(−3.17)	(0.67)	(−4.09)	(1.10)	(0.86)
样本量	7,825	2,213	8,356	1,214	468
R2	0.504	0.561	0.529	0.580	0.782
国家固定效应	是	是	是	是	是
行业固定效应	是	是	是	是	是
时间固定效应	是	是	是	是	是

注：***、**和*分别表示在1%、5%和10%的水平上显著；参数估计下面的括号内的数值为t统计量。

表7.4中模型（1）和模型（2）分别为发达国家和发展中国家的回归结果。回归结果表明，发达国家和发展中国家的行业上游度指标与其出口技术复杂度呈同向变动关系，均在1%的显著水平上对出口技术复杂度产生了正向促进作用，也就是说，相对于发达国家，发展中国家在全球生产分工的模式下向上游移动1单位，制造业行业出口技术复杂度会提升62.77%控制变量方面的报告显示，行业研发创新、行业人均资本存量、行

业要素密集度的系数估计均在1%的水平上显著为正,说明行业研发创新、行业人均资本存量、行业要素密集度均会促进出口技术复杂度的提高。而外来投资、制度质量、人力资本促进或抑制了发达国家和发展中国家制造业出口技术复杂度,外来投资对发展中国家的促进作用更显著。因此,区分发达国家和发展中国家,上游度即全球价值链嵌入位置均会显著促进一国制造业出口技术复杂度的提升。

(2)收入水平的异质性分析

表7.4中模型(3)、(4)、(5)是根据世界银行数据库定义的收入水平高低,区分高收入、中高收入以及中低收入的三种类型进行了异质性回归分析。在这种分类模式下,行业上游度提高均促进了行业出口技术复杂度的提升,且均在1%的水平上通过了统计检验。从估计系数来看上游度水平每提高1单位,高收入国家、中高收入国家、低收入国家的出口技术复杂度分别会提高13.67%、118.09%、57.89%。控制变量方面的报告显示,行业研发创新的系数估计均在1%的水平上显著为正,说明无论是高收入、中高收入还是中低收入的国家,行业研发创新都会促进其制造业行业出口技术复杂度的提高。而行业人均资本存量、行业要素密集度、制度质量、人力资本、外来投资促进或抑制了发达国家和发展中国家制造业出口技术复杂度,且对中低收入水平的国家而言,行业人均资本存量、行业要素密集度、制度质量、人力资本、外来投资均未对其制造业出口技术复杂度变化产生显著影响。因此,区分收入水平的检验结果表明,高收入、中高收入以及中低收入国家制造业行业上游度的提高均促进了制造业行业出口技术复杂度的提升。

(3)制造业行业要素密集度异质性分析

参考刘琳和盛斌(2017)的分类方法①,根据不同的技术含量对各制造业行业进行分组回归,回归结果如下表7.5所示。

---

① 低技术行业:r05,r06,r07,r08,r09;中技术行业:r10,r12,r13,r14,r15,r16,r22;高技术行业:r11,r17,r18,r19,r20,r21。

表7.5 区分制造业行业要素密集度分样本回归结果

变量	（1） 低技术行业	（2） 中技术行业	（3） 高技术行业
up	0.7809*** （15.49）	0.2986*** （6.37）	-0.0629** （-1.98）
lntfp	3.6936*** （9.08）	0.4765* （1.95）	0.4072* （1.80）
lncp	-0.1150*** （-3.78）	0.2705*** （14.79）	0.1846*** （7.51）
lnfi	3.4874*** （10.96）	2.1379*** （21.60）	3.7692*** （17.85）
lnins	0.8828*** （2.71）	0.0245 （0.08）	0.5871** （2.22）
lnhc	0.4877*** （2.77）	0.3192* （1.89）	0.6810*** （4.77）
lnfdi	-0.0889** （-2.10）	0.0305 （0.78）	0.0158 （0.47）
常数项	-12.4156*** （-5.05）	-0.7383 （-0.33）	-8.9262*** （-4.53）
样本量	2,681	3,725	3,205
R^2	0.572	0.531	0.743
国家固定效应	是	是	是
行业固定效应	是	是	是
时间固定效应	是	是	是

注:***、**和*分别表示在1%、5%和10%的水平上显著;参数估计下面的括号内的数值为t统计量。

表7.5中模型（1）、模型（2）、模型（3）分别为低技术行业、中技术行业和高技术行业的回归结果。回归结果表明,制造业低技术行业和中技术行业的行业上游度与其出口技术复杂度呈同向变动关系,均在1%的显著水平上对出口技术复杂度产生了正向促进作用;而高技术行业上游度与其出口技术复杂度呈反向变动关系,在5%的显著水平上通过了统计检验。控制变量方面的报告显示,行业研发创新、行业要素密集度、人力

资本、制度质量均会显著促进出口技术复杂度的提高,但制度质量对中技术行业出口技术复杂的影响不显著。而行业人均资本存量、外来投资则显著地抑制了低技术制造业行业出口技术复杂度提升,行业人均资本存量促进了中高技术制造业的出口技术复杂度,外来投资对中高技术制造业影响不显著。因此,区分制造业行业技术水平,低技术行业和中技术行业向上游移动能促进其出口技术复杂度的提高,而高技术行业的上游度提高会抑制其出口技术复杂度的提高。

(4)制造业行业技术复杂度异质性分析

考虑到不同行业的技术含量和要素密集度不同,因此将19个行业按照技术含量的高低和要素密集度的差异进行了分类。模型(1)、(2)、(3)是根据要素密集的不同,参考董虹蔚、孔庆峰(2017)的做法[1]进行异质性回归分析,如表7.6所示。

表7.6 区分制造业行业技术复杂度的分样本回归结果

变量	(1) 劳动密集型行业	(2) 资本密集型行业	(3) 知识密集型行业
up	0.3871*** (7.50)	0.6356*** (15.90)	−0.0087 (−0.25)
lntfp	1.3909*** (3.44)	1.0249*** (4.59)	0.2774 (1.16)
lncp	0.1684*** (6.19)	0.2551*** (14.27)	0.1924*** (7.70)
lnfi	2.0996*** (8.65)	1.6863*** (18.06)	4.0601*** (23.44)
lnins	0.3563 (1.01)	0.2076 (0.79)	0.6367** (2.24)
lnhc	0.4064** (2.11)	0.3361** (2.35)	0.6289*** (4.08)

① 劳动密集型制造业:r06,r07,r22,r23;资本密集型制造业:r05,r08,r09,r10,r13,r14,r15,r16;知识密集型制造业:r11,r12,r17,r18,r19,r20,r21。

变量	（1） 劳动密集型行业	（2） 资本密集型行业	（3） 知识密集型行业
lnfdi	−0.0173 （−0.40）	−0.0085 （−0.25）	0.0100 （0.27）
常数项	−3.0452 （−1.18）	−2.1562 （−1.12）	−9.4352*** （−4.52）
样本量	2,044	4,265	3,729
R^2	0.631	0.568	0.682
国家固定效应	是	是	是
行业固定效应	是	是	是
时间固定效应	是	是	是

注：***、**和*分别表示在1%、5%和10%的水平上显著；参数估计下面的括号内的数值为 t 统计量。

在这种分类模式下,劳动密集型制造业、资本密集型制造业上游度提高都促进了行业出口技术复杂度的提升,且均在1%的水平上通过了统计检验。从估计系数来看上游度水平每提高1单位,劳动密集型制造业、资本密集型制造业的出口技术复杂度分别会提高38.71%、63.56%,而知识密集型制造业的行业上游度与其出口技术复杂度呈反向变动关系,没有通过统计检验,与高技术制造业类似,知识密集型制造业的模仿和学习更为困难,且各国对这类行业的保护更为严密,因此,上游度的变化无法对这类行业出口技术复杂度的提升起到有效影响。控制变量方面的报告显示,对于劳动密集型制造业和资本密集型制造业,行业研发创新、人均资本存量、行业要素密集度、人力资本均会显著促进出口技术复杂度的提高,但制度质量和外来投资对出口技术复杂的影响不显著。对于知识密集型制造业,行业要素密集度、行业人均资本存量、制度质量以及人力资本显著促进出口技术复杂度的提升,说明制度环境保护对于知识密集型制造业出口产品质量提升效果显著。

综上所述,区分要素密集度的回归结果显示,劳动密集型制造业、资本密集型制造业上游度的提高均促进了行业出口技术复杂度的提升,而知识密集型制造业上游度提高则无法显著影响其出口技术复杂度变动,验证了前文的假设7.2。

7.3.3　内生性检验

考虑到出口技术复杂度和全球价值链嵌入位置之间可能存在双向因果关系或是因为遗漏变量而导致的内生性问题,本章采用工具变量法进行处理。首先,本章采用的固定效应模型已经消除了部分的内生性问题,而工具变量法能够解决遗漏变量、样本选择、双向因果和测量偏误四种违背经典线性回归假定情况的内生性问题。本章参照章韬和卢晓菲(2016)的做法,使用滞后一期的行业上游度指数作为工具变量进行二阶段最小二乘回归。考虑到滞后一期的行业上游度与当期行业上游度高度相关,且无法直接影响当期出口技术复杂度,因此,滞后一期的行业上游度指数满足作为工具变量的条件,即与内生变量相关和外生性。首先,进行了Hausman 检验,p 值为 0.0009,拒绝了原假设,说明本模型存在内生性问题。回归结果显示,不可识别检验的 p 值为 0,拒绝了原假设,工具变量通过了不可识别检验。第一阶段回归结果的 F 值大于 10,Cragg-Donald Wald 检验的 F 值也大于 10,因此,不存在弱工具变量的问题。下表报告了第二阶段的回归结果,可以看到,排除内生性问题后,核心解释变量上游度、行业研发创新能力、行业人均资本存量、行业要素密集度、制度质量、人力资本均显著促进了出口技术复杂度的提高,外来投资依旧不显著,回归结果与前文一致,即制造业的嵌入位置越上游,越有利于出口技术复杂度的提高。

表7.7　内生性检验回归结果

变量	lne
up	0.2086***
	(7.61)
lntfp	1.2806***
	(7.09)

变量	lne
lncp	0.2040***
	（15.34）
lnfi	2.3408***
	（27.13）
lnins	0.3087*
	（1.50）
lnhc	0.4521***
	（4.16）
lnfdi	−0.0341
	（−1.25）
样本量	9,366
R²	0.132
国家固定效应	控制
行业固定效应	控制
时间固定效应	控制

注:***、**和*分别表示在1%、5%和10%的水平上显著;参数估计下面的括号内的数值为 t 统计量。

7.3.4 稳健性检验

（1）更换核心解释变量

本章采用 UIBE 数据库中价值链基于生产长度得到的位置指标 Pos_APL 替代上游度指标作为衡量一国制造业在全球价值链中的嵌入位置的变量进行稳健性检验。本章以 Pos_APL 作为全球价值链位置替代变量得到了同样的结果,即全球价值链嵌入位置与出口技术复杂度显著正相关,而行业研发创新、行业要素密集度、行业人均资本存量、人力资本均在1%的显著水平上促进了出口技术复杂度的提高,制度质量同样促进了出口技术复杂度的提高且通过了5%水平的统计检验,外来投资未通过显著性检验。

(2)更换被解释变量

考虑到全球价值链嵌入位置对出口技术复杂度的影响可能存在滞后性,本章采用滞后一期的出口技术复杂度作为被解释变量进行了稳健性检验。结果如下表所示。以滞后一期的出口技术复杂度作为被解释变量与价值链上游度回归,结果显示滞后一期的出口技术复杂度与价值链上游度显著正相关,行业研发创新、行业要素密集度、行业人均资本存量、人力资本均显著促进了出口技术复杂度的提高。

表7.8　稳健性检验回归结果

变量	lne	l.lne
pos	2.8930***	0.1978***
	(33.58)	(7.68)
lntfp	1.1022***	1.1246***
	(7.15)	(6.09)
lncp	0.2105***	0.2492***
	(17.15)	(18.32)
lnfi	2.4113***	1.9947***
	(30.99)	(22.59)
lnins	0.4887***	0.2277
	(2.72)	(1.08)
lnhc	0.3425***	0.3568***
	(3.52)	(3.21)
lnfdi	−0.0174	−0.0317
	(−0.77)	(−1.14)
常数项	−6.5982***	−1.7427
	(−5.05)	(−1.15)
样本量	10,038	9,366
R2	0.598	0.546
国家固定效应	是	是
行业固定效应	是	是
时间固定效应	是	是

注:***、**和*分别表示在1%、5%和10%的水平上显著;参数估计下面的括号内的数值为t统计量。

综上所述,对比前文的回归结果,无论是以基于生产长度的价值链嵌入位置指标作为解释变量,还是以滞后一期出口技术复杂度作为被解释变量,各关键解释变量的符号和显著性均与前文结果具有较高的一致性,因此,前文所得结果是稳健且可靠的。

第四节 全球价值链位置影响出口技术 复杂度路径分析

前文考察了制造业全球价值链嵌入位置对出口技术复杂度的影响效应,为了更深入地揭示制造业全球价值链嵌入位置对出口技术复杂度的影响机制,本章对基于制度质量的调节效应和基于研发创新的中介效应构建模型进行检验。

7.4.1 基于制度质量的调节效应检验

本章对全球价值链嵌入位置与制度质量的交互作用对出口技术复杂度的影响机制进行了检验,模型设定如下所示。

$$\mathrm{Lne}_{cit} = \beta_0 + \beta_1 UP_{cit} + \beta_2 UP_{cit} * \ln ins_{cit} + \beta_3 \ln ins_{cit} + \beta_4 X_{cit} I_i + C_C + T_t + \varepsilon_{cit}$$

下表报告了回归结果。价值链上游度显著促进了出口技术复杂度的提高,制度质量也在5%的显著水平上促进了出口技术复杂度提升,而上游度和制度质量的交互项符号也为正,且在10%的水平上通过了统计检验,这表明,完善的制度质量会促进价值链上游度对出口技术复杂度的正向作用,也就是说,价值链嵌入位置和制度质量的交互作用有利于出口技术复杂度的提高,一国制造业在全球价值链中的嵌入位置越靠近上游,该国的制度环境就越完善,对出口技术复杂度提升的促进作用就越大。

表7.9 基于制度质量的路径检验结果

变量	lne
up	0.2264***
	（9.41）
up*lnins	0.0833*
	（1.85）
lntfp	1.1331***
	（7.00）
lnins	0.4109**
	（2.17）
lncp	0.2167***
	（16.66）
lnfi	2.2724***
	（27.85）
lnhc	0.4547***
	（4.44）
lnfdi	−0.0084
	（−0.35）
常数项	−4.3269***
	（−3.15）
样本量	10,038
R^2	0.557
国家固定效应	是
行业固定效应	是
时间固定效应	是

注：***、**和*分别表示在1%、5%和10%的水平上显著；参数估计下面的括号内的数值为t统计量。

7.4.2 基于研发投入的中介效应检验

本章借鉴中介变量检验三步法，对基于研发投入的影响机制检验的模型设定如下：

$$\ln e_{cit} = a_0 + a_1 UP_{cit} + a X_{cit} + I_i + C_C + T_t + \varepsilon_{cit}$$
$$\ln tfp_{cit} = b_0 + b_1 UP_{cit} + b_2 X_{cit} + I_i + C_C + T_t + \varepsilon_{cit}$$

$$\text{Lne}_{cit} = c_0 + c_1 \ln tfp_{cit} + c_2 UP_{cit} + c_3 X_{cit} + I_i + C_C + T_t + \varepsilon_{cit}$$

该式表示价值链嵌入位置对出口技术复杂度影响的总效应，表示价值链嵌入位置对研发创新的效应，若系数 b1 为正，则表明价值链嵌入位置促进了研发创新，表示价值链嵌入位置对出口技术复杂度影响的直接效应。下表报告了模型的回归结果，表明价值链嵌入位置会通过促进研发创新能力对出口技术复杂度产生正向影响。

表7.10 基于研发创新的路径检验结果

变量	（1）lne	（2）lntfp	（3）lne
up	0.2313*** （9.61）	0.0024* （1.72）	0.2292*** （9.54）
lntfp			1.1405*** （7.05）
lncp	0.2260*** （17.65）	0.0101*** （13.64）	0.2137*** （16.56）
lnfi	2.3318*** （28.67）	0.0475*** （10.13）	2.2710*** （27.83）
lnins	0.3642* （1.93）	−0.0275** （−2.52）	0.3939** （2.09）
lnhc	0.4231*** （4.13）	−0.0269*** （−4.55）	0.4589*** （4.49）
lnfdi	0.0203 （0.87）	0.0244*** （18.00）	−0.0086 （−0.36）
常数项	−2.5813* （−1.91）	1.4646*** （18.75）	−4.2483*** （−3.10）
样本量	10,041	10,038	10,038
R2	0.555	0.329	0.557
国家固定效应	控制	控制	控制
行业固定效应	控制	控制	控制
时间固定效应	控制	控制	控制

注：***、**和*分别表示在1%、5%和10%的水平上显著；参数估计下面的括号内的数值为 t 统计量。

第五节　本章小结

本章通过固定效应模型对 42 国 19 个制造业行业的全球价值链嵌入位置对其制造业行业层面出口技术复杂度的作用机制进行了实证检验。实证检验的结果证明了基于理论机制提出的假设:(1)一国全球价值链嵌入位置上游度越高,越有助于其制造业各行业出口技术复杂度的提高,行业要素密集度靠近、行业人均资本存量、行业研发创新能力和人力资本均显著地促进了出口技术复杂度的提高,而外来投资未能显著影响制造业出口技术复杂度的变动;(2)制造业全球价值链嵌入位置对不同经济发展水平的国家的出口技术复杂度均产生了积极影响,对不同技术水平和要素密集度的行业产生异质性影响。低技术行业和中技术行业、劳动密集型制造业和资本密集型制造业向上游提升能显著促进其出口技术复杂度的提高,而高技术行业的上游度提高则会抑制其出口技术复杂度的提升,知识密集型制造业的上游移动无法产生显著作用;(3)一国国内完善的制度质量有利于制造业出口技术复杂度的提升,同时制度质量促进了制造业行业在全球价值链中的位置提升对出口技术复杂度产生的积极影响;(4)制造业嵌入全球价值链会通过提高制造业行业的研发创新能力正向促进出口技术复杂度的提高。

基于以上结论,本章得出以下启示:第一,扩大对外开放深度,提高对外开放质量。注重国内制造业部门内部产业结构调整,行业要素密集度、行业人均资本存量、人力资本均显著促进了出口技术复杂度的提高,因此,要调整资源配置,加大资本等要素的投入,确保资源投入效率,重视出口结构的优化和调整。第二,调整全球价值链嵌入位置,探索符合国情的价值链升级路径。实证结果表明,无论是何种经济发展水平和收入水平的国家,制造业嵌入全球价值链上游都显著促进了出口技术复杂度的提高,而高技术制造业的上游移动则会抑制其出口技术复杂度的提升。因此,各国要形成针对不同技术水平、不同要素密集度制造业的定制化攀升路径,从全球价值链的资源配置效应、分工效应、技术溢出效应中最大化获益。第三,确保经济法制环境的稳定性,提高制度环境质量。良好的制度质量不仅是参与国际分工的"敲门砖",更是从垂直专业化中获利的"铺路石"。在推动贸易自由化的同时,进一步完善法律法规,加速本国法律法规的规范化、细致化,营造良好的知识产权保护环境和贸易环境,不仅有利于吸引高质量外资,更是为本国强势制造保驾护航。第四,强化学习吸收能力,提高创新能力和研发水平。优质进口中间品中包含的前沿知识和技术要靠提高自身学习吸收能力来强化学习效果,然而,通过模仿只能不落后于全球技术进步,却无法形成核心优势从而实现质的飞跃。因此,要重视研发创新,保持高技术产品和知识密集型产品的技术优势之外,推动创新型资源向中低技术制造业和劳动资本密集型行业流动,在全球科技技术进步的大环境下探索出自己的核心优势,从而能够在世界科技革命的推动下实现国内生产技术的迭代升级,稳固制造业的基础性地位。

第八章
中国制造业FDI与全球价值链：企业技术视角

改革开放四十年以来,特别是加入世界贸易组织以来,在"以量取胜"观念的长期引导下,我国出口贸易额不断增长,截止到2018年,已连续十年蝉联世界货物贸易出口第一大国。在当前贸易总额扩张乏力的背景下,确保我国企业的出口技术复杂度的保持和稳步提升是提高贸易竞争力的重要途径。与此同时,随着人口红利的消失与生产成本的上升,作为出口主体的企业,投资决策应如何以提高出口竞争力为导向进行调整?投资效率的提升是否提高了企业的出口技术复杂度? 这类问题的研究对新常态下贸易领域的进一步发展至关重要。基于此,本章从技术视角考察了FDI与全球价值链的影响关系,以投资效率衡量FDI、以技术复杂度衡量我国参与全球价值链的技术水平。在考察企业投资效率对企业出口技术复杂度的影响的基础上,进一步检验投资效率影响企业出口技术复杂度的渠道。本章第一节探讨了投资效率影响出口技术复杂度的理论基础。第二节对所采用的计量模型、变量及数据进行了说明。第三节进行了实证分析,从制造业企业投资效率异质性角度出发,采用随机前沿模型,利用制造业上市公司2009—2014年财务数据,估计制造业上市公司的投资效率,并利用海关出口数据、BACI数据库和世界银行数据库测算企业出口技术复杂度,考察企业投资效率的提高对企业出口技术复杂度是否存在提升作用。第四节剖析了投资效率对企业出口技术复杂度的提升路径。研究发现,企业投资效率对技术复杂度存在着显著的正向影响;

进一步进行中介效应检验发现,投资效率对技术密集型企业的出口技术复杂度提升存在直接效应的同时,还存在研发投入与全要素生产率两条间接影响路径,而资本密集型企业的投资效率主要通过直接效应提升出口技术复杂度水平。

第一节　投资效率影响出口技术复杂度理论基础

已有众多学者对中国出口产品技术复杂度的变化进行了研究。Rodrik(2006)通过对1999—2001三年中国的出口技术复杂度进行测算,发现中国的出口技术复杂度远较其经济发展水平为高;Wang等(2001)对造成地区间出口技术复杂度存在差异的因素进行研究后发现,人力资本水平在其中起到了关键作用,中西部地区在人力资本水平上的发展不充分是造成其出口技术复杂度远低于东部地区的首要因素;邱斌等(2012)对中国在2001—2009年间的制造业行业的出口技术复杂度进行了测算,发现大多数行业的技术复杂度水平呈现上升的趋势。与上述文献研究视角不同,有一部分学者对影响中国出口技术复杂度的因素进行了研究。Amiti等(2010)的研究认为,中国较高的出口技术复杂度主要是由于加工贸易所导致的;Assche等(2010)的研究也发现,在剔除掉进口中间品的影响后,中国电子产品的出口技术水平并没有显著的上升,刘琳等(2017)的研究也证明了这一点。与此同时,价值链与技术复杂度之间的关系也引起了学者们的关注,刘琳(2015)研究发现,融入全球价值链程度越高的国家,其出口的产品技术复杂度也就越高。此外,贸易自由化程度对于出口产品技术复杂度有着重要的影响。陈维涛等(2017)在此基础上对我国工业企业按技术等级进行分类后发现,贸易自由化程度的提高,并不利于工业部门技术复杂度的提升,且对于中低技术行业的技术复杂度提升存在抑制作用,但能够显著促进较高技术行业出口技术复杂度的进步。对于贸易自由化如何影响出口产品的技术复杂度,周茂等(2016)认为贸易自由化通过进口竞争促进了产业结构优化,从而推动了中国产业升级,进而使得产品技术复杂度上升。盛斌等(2017)从中间品贸易自由化的角度阐述了二者之间内在的关系:即最终品与中间品相比,其贸易自由化对企业出口技术复杂度的提升作用更弱。此外,仍有众多因素推动了出口技术复杂度的提高:戴翔等(2014)发现制度水平对技术复杂度水平同样有着显著的正向影响;赵静等(2018)的进一步研究发现制度改进对出口技术复杂度的提升存在门槛效应;毛其淋(2019)发现人力资本的扩张对加工贸易企业出口技术复杂度的提升存在着显著的促进作用,有利于加快加工贸易企业转型升级。同时,技术复杂度的提高对区域经济增长同样存在着不可忽视的影响:Jarreau等(2012)利用1997—2009年中国升级面板数据进行研究,发现出口技术复杂度对于地区经济增长率有着显著的促进作用;Poncet等(2013)通过对中国城市面板数据的研究也证明了出口技术复杂度对经济增长有着显著的促进作用。蒋雨桥等(2017)发现出口技术复杂度的提升显著地促进了金砖国家的经济增长。

一个企业若想实现可持续发展就要改善企业绩效水平,增加企业价值,一方面必须提高企业的投资效率,使其投资尽可能表现为“有效投资”,企业存在着一个最优的水平,投资效率反映的是企业最优投资量与实际投资之间的偏离程度(连玉君等,2009);而另一方面,企业要在如今这种技术快速革新的时代存活下来,就必须努力提高自身的技术水平,实现企业绩效水平的改善。反映企业技术水平的一个重要指标就是企业的出口产品技术复杂度,据此,我们提出本文的第一个假设:

假设8.1:企业投资效率提高对其出口技术复杂度水平存在正向影响。

若投资效率对企业的产品技术复杂度有影响,那么这种影响仅包含直接影响还是同时存在着某种间接影响呢? 通过对相关研究的梳理,至少存在图8.1所示的两条影响路径。

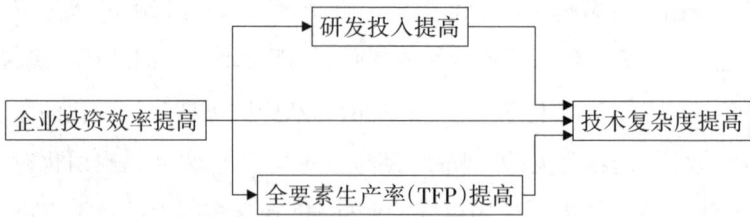

图8.1 企业投资效率对其出口技术复杂度的影响机制

资料来源：作者绘制

企业的出口产品技术复杂度水平，一定程度上依赖于企业的技术水平。而提高企业技术水平的关键途径之一，就是企业的研发创新活动。已有研究表明：企业研发投入对企业的出口技术复杂度有着显著的促进作用（毛其淋，2018）（戴魁早，2018）。同时，企业的研发活动也离不开高效的投资。研发活动从其本质来讲是在知识的基础上进行组合与探索。那么这种活动就必然面临着两方面的风险。第一，研发成果具有公共物品的性质，即所谓的"非排他性"与"非竞争性"，因此，在一定程度上，就存在着企业通过研发活动所取得的成果被其他企业利用的可能，企业预期从研发成果中获得的收益就存在着损失的风险。第二，作为企业进行技术升级的重要手段，研发本身就存在着失败的风险，如果研发活动失败，那么企业所投入到研发中的成本就不得不转化为沉没成本而无法收回。已有研究表明：研发投入越多的企业，往往具有越高的投资效率（吴良海等，2015）。综上所述，具有高投资效率的企业，承受研发风险的能力就越强，也就更倾向于进行研发活动。据此，我们提出本文的第二个假设：

假设8.2：企业投资效率提升通过对研发投入的正向影响，提升了出口技术复杂度水平。

全要素生产率（TFP）通常被解释为总产出中不能有要素投入所解释的"剩余"部分。在众多的研究中，全要素生产率都被用来表示技术水平，并与企业的知识水平、管理技能、制度环境、资本生成效率等因素有关。由于提高产品的技术含量往往意味着额外的成本支出，那么只有高生产率企业才有能力负担这部分额外成本。已有研究认为:企业的生产率越高,越倾向于生产技术含量更高的产品,从而使其具有更高的技术竞争力(鲁晓东,2014)。企业的投资行为实质上是为了其生产经营行为服务的,一个企业具有更高的投资效率,则会引致更高的生产率。从这个角度出发,我们有理由认为:微观企业的投资效率等价于其生产率。那么,我们可以提出本文第三个假设:

假设8.3:具有更高的投资效率的企业往往会对其生产率有着显著的促进作用,并通过促进生产率的提高影响出口技术复杂度。

第二节 计量模型、变量选取与数据说明

8.2.1 指标构建

(1)投资效率

当前,主流的投资效率测算方法主要是随机前沿模型(SFA),即以Richardson(2006)提出的投资支出预期模型来计量公司最优投资水平。即以企业的投资支出作为被解释变量,以企业的成长能力、现金存量、每股收益率、公司规模以及上市年限等变量为解释变量,对其进行回归以得到残差。残差值与0的偏离程度越大,说明其投资效率越低。其中,大于0为过度投资,小于0为投资不足。本文利用随机前沿模型(SFA),构建企业投资效率测度模型。为了度量方便,本文对回归所得残差均进行取绝对值处理,相关变量参考王嘉歆等(2016)进行设置:

$$Inv_{i,t} = \alpha + \beta_1 Q_{i,t-1} + \beta_2 Lev_{i,t-1} + \beta_3 Cash_{i,t-1} + \beta_4 Age_{i,t-1} +$$

$$\beta_5 Size_{i,t-1} + \beta_6 Inv_{i,t-1} + i.year + i.industry + e_{i,t}$$

对测度投资效率模型各变量的说明与设定:(1)$Inv_{i,t}$ $Inv_{i,t}$为i企业在第t年的新增投资支出,用第t年购建固定资产、无形资产和其他长期资产所支付的现金与处置固定资产、无形资产和其他长期资产所回收的现金之差比上年初总资产来衡量;(2)$Q_{i,t-1}$ $Q_{i,t-1}$代表i企业在第r年年初的

托宾 q 值;(3)$Lev_{i,t-1}$ 表示了 i 企业第 t 年年初的财务杠杆,用负债与总资产的比值进行衡量;(4)$Cash_{i,t-1}$ 表示 i 公司第 t 年年初货币资金持有量,等于货币资金与总资产之比;(5)$Age_{i,t-1}$ 为 i 公司从 IPO 到第 t-1 年的年限,为第 t-1 年与 IPO 年份之差;(6)$Size_{i,t-1}$ 表示 i 企业的规模,用 i 企业第 t 年年初总资产的自然对数进行衡量;(7)$Inv_{i,t-1}$ 表示 i 企业在第 t-1 年的新增投资支出;(8)i.year 和 i.industry 表示回归模型控制了年份与行业虚拟变量。

(2)技术复杂度

Hausmann(2007)提出了一种测度一国出口产品的技术复杂度的方法:第一步,以每个国家在某种商品上的显示性比较优势指数为权重对各国人均 GDP 进行加权,即得到该产品的技术复杂度指数。第二步,以其出口额占该国总出口额的比重为权重对每一种产品的技术复杂度指数进行加权,即得到一国出口产品技术复杂度。在 Hausmann 提出的测度一国出口产品的技术复杂度方法的基础上,参考盛斌等(2017)提出的方法,构建微观企业的出口产品技术复杂度指标。首先,计算一种产品的技术复杂度 $PRODY_k$:

$$PRODY_k = \sum_j RCA_{jk} Y_j$$

其中,j 为国家,k 为某一种商品,Y_j 为 j 国的人均 GDP,上式即代表某一种产品 k 的技术复杂度指数在此基础上,参考构建一国出口产品技术复杂度的方法,构建微观企业产品技术复杂度的公式。

$$ESI_i = \sum_k \left(\frac{x_{ik}}{X_i}\right) * PRODY_k$$

其中,i 为企业,x_{ik} 是企业 i 出口的产品 k 的额度,X_i 是企业 i 的出口总额。

8.2.2 影响路径分析方法

本文拟采用中介效应来验证企业的投资效率对其出口产品技术复杂

度的影响路径。与目前大多数学者所采用的引入调节变量交叉项的方法相比,中介效应检验更能揭示投资效率通过何种路径对企业的出口产品技术复杂度产生影响。中介效应检验的简单介绍:考虑X对Y的影响,如果X通过影响变量M来影响Y,则称Z为中介变量。中介变量与X、Y基本关系如图8.2:

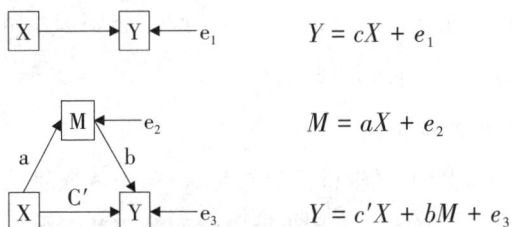

$$Y = cX + e_1$$

$$M = aX + e_2$$

$$Y = c'X + bM + e_3$$

图8.2 中介变量与X、Y基本关系

资料来源:作者绘制

在进行中介效应检验的时候,参考温忠麟等(2005)的方法,依次对上述三个方程进行回归分析。当只存在一个中介变量时,中介效应大小为$\hat{a}\hat{b}$,中介效应与总效应之比$\dfrac{\hat{a}\hat{b}}{\hat{c'}+\hat{a}\hat{b}}$、中介效应与直接效应之比$\dfrac{\hat{a}\hat{b}}{\hat{c'}}$都常被用来衡量中介效应的相对大小。

8.2.3 模型设定及变量说明

为了测度企业出口产品技术复杂度与企业投资效率之间的关系,本文构造计量模型如下:

$$Lnexpy_{it} = \alpha_0 + \alpha_1 IE_{t-1} + \beta X_{it} + \mu_{it}$$

其中,下标i表示企业,t表示年份;被解释变量$Lnexpy_{it}$为企业出口技术复杂度的对数值;考虑到企业投资效率的变化对其技术复杂度的影响需要经过一段时间的传导,本文以企业滞后一期的投资效率IE_{it-1}为本文的核心解释变量,被解释变量与核心解释变量的具体设定见前文。

对控制变量X_{it}的设定与说明:(1)EP_{it}表示i企业在第t年的出口密度,用企业i在第t年的出口总金额与同期的主营业务收入之比来衡量。

(2)Lnpc$_{it}$表示人均资本,用企业i在第t年的固定资产净值与同期企业员工数目的比值来衡量。(3)Age$_{it}$表示企业上市年限,用当年年份与企业初次IPO年份的差来表示。(4)Medium和Large,分别表示中型企业和大型企业的虚拟变量,本文依据国家统计局制定的《统计上大中小型企业划分办法(暂行)》中的相关标准,将全部样本企业分为小型企业、中型企业和大型企业,当企业i属于中型企业时,Medium取1,否则为0;同样地,当企业i属于大型企业时,Large取1,否则为0。

8.2.4 数据来源说明

本文依据证监会2012版行业分类标准,选取A股制造业上市公司作为样本进行研究。其中,估计企业投资效率的相关财务指标来自于国泰安(CSMAR)数据库;上市公司的出口数据来自中国海关数据库,并根据公司名称进行匹配。样本时间跨度为2009—2014年;计算出口技术复杂度所需的各国HS6位码数据来源于CEPII的BACI数据库,各国人均GDP数据来源于世界银行。除此之外,本文还对数据进行了如下的处理:(1)剔除了出口数据与财务数据存在缺失值的企业;(2)对被解释变量Lnexpy$_{it}$在1%的水平上进行了截尾处理。最终得到629家上市公司的共1655个观测样本。

第三节　投资效率影响出口技术复杂度实证分析

8.3.1 基准回归结果

表8.1报告了在控制了年份与行业的情况下,上市公司投资效率影响其出口产品技术复杂度的结果。在第(1)列回归中只考虑核心解释变量IE$_{it-1}$的影响,结果初步表明核心解释变量IE$_{it-1}$与被解释变量Lnexpy$_{it}$之间呈显著负相关,说明随着投资效率的提高,上市公司出口产品技术复杂度的水平也在提高,与预期猜想一致;第(2)列回归加入了除公司规模外的控制变量,发现出口比例EP$_{it}$与被解释变量Lnexpy$_{it}$间为显

著负相关,表明随着上市公司出口比例的扩大,其出口产品技术复杂度反而下降;人均资本Lnpc$_{it}$与被解释变量Lnexpy$_{it}$间成显著正相关,说明随着人均资本的提高,上市公司出口产品技术复杂度也随之提高;公司上市年限与其技术复杂度水平成负相关关系,说明年轻的公司反而具有更高的技术复杂度水平;第(3)列回归加入了公司规模作为控制变量,发现虚拟变量*Medium*在10%的水平上显著,*Large*不显著,可能是由于上市公司的规模均较大,说明上市公司的技术复杂度水平与其规模并不存在显著关系。

表8.1　基准模型回归结果

变量	Lnexpy$_{it}$		
	(1)	(2)	(3)
IE_{it-1}	−0.965***	−1.091***	−1.110***
	(−2.97)	(−2.77)	(−2.82)
EP_{it}		−1.141***	−1.119***
		(−3.06)	(−2.99)
$Lnpc_{it}$		0.055***	0.053***
		(5.25)	(4.89)
Age_{it}		−0.007***	−0.007**
		(−2.59)	(−2.42)
Medium			−0.103*
			(−1.86)
$Large$			−0.089
			(−1.48)
固定效应	是	是	是
样本量	1,655	1,616	1,616

说明:括号内的值为t统计量,*、**和***分别表示在10%、5%和1%的统计水平上是显著的。

资料来源:作者整理绘制

8.3.2 分样本检验

（1）国有企业与非国有企业的实证检验结果

考虑到国有企业一般具有投资效率低、技术进步慢、决策时间长等特点，本文将国营或国有控股企业归为国企，其他类型企业归为非国有企业，进行分样本回归分析。分样本回归发现：无论是国有企业还是非国有企业，其当期出口产品技术复杂度均与上一期的投资效率显著正相关，但相较于国有企业，非国有企业出口产品技术复杂度与上期投资效率的关系更加显著，且非国有企业的技术复杂度水平对上期的投资效率更敏感；子样本中，国企的技术复杂度水平与上市年限不显著，非国有企业技术复杂度水平依然与其上市年限负相关，但显著性有所下降；无论是国企或非国企，规模均不能显著影响其技术复杂度水平。

表8.2 国有与非国有企业分组回归结果

变量	$Lnexpy_{it}$	
	变量	非国有企业
IE_{it-1}	−1.058*	−1.355***
	(−1.75)	(−3.02)
EP_{it}	−2.248***	−1.108***
	(−3.06)	(−2.90)
$Lnpc_{it}$	0.055***	0.035***
	(3.06)	(2.85)
Age_{it}	0.001	−0.006*
	(0.13)	(−1.68)
$Medium$	−0.020	−0.073
	(−0.21)	(−1.19)
$Large$	0.034	−0.113
	(0.36)	(−1.60)
固定效应	是	是
样本量	617	999

说明：括号内的值为t统计量，*、**和***分别表示在10%、5%和1%的统计水平上是显著的。

资料来源：作者整理绘制

(2)不同要素密集度企业实证检验结果

由于要素密集度存在差异,不同要素密集度企业出口技术复杂度对其投资效率的变动应该存在不同的敏感程度。本章参考鲁桐(2014)的方法,以固定资产比重与研发支出比重作为标准,其计算公式为:

$$固定资产比重 = \frac{固定资产净值}{总资产}$$

$$研发投入比重 = \frac{研发支出}{应付职工薪酬}$$

若固定资产比重越大,说明资本越重要,则属于资本密集型行业;若研发支出远大于职工薪酬,则说明技术比劳动更为重要,属于技术密集型行业。应用离差平方和法,将样本企业所属行业划分为技术密集型、资本密集型和劳动密集型。回归结果如表8.3所示。

表8.3 技术密集型/资本密集型/劳动密集型回归结果

变量	$Lnexpy_{it}$		
	技术密集型	资本密集型	劳动密集型
IE_{it-1}	−1.037* (−1.88)	−1.372*** (−2.68)	3.330 (1.53)
EP_{it}	−1.483*** (−3.09)	−1.036 (−1.61)	−0.504 (−0.44)
$Lnpc_{it}$	0.050*** (3.69)	0.025 (1.55)	0.307*** (5.18)
Age_{it}	−0.002 (−0.61)	−0.015*** (−3.31)	0.001 (0.06)
$Medium$	−0.174*** (−2.63)	0.052 (0.64)	−0.634 (−1.52)
$Large$	−0.205*** (−2.89)	0.036 (0.40)	−0.180 (−0.41)
固定效应	是	是	是
样本量	867	562	176

说明:括号内的值为t统计量,*、**和***分别表示在10%、5%和1%的统计水平上是显著的。

资料来源:作者整理绘制

回归结果如上表所示：技术密集型企业回归结果与全样本回归基本接近；资本密集型企业的回归中，核心解释变量显著性不变，但出口密度、人均资本与企业规模三项不再显著，与技术密集型企业相比，资本密集型企业出口技术复杂度水平对投资效率的变动更加敏感；劳动密集型企业的回归中，核心解释变量系数正负发生变化并且不再显著，笔者考虑可能与样本量下降以及劳动密集型企业投资少，资金周转快，生产设备技术水平低，手工劳动占比高，需要占用更多劳动力等性质有关。

第四节　投资效率影响出口技术复杂度路径分析

8.4.1　全样本影响路径分析

R&D是企业提高自身产品技术水平的主要途径，已有研究发现企业出口技术复杂度与其研发投入高度相关。研发投入的水平取决于企业当期现金流的水平。根据会计领域的相关研究成果，企业提高自身投资效率的主要目的之一就是提高未来现金流量；而现金流量的大小又与企业的研发投入高度正相关。由此，本文首先选择企业研发投入作为中介变量，探究企业投资效率对当期技术复杂度的影响路径。

在众多的研究中，全要素生产率都被用来表示技术水平，并与企业的知识水平、管理技能、制度环境、资本生成效率等因素有关。本文参考 M Giannetti、廖冠民（2015）以及苏莉、冼国明（2017）的方法，运用索罗余值法对全要素生产率进行估计：

$$y_{it} = \alpha l_{it} + \beta k_{it} + \gamma m_{it} + \mu_{it}$$

上式中，y_{it} 为主营业务收入的自然对数值，l_{it} 为员工数目的自然对数值，k_{it} 为企业固定资产净额的自然对数值，m_{it} 为购买商品和支付劳务所支付现金的自然对数值。对上式进行估计并提取残差，即为全要素生产率（TFP）。

参考温忠麟（2005）的方法，建立如下两个分组，共6个模型：

$$Lnexpy_{it} = \alpha_0 + \alpha_1 IE_{it-1} + \beta_1 X_{it} + e_1$$

$$Lnreserch_{it} = \alpha_2 IE_{i,t-1} + \beta_2 X_{it} + e_2$$

$$Lnexpy_{it} = \alpha_3 IE_{i,t-1} + \alpha_4 Lnreserch_{it} + \beta_3 X_{it} + e_3$$

$$Lnexpy_{it} = \gamma_0 + \gamma_1 IE_{it-1} + \delta_1 X_{it} + \mu_1$$

$$TFP_{it} = \gamma_2 IE_{i,t-1} + \delta_2 X_{it} + \mu_2$$

$$Lnexpy_{it} = \gamma_3 IE_{i,t-1} + \gamma_4 TFP_{it} + \delta_3 X_{it} + \mu_3$$

检验结果如表8.4所示:

表8.4(1)　全样本投资效率影响出口技术复杂度路径(研发投入)实证回归结果

变量	$Lnexpy_{it}$ (1)	$Lnreserch_{it}$ (2)	$Lnexpy_{it}$ (3)
IE_{it-1}	−1.050*** (−2.59)	−3.271*** (−3.13)	−0.964** (−2.37)
$Lnreserch_{it}$			0.026** (2.57)
EP_{it}	−0.982*** (−2.61)	−4.782*** (−4.95)	−0.857** (−2.27)
$Lnpc_{it}$	0.055*** (4.70)	0.233*** (7.82)	0.048*** (4.10)
Age_{it}	−0.004 (−1.54)	0.004 (0.55)	−0.005 (−1.58)
Medium	−0.096* (−1.76)	0.677*** (4.81)	−0.114** (−2.07)
Large	−0.094 (−1.56)	1.442*** (9.36)	−0.131** (−2.13)
固定效应	是	是	是
样本量	1,462	1,462	1,462

说明:括号内的值为t统计量,*、**和***分别表示在10%、5%和1%的统计水平上是显著的。

资料来源:作者整理绘制

表8.4中,第(1)—(3)列为全样本投资效率通过研发投入对出口技术复杂度的中介路经检验,回归结果显示:第(2)列 IE_{it-1} 与第(3)列 $Lnreserch_{it}$ 前的系数均显著,证明以研发投入作为中介变量时中介效应显著;第(2)列 IE_{it-1} 前的系数显著,证明部分中介效应成立,即企业的投资效率对于出口技术复杂度的影响路径之一为研发投入,中介效应的相对大小 $-3.271*0.026 = -0.085046$,中介效应与总效应之比为:

$$(-3.271*0.026)/(-0.964+(-3.271*0.026)) = 0.0811$$

即上市公司投资效率的提高对产品技术复杂度的提升作用有8.11%是通过提高研发投入来实现的。进一步的,与假设8.2进行对比,第(2)列 IE_{it-1} 前的系数显著为负,说明随着投资效率的提高,企业的研发投入不断提高;第(3)列 $Lnreserch_{it}$ 前的系数显著为正,即企业的研发投入越多,其出口产品技术复杂度水平越高,与假设8.2一致,经济意义合理。

表8.4(2) 全样本投资效率影响出口技术复杂度路径(全要素生产率)实证回归结果

变量	$Lnexpy_{it}$ (4)	TFP_{it} (5)	$Lnexpy_{it}$ (6)
IE_{it-1}	−1.013** (−2.39)	−1.464*** (−3.09)	−0.943** (−2.22)
TFP_{it}			0.048** (2.17)
EP_{it}	−1.421*** (−3.70)	−5.595*** (−13.05)	−1.151*** (−2.86)
$Lnpc_{it}$	0.040*** (3.48)	0.04 (0.34)	0.040*** (3.47)
Age_{it}	−0.0000 (−0.11)	0.023*** (7.09)	−0.001 (−0.48)
Medium	−0.082 (−1.35)	0.074 (1.09)	−0.086 (−1.41)

变量	$Lnexpy_{it}$ (4)	TFP_{it} (5)	$Lnexpy_{it}$ (6)
Large	−0.079 (−1.22)	0.040 (0.55)	−0.081 (−1.25)
固定效应	是	是	是
样本量	1,613	1,613	1,613

说明:括号内的值为 t 统计量,*、**和***分别表示在10%、5%和1%的统计水平上是显著的。

资料来源:作者整理绘制

第(4)—(6)列为全样本投资效率通过全要素生产率对出口技术复杂度的中介路经检验结果显示:第(5)列 IE_{it-1} 与第(6)列 TFP_{it} 前的系数均显著,证明以全要素生产率作为中介变量时中介效应显著;第(6)列 IE_{it-1} 的系数显著,证明部分中介效应成立,即企业的投资效率对于出口技术复杂度的影响路径之一为全要素生产率,中介效应的相对大小 $-1.464*0.048 = -0.070272$,中介效应与总效应之比为:

$$(-1.464*0.048)/(-0.943 + (-1.464*0.048)) = 0.0694。$$

即上市公司投资效率的提高对产品技术复杂度的提升作用有6.94%是通过提高全要素生产率来实现的。进一步的,与前述假设8.3进行对比,第(5)列 IE_{it-1} 前系数显著为负,说明随着投资效率的提高,企业的全要素生产率不断提高;第(6)列 IE_{it-1} 的系数显著为正,即企业的全要素生产率越高,其出口产品技术复杂度水平越高,经济意义合理。

8.4.2 分样本影响路径分析

考虑到不同要素密集型的制造业企业所生产的产品对于研发投入与生产率的敏感程度存在差异,我们对技术密集型和资本密集型的企业分别进行路径检验。由于劳动密集型企业在基础回归中核心解释变量未通过显著性检验,故在此不再考虑。

（1）技术密集型企业投资效率对出口技术复杂度影响路径研究

如表8.5第（1）—（3）列所示，对技术密集型企业进行回归分析发现：第（2）列 IE_{it-1} 与第（3）列 $Lnreserch_{it}$ 前的系数均显著，证明以研发投入作为中介变量时中介效应显著；第（3）列 IE_{it-1} 前的系数显著，证明部分中介效应成立，即技术密集型企业的投资效率对于出口技术复杂度的影响路径之一为研发投入，中介效应的大小 $-4.417*0.026 = -0.114842$，中介效应与总效应之比为：

$$(-4.417*0.026)/(-0.905 + (-4.417*0.026)) = 0.1126。$$

即技术密集型制造业上市公司投资效率的提高对产品技术复杂度的提升作用有11.26%是通过提高研发投入来实现的，这一比例较总样本回归有明显的上升。进一步的，与假设8.2进行对比，第（2）列 IE_{it-1} 前系数显著为负，说明随着投资效率的提高，企业的研发投入不断提高；第（3）列 $Lnreserch_{it}$ 前系数显著为正，即企业的研发投入越多，其出口产品技术复杂度水平越高，与假设8.2一致，经济意义合理。

表8.5（1） 技术密集型企业投资效率影响出口技术复杂度路径（研发投入）实证回归结果

变量	$Lnexpy_{it}$ (1)	$Lnreserch_{it}$ (2)	$Lnexpy_{it}$ (3)
IE_{it-1}	−1.020* (−1.88)	−4.417*** (−2.95)	−0.905* (−1.66)
$Lnreserch_{it}$			0.026** (2.05)
EP_{it}	−1.293*** (−2.76)	−4.901*** (−3.79)	−1.165** (−2.47)
$Lnpc_{it}$	0.048*** (3.54)	0.265*** (7.10)	0.041*** (2.94)
Age_{it}	0.000 (0.002)	0.023** (2.57)	−0.001 (−0.17)
Medium	−0.177*** (−2.78)	0.876*** (4.99)	−0.199*** (−3.10)

变量	$Lnexpy_{it}$ （1）	$Lnreserch_{it}$ （2）	$Lnexpy_{it}$ （3）
Large	−0.191*** （−2.78）	1.723*** （9.06）	−0.236*** （−3.28）
固定效应	是	是	是
样本量	810	810	810

说明：括号内的值为 t 统计量，*、**和***分别表示在10%、5%和1%的统计水平上是显著的。

资料来源：作者整理绘制

表8.5第（4）—（6）列报告了对技术密集型企业全要素生产率的中介效应进行检验的结果。回归结果显示：第（5）列中 IE_{it-1} 与第（6）列中 TFP_{it} 前回归系数均显著，说明中介效应成立；并且第（6）列中 IE_{it-1} 前系数显著，说明检验出的中介效应为部分中介效应。中介效应大小为 −1.385*0.056 = −0.07756；中介效应与总效应之比为：

−1.385*0.056/（−0.973 +（−1.385*0.056）） = 0.0738

说明对于技术密集型企业，其投资效率对出口技术复杂度的影响有7.38%是通过提高全要素生产率实现的。这一比例较总样本回归有着明显的上升。进一步的，与假设8.3进行对比，第（5）列中 IE_{it-1} 前回归系数显著为负，说明随着投资效率的提高，企业的全要素生产率不断提高；第（7）列中 TFP_{it} 前回归系数显著为正，即企业的全要素生产率越高，其出口产品技术复杂度水平越高，与假设8.3一致，经济意义合理。

表8.5(2) 技术密集型企业投资效率影响出口技术复杂度路径
(全要素生产率)实证回归结果

变量	$Lnexpy_{it}$ (4)	TFP_{it} (5)	$Lnexpy_{it}$ (6)
IE_{it-1}	−1.050* (−1.91)	−1.385* (−1.81)	−0.973* (−1.77)
TFP_{it}			0.056** (2.28)
EP_{it}	−1.469** (−3.05)	−6.999*** (−10.48)	−1.079** (−2.12)
$Lnpc_{it}$	0.050*** (3.60)	−0.059*** (−3.03)	0.053*** (3.83)
Age_{it}	−0.002 (−0.56)	0.021*** (4.66)	−0.003 (−0.91)
Medium	−0.175*** (−2.62)	0.131 (1.41)	−0.182*** (−2.73)
Large	−0.206*** (−2.86)	−0.014 (−0.14)	−0.206*** (−2.85)
固定效应	是	是	是
样本量	865	865	865

说明:括号内的值为t统计量,*、**和***分别表示在10%、5%和1%的统计水平上是显著的。

资料来源:作者整理绘制

(2)资本密集型企业投资效率对出口技术复杂度影响路径研究

在表8.6(1)中,第(2)列回归与第(3)列回归中IE_{it-1}与$Lnreserch_{it}$前的系数值均不显著,且第(1)列与第(3)列IE_{it-1}系数无明显变化,说明对于资本密集型企业而言,研发投入并不是投资效率影响出口技术复杂度的渠道。

表8.6(1) 资本密集型企业投资效率影响出口技术复杂度路径
(研发投入)实证回归结果

变量	$Lnexpy_{it}$ (1)	$Lnreserch_{it}$ (2)	$Lnexpy_{it}$ (3)
IE_{it-1}	−1.252** (−2.37)	−2.351 (−1.50)	−1.280** (−2.42)
$Lnreserch_{it}$			−0.012 (−0.77)
EP_{it}	−0.891 (−1.40)	−4.799** (−2.54)	−0.947 (−1.48)
$Lnpc_{it}$	0.025 (1.39)	0.141*** (2.69)	0.026 (1.47)
Age_{it}	−0.011** (−2.16)	−0.020 (−1.34)	−0.011** (−2.21)
Medium	0.065 (0.80)	0.263 (1.10)	0.068 (0.84)
Large	−0.018 (−0.20)	0.625** (2.33)	−0.010 (−0.11)
固定效应	是	是	是
样本量	495	495	495

说明:括号内的值为t统计量,*、**和***分别表示在10%、5%和1%的统计水平上是显著的。

资料来源:作者整理绘制

第(5)列中IE_{it-1}与第(6)列中TFP_{it}前回归系数均显著,说明全要素生产率中介效应成立;并且第(6)列中IE_{it-1}前系数显著,说明检验出的中介效应为部分中介效应。中介效应相对大小为 $-1.973*(-0.078)=0.153894$;中介效应与总效应之比为:

$$-1.973*(-0.078)/(-1.527+(-1.973*(-0.078)))=-0.1121$$

并且第(6)列中TFP_{it}前回归系数显著为负,说明对于资本密集型企业,虽然其投资效率的提高促进了全要素生产率的提高,但是全要素生产率的提高却抑制了出口技术复杂度的提高;换言之,越是生产率高的资本密集型企业,其出口技术复杂度水平越低,与假设7.3不符。笔者认为,这可能从另一个角度反映了我国企业的"出口—生产率"悖论。

表8.6(2) 资本密集型企业投资效率影响出口技术复杂度路径
(全要素生产率)实证回归结果

变量	$Lnexpy_{it}$ (4)	TFP_{it} (5)	$Lnexpy_{it}$ (6)
IE_{it-1}	−1.372*** (−2.68)	−1.973*** (−3.23)	−1.527*** (−2.97)
TFP_{it}			−0.078** (−2.23)
EP_{it}	−1.036 (−1.61)	−6.408*** (−8.36)	−1.539** (−2.27)
$Lnpc_{it}$	0.025 (1.55)	0.053*** (−2.78)	0.029* (1.81)
Age_{it}	−0.015*** (−3.31)	0.007 (1.25)	−0.014*** (−3.20)
Medium	0.052 (0.64)	−0.012 (−0.12)	0.051 (0.63)
Large	0.036 (0.40)	0.216** (2.02)	0.053 (0.59)
固定效应	是	是	是
样本量	562	562	562

说明:括号内的值为t统计量,*、**和***分别表示在10%、5%和1%的统计水平
上是显著的。

资料来源:作者整理绘制

上述结果与资本密集型企业的子样本回归结果共同说明,资本密集
型企业投资效率对其出口技术复杂度的正向影响主要为直接作用,投资
效率并未通过两种中介路径对出口技术复杂度产生显著正向影响,其他
因素未对资本密集型企业的出口技术复杂度产生显著影响。

第五节　本章小结

本章利用A股制造业上市公司财务数据和海关贸易数据，从企业层面考察了企业投资效率对企业技术复杂度的影响及可能的路径。主要得到以下三条结论：第一，企业的投资效率对出口技术复杂度有着显著的正向影响。除劳动密集型企业外，其他类型企业均具有这一特征。这说明，企业的效率投资接近其理论最优值，通过平衡投资与生产经营间的关系，促进了生产部门技术水平的进步。第二，从分组检验来看，投资效率对非国有企业出口技术复杂度的提升作用大于国有企业，对资本密集型企业出口技术复杂度的提升作用大于技术密集型企业。说明国有企业与非国有企业相比，企业生产经营更具有稳定性，投资—产品技术升级这一响应机制效果较弱；与资本密集型企业相比，技术密集型企业的技术复杂度可能受到多重因素的影响。第三，路径检验表明，研发投入和全要素生产率是投资效率影响技术密集型企业出口技术复杂度的两条可能路径，而投资效率对资本密集型企业出口技术复杂度的提升只表现为直接效应。这说明一方面投资效率对出口技术复杂度的影响同时存在着直接效应与间接效应；另一方面，由于技术密集型企业产品技术水平提升不仅与资产投资水平是否符合企业实际需要有关，更依赖于企业核心科技水平的进步与生产率的提高，而技术研发强度与生产率又取决于投资是否有效率；而对于资本密集型企业，投资效率提高，资本投资充分发挥作用，有利于生产技术更为复杂的产品。最终体现为不同要素密集型企业投资效率的提升对企业的影响方式不同。

本章在一定程度上填补了从企业视角探究企业投资行为对企业出口技术复杂度影响的空白，为深入探究企业出口技术复杂度的影响因素提供了新的研究角度和经验证据。此外，结论还具有一定的启示意义。长期以来，我国的出口导向型发展模式偏重于贸易量的增长而往往忽视了贸易质量的提升,在当前贸易规模扩大受阻与人口红利消失的今天,找到新的贸易增长点是我国经济发展亟待解决的新问题。而本文的研究从经验角度证实了:企业投资效率的提升对促进企业提高出口技术复杂度,提升出口竞争力有着至关重要的作用。因此,转变单一扩大贸易额的传统观念,促进企业创新和推动企业投资效率提高的政策调整对于提高企业的国际竞争力,乃至实现我国对外贸易从"以量取胜"向"以质取胜"的转变至关重要。

第九章
中国制造业FDI与全球价值链：
数字化投入视角

　　近年来,数字技术高速发展,数字技术与传统经济的结合改变了现有经济结构,形成了更加灵活、更加具有弹性的新型经济体系。数字化投入已经成为中国制造业向全球价值链位置上游移动的关键推动力量。本章第一节从数字化投入对中国制造业全球价值链位置的影响出发,构建理论框架,数字化投入通过降低成本、提高生产运营效率、推动技术创新、拓展分工边界、价值分配转移和需求变化倒逼等作用,最终实现促进制造业全球价值链向上游移动的效果。由于数字化投入具有异质性,不同要素密集度的制造业有不同的特点,因此对数字化投入对中国制造业全球价值链位置的影响具有异质性。第二节对所采用的计量模型、变量及数据进行了说明。在对数字化内涵和依托行业进行界定的基础上,使用投入产出法,构建数字化投入的测度指标,基于WIOD数据库,计算了2000—2014年中国制造业的数字化投入水平,同时使用对外经济贸易大学UIBE数据库计算中国制造业的全球价值链位置。第三节基于面板数据固定效应模型进行实证检验和异质性分析。通过系统的理论和实证研究,得出如下结论:(1)数字化投入的增加会显著促进中国制造业向全球价值链位置的上游移动,有利于中国制造业在参与国际分工中获得更多的附加值。(2)不同要素密集度的制造业中,数字化投入对技术密集型制造业的全球价值链位置的促进最为显著;劳动密集型制造业全球价值链位置受数字化投入的影响较为明显;资本密集型受数字化投入的影响不显著。(3)不同来源的数字化投入存在异质性,数字化交易投入是促进中国制造业全球价值链生产位置向上游移动的主要因素；数字化基础设施投入的影响相对较小，需要和制造业进一步有机结合，充分发挥潜在的影响力；而数字化媒体投入的影响表现为负相关。

第一节　数字化投入影响制造业全球价值链理论机制

数字化投入是数字技术在制造业中的具体应用，数字技术涵盖了目前人类几乎所有的高新技术，例如人工智能、大数据、云计算、区块链、5G、物联网等，数字技术与制造业的深度结合将会成为产业转型升级的新动能。数字化投入通过降低成本、赋能增效和产业链升级促进制造业全球价值链位置向上游移动。

数字化投入通过降低制造业的人力成本和贸易成本增加企业的国际竞争力使得制造业全球价值链向上游移动。全球价值链位置攀升的过程就是人力资本结构转型的过程，发展中国家大多难以突破"低端锁定"陷阱的原因之一就是人力资本质量较低或者规模不足，这将导致难以对技术外溢吸收转化，最终限制技术创新（Caselli and Coleman，2006）。数字化投入促进了制造业内的信息传递和知识扩散，降低了劳动力获取知识、技术和经验的难度，通过"干中学"的深化提升劳动力的熟练度和技术水平，推动中、高技能人力资本的内生积累。同时，数字化投入带来的智能化、自动化使得机械生产成本较低，产生"机器换人"的劳动力直接替代效应（Zeira，1998）。数字化投入推动了劳动力的有序递进升级（杨先明等，2022）。人力资本效率的提升和结构的优化使得制造业的人力成本降低。数字化投入通过降低贸易成本促进制造业全球价值链地位向上游移动。贸易成本在国际贸易中体现为运输成本、信息成本与制度成本。数字化投入带来的制造业物流智能化大幅提升了中间品和最终品的运输效率，降低了运输成本。数据化投入使信息成本极大降低的同时促进了信息传播,减少了贸易阻力(裴莹和郭周明,2019;UNCTAD,2019)。数字化投入可以在多个方面降低制度成本,如通过数字化政务平台简化出口企业通关程序,银行对数字技术的运用也提高了信用证贸易的效率,推动制造业全球价值链位置向上游移动。

数字化投入使得制造业的资源搜寻和资源利用效率得以提升,多样化的数字平台极大地减少了信息不对称,打破生产要素的流动性障碍,不仅减少了资源错配的现象,同时还优化了配置方式(刘超和李月,2020)。要素配置的优化推动了生产模式的变革,数字技术的加入使得管理体系更加具有弹性,更能聚焦不同环节的关键问题,提升了效率(李唐等,2020);数字化的信息传输方式,使得企业的决策、物流等信息高效传递;智能化的决策系统优化了企业经营的决策,自动化的精准控制系统助力标准生产流程实现高度精细化,生产效率有了极大的飞跃(何文彬,2020)。创新是企业获得核心竞争力,在国际竞争中获得优势的重要手段。数字化投入使得知识、技术和经验更加高效自由地流动,通过提升劳动力知识水平,间接推动企业创新,同时信息网络也降低了企业获得知识和信息的门槛。此外,数字化投入有利于企业缩短研发时间和提升研发效率(郭海和韩佳平,2019)。数字化投入通过改善制造业管理经营结构、提高生产经营效率和促进企业创新等方面为制造业赋能增效,推动制造业全球价值链位置向上游移动。

数字化投入通过组织分工边界拓展、价值分配转移和需求变化倒逼实现制造业的产业链升级,进而促进全球价值链位置的向上移动。数字化投入通过与制造业生产流程各阶段的结合,使得产业链组织分工边界得到大幅拓展(李春发等,2020)。数字化的信息交换平台,使得制造业可以突破地理空间的约束,通过数字化信息交换的方式获得技术溢出效应和实现规模经济。数字化投入可以改变制造业传统的价值占比。在制造业的产业链中,生产制造环节更容易和数字化投入相融合,实现自动化、智能化的生产,获得更高的生产效率。这会使得产业链上生产制造部分

获得更高的价值占比,而产业链两端的研发和分销环节价值占比降低,
"微笑曲线"变为"浅笑曲线"(裘莹和郭周明,2019)。大数据、云计算等技
术的应用使大型互联网交易平台可以更好地估计消费者偏好,进行有针
对性的广告营销。这使得消费者的个性化需求得到满足,消费市场出现
需求个性化的特点,大量的个性化产品需求足以与标准化产品需求持平,
即长尾理论。需求的变化会倒逼制造业产业链结构优化为更加具有弹性
的新形态(李春发等,2020)。基于以上理论,提出假说。

假说9.1:数字化投入促进全球制造业全球价值链位置向上游移动。

按照不同要素密集度,可以将制造业划分为劳动密集型、资本密集型
和技术密集型,不同类型的制造业有着不同的特征,受中间品投入的影响
也不同。数字化投入通过不同的渠道对制造业产生影响。数字化投入对
劳动密集型制造业全球价值链位置的影响主要是通过优化人力资本结
构、降低贸易成本和满足消费者差异化需求,发挥长尾效应来促进其全球
价值链位置的上升,同时制造业的智能化、自动化转型带来的"机器换人"
的劳动力直接替代效应会淘汰一部分落后的劳动密集型产业,将低附加
值的处于全球价值链下游的部分转移至东南亚地区。资本密集型制造业
受数字化投入的影响主要是通过优化资源配置效率、升级生产经营模式、
拓展组织分工边界打破空间地理限制和价值分配转移,产业链上不同环
节间的价值分配占比改变,使得资本密集型制造业在生产加工可以获得
更高的附加值。但是考虑到中国资本市场普遍存在行政垄断与行政干
预,很大程度上扭曲了资本要素市场(David 和 Wei,2007)。同时政府通
常会将廉价资源偏向配给具备政治关联的国有企业(蒋含明等,2021)。
要素价格扭曲和资源配置国有偏向现象会阻碍数字化投入进入由大型国
有企业主导的资本密集型制造业。数字化投入的依托行业大多属于技术
密集型行业,技术密集型制造业是制造业中与数字化投入融合最紧密的
行业。技术密集型制造业的全球价值链位置不仅受人力资本结构、贸易
成本降低、管理经营模式升级的影响,同时受到数字化投入带来的技术创

新的影响。根据内生增长理论,技术创新是一个国家经济增长的关键,技术创新不仅可以提高企业的生产效率,同时还会增加产品的技术复杂度,最终使企业在国际竞争中获得产品优势,在国际贸易中获得更多的附加值,为全球价值链上游度的提升注入新动力。基于以上研究,提出如下假说。

假说9.2:数字化投入对不同要素密集度制造业全球价值链位置的影响具有异质性:对技术密集型制造业的影响最为显著,较为显著的影响劳动密集型制造业,对资本密集型制造业的影响则不显著。

数字化投入的依托行业众多,包括电信设备、服务,计算机软件、信息服务,计算机硬件,互联网出版、发行,互联网广播,数据流、下载服务,网络批发、网络贸易代理,网络零售等多个行业。可以划分为数字化基础设施、数字化媒体、数字化交易与数字经济交易产品。2017年,这三个部分的数字经济增加值占比分别为90.11%、6.25%和3.64%。数字化基础设施投入通过硬件设施和技术,实现制造业生产的智能化和自动化,提升制造业生产效率,降低生产成本;同时通过数字化平台优化资源配置,实现智能化、偏平化的管理体系;数字化平台,使得制造业突破了地理空间的约束;通过重塑制造业产业链价值分配形态,全面提升了制造业产业链生产效率和价值增值空间,从而极大地促进制造业全球价值链地位的上升。数字化媒体投入通过使知识和技术更加高效地传播,降低制造业获取知识和技术的难度,提高制造业劳动力知识水平,推动人力资本结构优化,使消费者更容易获得产品信息,降低交易成本,从而在一定程度上促进制造业全球价值链向上游移动。数字化交易投入对制造业全球价值链位置的促进作用主要通过互联网平台。大型电子商务平台的出现使消费者需求出现了个性化和差异化的改变。大型电商平台利用人工智能、大数据和云计算技术预测消费者需求,满足消费者的个性化需求,产生长尾效应,倒逼制造业组织结构优化为一种更加具有弹性的模式。基于以上研究,提出如下假说。

假说9.3：不同来源的数字化投入对制造业全球价值链位置的影响具有异质性：其中数字化基础设施投入的影响最为显著，数字化交易投入的影响较为显著，数字化媒体投入的影响则最小。

第二节 计量模型、变量选取与数据说明

9.2.1 模型设定

结合前文对被解释变量、解释变量的理论分析、数据来源和处理方式的梳理，数据处理结果的实证分析，并参考其他学者对于服务化投入或数字化投入对全球价值链位置影响的相关研究，本章设定基本计量模型如下：

$$GVC\_Position_{it} = a_0 + a_1 Dig_{it} + a_2 X + \varphi_i + \varphi_t + \varepsilon_{it}$$

其中 i 和 t 分别表示行业和时间。$GVC\_Position_{it}$ 是制造业全球价值链位置指标，用以衡量中国制造业 i 行业 t 时间在全球价值链中的地位。Dig_{it} 是制造业数字化投入的直接依赖度，用以衡量中国制造业 i 行业 t 时间的数字化投入水平。X 表示控制变量，具体包括：行业规模（scale），采用中国制造业规模以上企业数量表示；资本规模（PIC），采用中国制造业规模以上企业实收资本金表示；制造业用电量（ELE），采用中国制造业电力消费总量表示；外商资本（FC），采用中国制造业规模以上企业外商资本金表示；营业成本（cost），采用中国制造业规模以上企业主营业务成本表示。a_0 表示截距项，a_1 是核心解释变量的估计系数，是模型关注的重点，预计符号为正，a_2 是控制变量的估计系数，除营业成本（cost）预计符号为负以外，其他各控制变量估计系数预计为正。φ_i 和 φ_t 分别表示行业个体固定效应和时间固定效应，ε_{it} 表示随机误差项。

9.2.2 变量的选取与数据来源

（1）被解释变量

本章借鉴 Wang 等（2017）的方法作为全球价值链地位的主要衡量方

法，即前后向生产长度的比值，该方法是在KWW(2014)、WWZ(2013)对总出口分解的基础上，把生产长度划分为纯国内部分、李嘉图贸易和GVC相关部分，可以更好地刻画一国生产活动情况。本章使用全球价值链位置(GVC_ Position)作为被解释变量，同时使用基于 Koopman 等(2012)计算方法的全球价值链位置(GVC_Position_Koopman)的位置指标作为稳健性检验的被解释变量。

全球价值链位置指标的测度首先需要计算上下游长度定义部门i的增加值到部门j的最终产品的平均长度可以定义为：

$$plvy_{ij} = \frac{v_i \sum_{k}^{n} b_{ik} b_{kj} y_j}{v_i b_{ij} y_j}$$

按对i部门的增加值对j部门的贡献大小为权重，进行加权测算可以得到：

$$plv_i = \frac{v_i \sum_{k}^{n} b_{ik} \sum_{j}^{n} b_{kj} y_j}{\sum_{k}^{n} v_i b_{ik} y_k} = \frac{Xv_i}{V}$$

相应地，得到基于后向联系定义生产长度：

$$ply_i = \frac{\sum_{j}^{n} v_j \sum_{k}^{n} b_{jk} b_{ki} y_i}{\sum_{k}^{n} v_k b_{ki} y_i} = \frac{Xy_i}{Y}$$

那么，基于总生产长度的全球价值链位置：

$$TPL\_Positon_i = \frac{plv_i}{ply_i}$$

其中，plv_i和ply_i分别是i行业的前向总生产长度和后向总生产长度。

总生产长度位置可以分解为纯国内长度、传统贸易长度和全球价值链生产长度。

总生产长度
TRL

纯国内生产长度　　　　　　传统贸易生产长度　　　　　全球价值链生产长度
PL_D　　　　　　　　　　　　PL_RT　　　　　　　　　　　PL_GVC

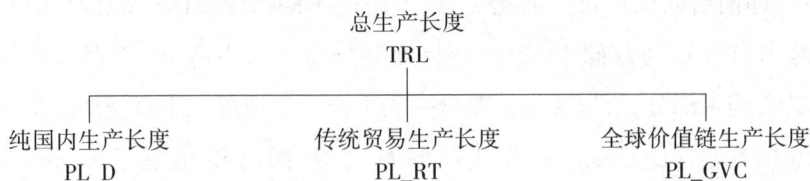

图9.1　总生产长度分解

资料来源：作者绘制。

类似的可以计算基于全球价值链的前向生产长度和后向生产长度：

$$plv_i\_GVC = \frac{Xv_i\_GVC}{V\_GVC}$$

$$ply_i\_GVC = \frac{Xy_i\_GVC}{Y\_GVC}$$

$$GVC\_Position_i = \frac{plv_i\_GVC}{ply_i\_GVC}$$

其中，plv_i_GVC 和 ply_i_GVC 分别是 i 行业的前向和后向全球价值链生产长度。

用作稳健性检验的基于 Koopman 等（2012）的方法计算的全球价值链位置公式为：

$$GVC\_Position_i\_Koopman = \ln\left(1 + \frac{IV_i}{E_i}\right) - \ln\left(1 + \frac{FV_i}{E_i}\right)$$

（2）核心解释变量

本章基于许宪春和张美慧（2020）的研究，界定不同来源的数字化投入所依托的行业，其中：（1）数字基础设施包括电信设备、服务，计算机软件、信息服务，计算机硬件，对应 ISIC Rev4.0 分类标准下 J-61、J-62、J-63、C-26。（2）数字媒体包括互联网出版、发行，互联网广播，数据流、下载服务，对应 ISIC Rev4.0 分类标准下 J-58、J-59、J-60。（3）数字交易包括网络批发、网络贸易代理，网络零售，对应 ISIC Rev4.0 分类标准下 G-46、G-47。

表9.1　数字经济的行业划分

	分类	依托行业	ISIC Rev4.0代码
数字经济	数字化基础设施	电信设备、服务,计算机软件、信息服务,计算机硬件	J-61、J-62、J-63、C-26
	数字化媒体	互联网出版、发行,互联网广播,数据流、下载服务	J-58、J-59、J-60
	数字化交易	网络批发、网络贸易代理,网络零售	G-46、G-47

资料来源:作者基于《ISIC Rev4.0分类标准》绘制

本章运用投入产出法,测度中国制造业的数字化投入。利用WIOD数据库2000—2014年投入产出表,筛选投入部分的数字化投入依托行业,计算中国制造业对数字化投入的直接消耗系数和直接依赖度。对其中部分属于数字化投入来源的行业设定权重进行拆分。国内投入部分,使用《中国统计年鉴》中,互联网零售和互联网批发占总零售和总批发的比值作为批发和零售行业(G-46和G-47)的拆分权重,使用《新闻出版产业分析报告》中电子出版物的比重作为出版行业(J-58)的拆分权重。国外投入部分,使用联合国贸发会议《数字经济报告》《信息经济报告》中的网络零售占比作为批发和零售行业的拆分权重,使用海关进口数据中电子出版物的占比作为出版行业的拆分权重。选择直接依赖度指标作为核心被解释变量衡量中国制造业的数字化投入水平。

数字化投入的直接消耗系数(Dig_dc^i)是指产生一单位总产出所直接消耗的投入,公式如下:

$$Dig\_dc^i = \sum_i a_{ij} \tag{1}$$

其中a_{ij}代表行业j中来自数字化投入行业i的投入。

制造业的数字化投入直接依赖度(Dig^i)是指制造业数字化投入在总投入中的占比,公式如下:

$$Dig^i = \sum_i a_{ij} / \sum_s a_{sj} \tag{2}$$

其中α_{sj}为行业j中所有行业s的直接消耗系数。

被解释变量和解释变量的数据来源是对外经济贸易大学全球价值链研究院数据库(UIBE)和世界投入产出数据库(WIOD)。被解释变量和解释变量的测度方法、测度结果以及事实考察与特征分析已经在第四章进行了完整详细的说明，所以在此不再复述。

(3)控制变量

中国制造业全球价值链位置的变化受多种因素共同影响，数字化投入水平并不是唯一的影响因素，为了使实证模型更加接近自然实验，增加稳健性和降低内生性的影响，有必要加入控制变量。本章在参考国内外相关研究的基础上，选择了五个可能会影响中国制造业全球价值链位置的控制变量，控制变量的主要数据来源是国家统计局数据库。

行业规模(scale)，参考李璟等(2022)的方法，选择企业规模作为控制变量，采用中国制造业规模以上企业数量表示。规模以上企业数量越大，相关行业的规模经济效应和技术扩散效应也越强，行业在国际竞争中也更具备竞争力从而有利于全球价值链位置向上游移动，同时，规模以上企业数量反映中国制造业中大中型企业的数量，大中型的制造业企业大多设立独立的研发机构，数量越大说明行业的研发机构越多，研发能力越强，同样有利于全球价值链位置向上游移动。

资本规模(PIC)，借鉴卢福财和金环(2020)的方法，选择行业资本规模作为控制变量，采用中国制造业规模以上企业实收资本金表示。实收资本金越多，企业的可支配资本就越多，从而在生产经营和市场竞争中占据优势，行业在国际竞争中也更具备竞争力，从而有利于全球价值链位置向上游移动。

制造业用电量(ELE)，制造行业消耗的工业用电量越大，说明其生产能力越强，越具备规模优势，有利于全球价值链位置的提升。参考李璟等(2022)的方法，采用中国制造业电力消费总量表示。

外商资本(FC)，改革开放以来，我国通过"引进来"和"走出去"的政策实现了经济的腾飞，"引进来"就是指引进外资，利用外资投资、中外合资等形式引进外国资本,同时引进国外先进的管理经验和技术。采用中国制造业规模以上企业外商资本金表示,外商资本金越大说明行业可以利用的外商资本规模越大,一定程度上也反映了行业的开放水平,外商资本有利于全球价值链位置向上游移动。

营业成本(cost),借鉴徐振鑫等(2016)的研究,选择营业成本作为控制变量。主营业务成本,代表企业在经营主营业务中投入的成本,成本的增加会导致企业的市场竞争力降低,从而影响行业全球价值链位置,预计估计系数为负,采用中国制造业规模以上企业主营业务成本表示。

本章所用控制变量全部来自中国国家统计局数据库,为避免变量之间的异方差问题,对各控制变量取自然对数处理。

9.2.3 变量描述性统计

根据前文所述变量选择和测度方法,对各变量进行汇总如下:

表9.2 变量描述性统计

变量名称	变量编码	均值	标准差	最小值	最大值	样本量
全球价值链位置	GVC_PS	1.003	0.200	0.697	1.465	285
数字化投入	Dig	0.0550	0.128	0.00219	0.655	285
资本规模	PIC	0.686	0.140	−0.486	0.823	285
外商资本	FC	0.507	0.249	−1.221	0.752	285
营业成本	cost	0.778	0.0884	0.0782	0.898	285
行业规模	scale	0.778	0.101	0	0.875	285
制造业用电量	ELE	0.546	0.189	−0.700	0.804	285

从表9.2所示的主要变量描述性统计中,可以观察到被解释变量、解释变量以及各控制变量的观测值都是285个,是剔除WIOD数据中缺失的金属制品、机械和设备修理业后,剩余19个制造业行业15年的观测值,所用数据属于平衡型面板数据。所有变量的均值都大于2倍标准差,因此,可以认为各变量中不存在极端异常值,整体数据平稳。

第三节　全球价值链位置影响出口技术复杂度实证分析

9.3.1　基准回归分析

在完成基准回归模型构建和数据处理的基础上,对实证模型进行面板数据固定效应基准回归。首先进行被解释变量和解释变量的基准回归(1),之后逐步加入控制变量(2)(3)(4)(5)(6),在基准回归中加入行业个体固定效应和时间固定效应。

表9.3　基准回归结果

变量	(1) GVC_PS	(2) GVC_PS	(3) GVC_PS	(4) GVC_PS	(5) GVC_PS	(6) GVC_PS
Dig	0.687***	0.552***	0.324*	0.366**	0.403**	0.435***
	(3.12)	(2.85)	(1.76)	(2.00)	(2.36)	(2.60)
FC		0.185***	0.127***	0.094***	0.107***	0.104***
		(8.80)	(5.83)	(3.79)	(4.60)	(4.57)
scale			0.288***	0.346***	0.149**	0.092
			(6.22)	(6.83)	(2.58)	(1.58)
ELE				0.141***	0.034	0.034
				(2.67)	(0.65)	(0.65)
PIC					0.260***	0.351***
					(5.94)	(7.12)
cost						−0.200***
						(−3.69)
常数项	0.994***	0.945***	0.769***	0.668***	0.695***	0.814***
	(65.30)	(65.35)	(24.47)	(13.69)	(15.11)	(14.71)
行业固定效应	是	是	是	是	是	是
时间固定效应	是	是	是	是	是	是
观测值	285	285	285	285	285	285
R^2	0.139	0.343	0.431	0.447	0.516	0.541

注:***、**、*分别表示结果在1%、5%、10%的水平上显著,括号中为t统计值,下同。

218

表9.3报告了基准回归结果。第(1)列仅加入核心解释变量,结果显示数字化投入水平Dig的回归系数在1%的水平上显著为正,估计系数为0.687,这初步说明中国制造业数字化投入水平对全球价值链位置具有正向影响,每增加一个单位的数字化投入会促进中国制造业全球价值链位置向上游攀升0.687。第(2)(3)(4)(5)(6)列中逐步加入控制变量,回归结果依然在1%的水平上显著,符号保持正向不变,计量结果稳定性较好。第(6)列的完整回归结果显示,核心解释变量数字化投入水平Dig的估计系数为0.435,这说明中国制造业数字化投入水平对全球价值链位置具有正向影响,每增加一个单位的数字化投入会促进中国制造业全球价值链位置向上游攀升0.435。控制变量方面,资本规模(PIC)和外商资本(FC)的基准回归系数均为正,且在1%的水平上保持显著,营业成本(cost)的基准回归系数在1%的水平上保持负显著,行业规模(scale)在(3)(4)(5)回归结果显著为正,制造业用电量(ELE)在(4)回归结果显著为正。回归结果说明行业规模、资本规模、外商资本和制造业用电量的增加有利于促进制造业全球价值链位置向上游移动,营业成本的增加会抑制制造业全球价值链位置向上游移动,行业规模和制造业用电量的影响相对来说不显著。可能的原因是行业规模越大,规模经济效应和技术扩散效应也越强,同时规模以上企业数量反映中国制造业中大中型企业的数量,大中型的制造业企业大多设立独立的研发机构,数量越大说明行业的研发机构越多,研发能力越强,资本规模越大,企业的可支配资本就越多,从而在生产经营和市场竞争中占据优势,行业在国际竞争中也更具备竞争力,制造业用电量越大,说明其生产能力越强,越具备规模优势,外商资本越大说明行业可以利用的外商资本规模越大,一定程度上也反映了行业的开放水平,从而有利于全球价值链位置向上游移动。营业成本的增加会导致企业的市场竞争力降低,应采取措施降低营业成本,从而促进全球价值链位置向上游移动。基准回归结果说明数字化投入会促进中国制造业全球价值链位置向上游攀升,符合理论假设。

9.3.2 稳健性检验

为了检验实证模型的稳健性,本章采用两种方法进行稳健性检验。第一种采取替换变量法,使用Koopman等(2012)的计算方法测度全球价值链生产位置(GVC_Position_Koopman)替换被解释变量,解释变量和控制变量不变。第二种采取剔除特殊年份样本量的方法,受2008年金融危机影响,中国制造业的数字化投入水平在2009年有突然的下降,在2010年重新恢复增长,且高于2008年,有理由相信剔除2009年的数据更加符合一般事实,更加接近自然实验的情况,因此,采取剔除2009年的观测值进行固定效应面板回归的方式来检验模型的稳健性。

表9.4 稳健性检验结果

变量	(1) GVC_PS_K	(2) GVC_PS
Dig	0.421* (1.95)	0.459*** (2.68)
FC	−0.086*** (−2.92)	0.102*** (4.39)
scale	0.007 (0.10)	0.095 (1.58)
ELE	−0.011 (−0.16)	0.037 (0.70)
PIC	0.125* (1.96)	0.352*** (6.92)
cost	−0.140** (−1.98)	−0.196*** (−3.52)
常数项	0.559*** (7.81)	0.807*** (14.24)
观测值	285	266
行业数	19	19
行业固定效应	是	是
时间固定效应	是	是
R^2	0.364	0.545
F	7.038	14.39

表9.4中的结果(1)是替换被解释变量的回归结果,结果(2)是剔除2009年观测值的回归结果。结果显示两种稳健性检验的回归结果依然显著为正,与基准回归的结果一致。实证模型通过了稳健性检验,证明了本章实证研究的合理性。

9.3.3 内生性检验

本章通过采取面板数据回归,增加控制变量、行业个体固定效应、时间固定效应在一定程度上减少了内生性的问题。但考虑到遗漏变量问题、样本选择偏误、测量偏误和可能存在的解释变量和被解释变量相互影响、相互作用、互为因果等问题,采取工具变量法,设置前置一期的数字化投入作为工具变量,进行两阶段最小二乘估计予以解决。第一阶段的回归结果如下。

表9.5　第一阶段检验结果

变量	不可识别检验		弱工具变量检验
	SW Chi-sq(1)	P-val	SW F(1,228)
Dig	952.53	0.0000	879.26

结果显示,不可识别检验的p值为0,拒绝了原假设,通过了不可识别检验。第一阶段回归结果的F值大于10,因此,不存在弱工具变量的问题。第二阶段的回归结果如下。

表9.6　第二阶段检验结果

变量	GVC_PS
Dig	0.444** (0.192)
FC	0.101*** (0.0223)
scale	0.0905 (0.0582)
ELE	0.0166 (0.0516)

变量	GVC_PS
PIC	0.339***
	(0.0486)
cost	−0.191***
	(0.0530)
行业固定效应	是
时间固定效应	是
观测值	266
行业数	19
R2	0.524

结果显示,排除内生性问题后,核心解释变量的估计系数依然显著为正,与基准回归结果一致,结论依然稳健,即中国制造业数字化投入水平对全球价值链位置具有正向影响,增加数字化投入会促进中国制造业全球价值链位置向上游攀升。

9.3.4 异质性分析

（1）制造业要素密集度异质性分析

基准回归结果证明了本章的基本假设,即数字化投入可以促进全球价值链生产位置向上游移动。但在前文的事实分析中,发现不同要素密集度的制造业数字化投入水平和全球价值链位置表现出不同的变化趋势,因此本章进行分样本异质性分析。本章从两个角度进行异质性分析,一种是从不同要素密集度的角度对制造业进行分行业异质性分析,另一种是从不同来源的数字化投入的角度进行异质性分析。

表9.7 不同要素密集度行业回归结果

变量	（1）劳动密集型	（2）资本密集型	（3）技术密集型
Dig	4.400**	−0.260	0.846***
	(2.14)	(−0.29)	(3.31)
FC	−0.010	0.089*	0.141
	(−0.09)	(1.76)	(1.47)

变量	（1） 劳动密集型	（2） 资本密集型	（3） 技术密集型
scale	1.174**	0.282*	−1.507***
	(2.29)	(1.93)	(−6.31)
ELE	−0.286	−0.371**	0.047
	(−1.13)	(−2.09)	(0.19)
PIC	0.414	−0.659***	0.325*
	(1.53)	(−4.11)	(2.00)
cost	−1.962***	1.283***	0.151**
	(−4.18)	(5.60)	(2.06)
常数项	1.226***	0.693***	1.550***
	(3.49)	(3.24)	(8.38)
观测值	60	120	90
行业数	4	8	6
行业固定效应	是	是	是
行业固定效应	是	是	是
R^2	0.752	0.650	0.714
F	5.466	8.528	8.005

表 9.7 中所示回归结果中:(1)表示劳动密集型行业,结果显示数字化投入的估计系数在 5% 的水平上显著为正,每增加 1 单位的数字化投入,全球价值链总生产位置向上游移动 4.400,说明增加劳动密集型行业的数字化投入可以促进全球价值链总生产位置向上游移动。控制变量中营业成本依然在 1% 的水平上显著为负,行业规模在 5% 的水平上显著为正,其他控制变量结果不显著,说明对于劳动密集型行业,资本规模、外商资本、制造业用电量对于全球价值链生产位置的影响不明显。应扩大行业规模,同时控制营业成本,提高国际竞争力,从而向全球价值链的上游攀升。(2)表示资本密集型行业,结果显示数字化投入的估计系数不显著,即资本密集型行业的数字化投入对全球价值链总生产位置没有明显影响,田瑞娴(2021)在研究制造业服务化投入对全球价值链生产位置的影响时,也得到了类似的结论,可能的原因是由于存在要素价格扭曲和要素配置国有化偏向现象,抑制了数字化投入进入资本密集型制造

业,同时资本密集型行业的全球价值链位置获益于稳定的宏观政策和要素供应以及完善的工业体系保持稳定增长,因此结果不显著。(3)表示技术密集型产品,结果显示数字化投入的估计系数在1%的水平上显著为正,每增加1单位的数字化投入,全球价值链总生产位置向上游移动0.846,说明增加技术密集型行业的数字化投入可以促进全球价值链总生产位置向上游移动。控制变量中资本规模对全球价值链总生产位置有显著的正向影响,说明企业的实收资本金对行业向全球价值链上游移动有显著促进效应,可以考虑增加国家资本金投入、鼓励社会资本投资和扩大外商资本金引进,行业规模表现出显著的负向影响,可以认为技术密集型制造业应该专注技术,走少而精的高质量发展道路,加速向创新型行业发展。通过对比不同要素密集废类型制造业的回归结果,可以发现数字化投入对技术密集型制造业的全球价值链地位有着更为显著的影响,对劳动密集型制造业有较为显著的影响,对资本密集型制造业没有明显影响,符合理论假设。

(2)数字化投入异质性分析

从不同来源的数字化投入的角度,参考许宪春等(2020)、张晴和于津平(2021)的研究,将数字化投入划分为数字化基础设施(Digi),包括电信设备、服务,计算机软件、信息服务、计算机硬件(J-61、J-62、J-63、C-26);数字化媒体(Digm),包括互联网出版、发行,互联网广播,数据流、下载服务(J-58、J-59、J-60);数字化交易(Digt),包括网络批发、网络贸易代理,网络零售(G-46、G-47)。以上行业分类采用ISIC Rev.4进行。回归结果如下:

表9.8 不同来源数字化投入回归结果

变量	(1)数字化基础设施投入	(2)数字化媒体投入	(3)数字化交易投入
	GVC_PS	GVC_PS	GVC_PS
Digi	0.429** (2.56)		
Digm		−2,017.335*** (−4.55)	

变量	(1)数字化基础设施投入	(2)数字化媒体投入	(3)数字化交易投入
	GVC_PS	GVC_PS	GVC_PS
Digt			51.623*** (3.88)
FC	0.104*** (4.57)	0.113*** (5.10)	0.102*** (4.57)
scale	0.092 (1.58)	0.104* (1.84)	0.135** (2.35)
ELE	0.033 (0.65)	−0.024 (−0.47)	0.043 (0.84)
PIC	0.351*** (7.11)	0.262*** (5.11)	0.341*** (7.04)
cost	−0.200*** (−3.69)	−0.160*** (−2.99)	−0.180*** (−3.35)
常数项	0.815*** (14.71)	0.904*** (15.94)	0.793*** (14.44)
观测值	285	285	285
行业数	19	19	19
行业固定效应	是	是	是
时间固定效应	是	是	是
R^2	0.541	0.565	0.556
F	14.50	16.00	15.40

表9.8中所示回归结果中:(1)表示数字化基础设施投入,结果显示数字化基础设施投入的估计系数在5%的水平上显著为正,每增加1单位的数字化基础设施投入,全球价值链总生产位置向上游移动0.429,说明增加数字化基础设施投入可以促进全球价值链总生产位置向上游移动。(2)表示数字化媒体投入,结果显示数字化媒体投入和全球价值链位置显著负相关。数字化媒体投入包括互联网出版、发行,互联网广播,数据流、下载服务,这部分投入在2000—2014年呈现下降的趋势与数字化投入和中国制造业全球价值链位置上升的趋势相违背,因此,结果显示为负相关。

（3）表示数字化交易投入，结果显示数字化交易投入的估计系数在1%的水平上显著为正，每增加1单位的数字化交易投入，全球价值链总生产位置向上游移动51.623。估计系数大于数字化基础设施投入，这部分投入对中国制造业全球价值链总生产位置向上游移动有更大的促进作用，数字交易平台降低全球价值链的进入门槛，帮助企业完善供应链体系，压缩运输与品牌运营成本，这与中国电子商务和跨境电商的高速发展以及两者在国际上逐步建立竞争优势地位的现状相符合。控制变量回归结果基本与基准回归结果一致，符合理论假设。

第四节　本章小结

本章从数字化投入对中国制造业价值链位置的影响出发，对相关文献进行梳理，提出理论假设，建立测度指标体系，构建实证模型，进行基准回归和异质性分析。经过系统的理论和实证研究，本章结论如下：第一，数字化投入促进了中国制造业向全球价值链的上游移动。数字化投入与制造业相融合，降低制造业人力成本和贸易成本；数字化投入为制造业赋能，优化管理和生产系统，提升管理"柔性"和"灵活性"，促进生产的智能化和自动化转型，数字技术还是制造业创新的全新推动力量；数字化投入推动制造业产业链升级，拓展分工边界，使得制造业不依靠地理上的集聚也可以获得规模经济、技术外溢和规避交易成本，数字化投入与生产加工环节的结合要比研发和营销环节更加紧密，这使得制造业的价值分配转移，"微笑曲线"变为"浅笑曲线"，同时，数字化投入使得制造业预测并满足消费者的个性化需求的能力得到强化，消费市场的长尾效应倒逼制造业产业结构优化为一种更具弹性和效率的体系。第二，数字化投入对中国制造业全球价值链位置的影响具有异质性。其中，对技术密集型制造业的影响最为显著，这是因为数字化投入可以和技术密集型企业更加全面深度的融合，渗透到企业从研发到生产到销售的全流程，不仅改善了相关制造业的人力资本结构、降低贸易成本、提升管理经营效率,而且促进了相关制造业的技术创新,使得技术密集型制造业的全球价值链位置向上游移动。劳动密集型制造业得益于数字化投入带来的人力资本结构优化和成本降低,以及生产、物流体系的数字化,同时数字平台使得生产和消费的距离缩短,贸易更加便利,同时,数字化带来的产业升级也使得部分落后的劳动密集型制造业被淘汰,转移至东南亚国家,促进了劳动密集型制造业的全球价值链位置上升。数字化投入在资本密集型制造业中,理论上应该通过降低成本、赋能增效以及产业链升级促进其全球价值链位置的上升,但因为中国存在要素价格扭曲和要素配置国有倾向的现象,抑制了数字化投入进入资本密集型制造业,导致数字化投入对资本密集型制造业全球价值链位置的影响不显著。第三,不同来源的数字化投入对中国制造业全球价值链位置的影响具有异质性。数字化基础设施投入在数字化投入占最大的比重,超过90%,同时也是制造业成本降低、赋能增效和产业链升级的主要动力来源,理论上应该对制造业全球价值链位置有最为明显的影响,但实证结果显示其影响没有数字化交易投入显著,这说明中国数字化基础设施投入的作用尚未完全体现,数字化基础设施与制造业的融合有待进一步深入,也反映出了中国数字化交易平台快速发展,在技术、规模和影响力上都处于世界领先地位的现实。数字化媒体投入可以通过提升知识、技术和经验的传播效率,推动高质量劳动力内生增长,也可以起到促进创新、拉动需求的作用,理论上可以促进制造业全球价值链位置上升,但实证结果为显著的负相关,这主要是因为数字化媒体投入在2000—2014年明显下降,与数字化投入的增长趋势和制造业全球价值链位置上升的趋势相违背,可能的原因是数字化媒体投入与服务业的结合更为容易,通过与服务业融合间接影响制造业,具体的理论机制有待进一步深入研究。

第十章
中国制造业 FDI 与全球价值链：
制度视角

　　创新是一国或地区经济可持续增长的重要源泉,也是制造业企业提升核心竞争力的重要引擎。入世是我国经济制度的深刻变革,对企业创新机制产生了重大影响。在加入世界贸易组织前后,我国进口关税尤其是中间品关税税率大幅度削减,进口贸易额快速增长,经济制度发生深刻变革,制度环境明显改善,这都对制造业企业的发展与创新产生了重大影响。随着全球化的深入和各国创新竞争的加剧,中间品关税减税究竟对我国制造业企业的创新产生怎样的影响越发引起关注,就目前研究来看,还尚未有明确定论。目前学者对贸易自由化如何影响企业参与创新活动这个重要问题进行了大量讨论,然而现有的研究大多基于最终商品贸易,并证实贸易是推动创新的最重要因素之一(Kiriyama,2012),但中间品关税减税究竟对我国制造业企业的创新产生怎样的影响这一问题还尚未有明确定论。同时,现有研究贸易自由化的文献大多忽略了国内制度环境在其中的作用,考虑到我国入世前后经济制度发生了深刻变革以及各地区制度环境存在显著差异的事实,本章利用入世前后的2000—2007年匹配的中国海关和工业企业数据,研究中间品关税减免与地方制度环境对我国制造业企业创新的影响,进而从制度视角,利用企业数据说明中间品关税变动对企业参与全球价值链生产技术创新的推动机制。

　　本章第一节探讨了制造业中间品关税减免、制度环境与企业创新的理论基础并提出研究假设。第二节介绍了本章实证分析所采用的计量模型,并阐释了相关变量指标。第三节深入考察中间品关税减免、制度环境对制造业企业创新的实证影响。将中间品关税减免、制度环境和企业创新纳入到统一的分析框架中,采用大型微观企业数据全面系统地考察了中间品关税减免对中国制造业企业创新的影响,为贸易自由化对制造业企业创新影响提供来自中国的经验证据。研究发现,中间品关税减免对制造业企业创新具有显著抑制作用,对本土型企业、出口型企业和一般贸易型企业抑制作用较强,并随着企业规模扩大,抑制作用更为显著。地区制度环境的改善不仅促进了制造业企业创新,还弱化了中间品关税减免对企业创新的抑制作用,而且对非国有型企业和出口型企业促进作用较强,且随着企业规模扩大,促进作用更为显著。

第一节 文献综述

随着全球化的深入和各国创新竞争的加剧,中间品关税减税究竟对我国制造业企业的创新产生怎样的影响越发引起关注,就目前研究来看,还尚未有明确定论。一部分学者认为贸易自由化显著促进企业创新能力提高。如 Fritsch 和 Görg(2015)认为进口中间品多为技术水平较高的关键零配件,企业通过学习和吸收中间品中内含的工艺、技术和创新知识,降低制造业企业的创新成本,而提升创新能力。Goldberg 等(2010)也指出进口多种类、高质量的中间品和资本品相当于技术转移,促进了企业对这些技术的吸收、模仿和研发。Girma 和 Görg(2004)则从创新集聚效应角度,研究发现制造业企业通过进口方式获得与自身核心竞争力关系不紧密的中间品,在降低企业自身的生产成本的同时,将企业有限的人力和资金聚集在与自身核心竞争力关系紧密的创新活动上,从而促进企业创新能力提升。中间品进口可以降低企业生产成本,增加利润,为企业创新提供良好的要素条件(Amiti 和 konings,2007)。国内学者田巍和余淼杰(2014)发现中间品贸易自由化促进了企业的研发投入和新产品出口产值提升,但减少了新产品出口的种类,中间品贸易自由化对企业创新的影响主要集中于集约边际而不是广延边际。贸易自由化也加剧了企业间的竞争，促使企业增加研发投入。由于创新所具有的"逃离竞争"的效应，这可能对制造业企业创新活动形成正向激励作用。

另一部分学者研究表明关税减免对企业创新能力具有抑制效应。Liu和Qiu（2016）从替代角度指出中间品关税的降低使制造业企业能够购买数量更多、品种更丰富、质量更高的中间品，因此，企业可以通过更低成本的进口方式获得中间品，这会降低企业进行创新的动力。Autor（2017）从市场竞争角度探讨了美国企业增加从中国进口贸易对研发创新的影响，研究发现进口贸易增加加剧了市场竞争，对美国企业的研发支出与专利申请产生消极影响。Humphrey和Schmitz（2002）与Gereffi等（2005）从俘获效应角度指出，依赖于全球贸易体系的企业一旦试图打造自主创新能力来推进企业创新升级，通常就会受到来自发达国家的控制和阻击。张杰和郑文平（2017）也指出企业通过进口中间品嵌入和依附于全球价值链分工，一旦试图发展自身的核心创新研发能力、品牌和销售终端和生产标准规则时，进口国会利用自身优势来阻碍和控制该企业创新能力的提升，从而迫使企业被"俘获"或"锁定"于全球价值链中创新能力较低环节。其可能的手段为人为缩短生产设备或关键零部件的技术淘汰周期（Perez-Aleman和Sandilands，2008）利用代工企业之间的低价竞争和专用性生产投资的锁定特征切断利润积累的研发投入渠道（Schmitz，2004）、实施严格的技术转移门槛甚至技术封锁（Giuliani等，2005）、强化知识产权保护以及专利丛林战略。

与本研究直接相关的一类文献是关于制度环境因素与企业创新的研究。制度环境对市场经济的重要性在于是否有利于市场交易的发生与深化（Peng等，2008），因此，市场化程度是衡量制度环境的一个有效指标（冯天丽和井润田，2009）。蒋殿春和张宇（2008）指出在市场化程度较低的地区，政府对部分生产资料的垄断将制约市场竞争机制，人脉关系取代技术创新成为企业获得利润的重要因素，这会滋生政府官员腐败和寻租行为,从而推高技术学习和创新的机会成本并且是先进技术的收益降低。当企业在良好的制度环境下,市场竞争更加公开和激烈,企业时刻面临被淘汰的可能,异质性资源有助于企业获得并保持竞争优势,因此,企业通过研发新产品或新技术,可以实现产品差异化或成本大幅下降(Griffith,2006)。高良谋和李宇(2009)指出竞争性市场是小企业突破现有技术范式实现非定向性技术创新的主要动因。政府的科技拨款资助和税收减免这两个政策工具对大中型工业企业增加自筹的研发投入具有显著效果,并且政府的拨款资助越稳定效果越好(朱平芳和徐伟民,2003)。当市场制度环境不够完善,企业的产权面临被掠夺的危险,企业面临巨大的制度风险时,在短时间内赚足利润成为大多数企业家的首要目标,企业很难进行周期长、见效慢的R&D活动。完善的法律体系不仅仅可以加强企业的信息披露,减少交易双方的信息不对称,降低交易成本(Khanna和Rivkin,2001),而且还能够有效监督内部人士的机会主义行为,确保外部投资者获取更多的信息,从而使公司更容易获得外部长期资金来保障公司的R&D活动(Demirgüçkunt,1998)。King和Levine(2004)指出良好的制度环境能充分发挥金融体系的作用,发现具有潜力的企业家,将民间资本迅速聚集并转移至最能提高效率的经济活动上,分散创新者面临的风险,充分发挥技术创新的真正价值,而在不发达甚至扭曲的金融市场上,企业家才能会被埋没,富有市场前景的R&D活动得不到资金支持,企业将承担巨大的R&D风险,创新积极性不足。盛丹和王永进(2010)通过构建两地区的垄断竞争模型,研究发现良好的制度环境是外资区位选择的重要决定因素,外资的大量流入会给当地企业带来竞争压力,进而迫使本土企业想方设法去提高竞争力,提高本土企业的创新需求。由于先进的技术往往涉及更多的中间投入品,中间品的专用性程度也相对较高,这意味着需要与更多的供应商签订合约,制度环境的改善有效减少投资方在续合同的过程中被"敲竹杠"的风险,减轻专用性投资不足问题,使创新的专用性投资可以得到专用化使用(Costinot,2009)。

第二节　制造业中间品关税减免、制度环境 与企业创新理论基础

　　2001年加入世界贸易组织后,我国中间品大幅度削减。中间品关税减免降低了企业进口中间产品的成本,也就意味着在其他条件不变的情况下,企业可以有更充足的资金购入中间品或生产线,比起高风险的自主创新,企业放弃创新选择进口的可能性提高。其中最典型的案例为长虹电视。企业通过模仿和创新,在20世纪80年代初推出了多条新产品线。1986年日本电视制造商向中国市场倾销新一代彩电生产线和关键部件,因为进口成本低,长虹停止了自己的研发,转而购买日本产品和技术。此外,制造业企业因中间品关税减免可以从国外获得更多种类和更高质量的产品。企业会因关税减免增加进口产品的种类,关税每下降1个单位,增加0.5个单位的进口产品种类(Klenow和Rodriguez,1997)。以印度为例,中间品关税使得印度企业的中间品进口种类增加了近2/3,且进口产品的质量、技术含量较之前也有明显提高(Goldberg等,2010)。因此,随着进口中间品种类和质量的提高,企业自主创新的迫切性和动力下降。综述分析,提出假设10.1。

　　假设10.1：中间品关税减免不利于提高企业创新。

　　随着我国加入世界贸易组织以及改革开放的不断深入,我国的制度环境也有了较大的提高。从樊纲等(2011)编制的《中国市场化指数报告》中可以观察到,我国的市场化总指数从2000年的4.2784提高到2007年的7.4965,增长了75.22%。制度环境对企业创新影响集中于企业创新研发决策和创新产出能力。企业创新面临高投入、长周期和高不确定性的风险。企业的创新决策受到资源禀赋、产业结构和制度环境等影响,对于新兴经济体而言,企业需根据当地政策调整创新战略,制度环境对企业创新研发决策影响更大(Peng,2002)。在政府干预过多的低制度环境中,

企业可以通过非正式的社会关系获得有利的市场地位，则企业的创新活动将面临极高的风险性，因此，比起创新，将有限的资源加强与政府的关联更有利于企业的发展。若在以市场竞争为主的高制度环境中，企业则更倾向于将有限的资源投入到产品创新上以获得市场竞争力。此外，制度环境还对企业创新产出能力具有影响，主要表现创新投入—收益上（Williamson，1999）。良好的制度环境有利于提高资源配置效率，当创新的资源由行政分配而非市场机制来配置时，意味着企业将花费大量的时间和成本在政府公关上，创新投入将大幅度提高。企业创新的收益还由创新行为的合法性和垄断性决定，较高的合法性和垄断性决定创新的收益能力和收益持久性。基于以上分析，提出假设10.2。

假设10.2：制度环境对企业创新有重要影响，制度环境的改善有利于企业创新。

企业的生产和发展或多或少涉及中间品的专用性问题，由于合约的不完全性可能会导致企业在再谈判过程中面临"敲竹杠"的问题，从而导致企业创新风险加大，研发动力不足，在中间品关税减免的背景下，放弃自主创新而选择进口。良好的制度环境可有效降低专用性风险，进而促进企业创新。合约是否有效执行取决于地区的制度环境，因为合约纠纷的解决需要花费大量的时间、人力以及物力成本，制度环境越高的地区，纠纷解决所需要支付的成本就越少，地区制度环境越高的企业就更愿意与国外厂商签订专用性合约（Ahsan，2013）。此外，专用性中间品通常为高度差异化的高技术产品，为与国外厂商签署合约生产高技术的中间品，毋庸置疑企业将加大创新投入。综上，得到假设10.3。

假设10.3：地区制度环境改善弱化了中间品关税减免对企业创新的抑制作用。

第三节 计量模型、变量选取与数据说明

10.3.1 计量模型

为了考察中间品关税减免、制度环境对制造业企业创新的影响，基本的计量模型设定如下：

$$RD_{ijkt} = \beta_0 + \beta_1 Ti_{jt} + \beta_2 Inst_{kt} + \beta_3 Ti_{jt}.Inst_{kt} + \sum_m \delta_m X_{ijkt,m} + v_i + v_t + \varepsilon_{ijkt}$$

$$(10.1)$$

其中，i、j、k、t 分别表示企业、行业、地区和年份，ε_{ijkt} 表示随机扰动项，v_i、v_t 分别表示企业和年份的固定效应，ε_{ijkt} 表示随机扰动项，并且假设服从正态分布 $\varepsilon_{ijkt}\sim N(0,\sigma^2)$。被解释变量 RD_{ijkt} 表示 t 年 k 地区 j 行业的 i 企业的创新，使用企业新产品产出密度来表示，即企业新产品产值与企业总产值的比值。Ti_{jk} 表示 t 年 j 行业的进口中间品关税减免，$Inst_{kt}$ 表示 t 年 k 地区的制度环境，下文中将详细介绍解释变量的测算方法。$Ti_{jt}.Inst_{kt}$ 为中间品关税与我国地区制度环境的交叉项，可根据其正负号判断中间品关税与地方制度环境变动对我国制造业企业创新的影响。

模型中 $X_{ijkt,m}$ 表示在中国情景下可能会影响企业创新活动第 m 个控制变量，具体包括：（1）企业出口国内附加值率（Dv），参考吕越等（2018）做法，利用企业的进口、出口额和国内销售数据来衡量。（2）企业全要素生产率（lntfp），以 2000 年为基期，采用 LP 法计算全要素生产率的对数来衡量。（3）企业资本密集度（k/r），用固定资产净值年平均余额与从业人员年平均人数的比值取对数来衡量。内部资金是企业创新投资的最主要融资渠道（鞠晓生，2013），企业内部资本密集度越高，企业的创新活动面临财务上的限制也就越少。（4）企业规模（size），使用企业销售额的对数值来衡量。企业销售额越多，则意味着企业规模越大，企业进行创新活动的能力就越高。（5）考虑到企业产品进出口的国家集中度不同，引进企业出口目

的国数量(exnum)和进口来源国数量(imnum)用于控制产品出口和进口国的分散程度对企业创新的影响。(6)企业经营年限(lnage),采用企业年龄的对数来衡量。企业经营年限对企业创新活动的影响比较复杂,进入市场年限越短的企业越有活力,同时也面临着较强的市场竞争压力,其创新动力也就越足,随着经营年限的增加,企业越发成熟,资金保障力提高,创新能力也会随之提高。(7)出口强度(Ine),采用企业出口额占总销售额的比例衡量企业的出口强度。表10.1反映了本章主要变量的描述性统计。

表10.1　主要变量描述性统计

变量	含义	观察值个数	均值	标准差
RD	企业创新	210741	0.056	0.201
Ti	中间品关税税率	210741	0.130	0.059
Inst	制度环境	210741	8.738	1.898
Ti.Inst	中间品关税和制度环境的交叉项	210741	1.024	0.297
Dv	企业出口国内附加值率	210741	3.795	1.175
lntfp	企业全要素生产率	210741	0.276	0.396
k/r	企业资本密集度	210741	3.659	1.388
size	企业规模	210741	10.682	1.396
exnum	企业出口目的国的数量	210741	6.494	8.684
imnum	进口来源国的数量	210741	3.432	6.817
lnage	企业经营年限	210741	0.497	0.421
Ine	出口强度	210741	2.066	0.710

资料来源:作者整理绘制

10.3.2　变量指标测度

1.测度中间品关税减免指标

中间品关税税率参考 Ahsan(2013)及盛斌和毛其淋(2015)的做法,采用如下方法计算中间品关税税率：

$$Ti_{jt} = \sum_{w \in \phi_j} \theta_{wt}.To_{wt} \tag{10.2}$$

其中,j、w 表示行业,t 表示年份,θ_{wt}是行业 j 中行业 w 的投入系数,用投入行业 w 的成本占行业 j 总投入成本的比重来衡量,计算公式为 $\theta_{wt} = \text{Input}_{wt} / \sum_{w \in \varnothing} \text{Input}_{wt}$,具体可以通过投入—产出表计算得到,$To$ 最终品关税税率,其测度方法为：

$$To_{jt} = \sum_{q \in I_j} n_{qt} \cdot To_{qt} / \sum_{q \in I_{qj}} n_{qt} \qquad (10.3)$$

其中, q 表示 HS6 位码产品 , I_j 表示行业 j 的产品集合 , n_{qt} 表示第 t 年 HS6 位产品 q 的税目数。To_{qt} 表示第 t 年 HS6 位产品 q 的进口关税税率。

2、测度制度环境指标

各省份的制度环境($Inst$)借鉴张杰等(2010)的做法,计算公式如下：

$$Inst_{kt} = market_{kt} \cdot (1 - Diseg_{kt}) \qquad (10.4)$$

其中,$market_{kt}$ 为 t 年 k 省份的市场化指数,数据来源于樊纲等(2011)编制的《中国市场化指数报告》,$Diseg_{kt}$ 为 t 年 k 省份的市场分割指数,采用价格指数法来衡量地区的市场分割程度(陆铭和陈钊,2009)。其中市场分割指数指标通过《中国统计年鉴》商品零售价格分类指数计算得来,但由于西藏和重庆的统计数据起始时间较晚,数据缺失严重,故未计算西藏和重庆两省份的制度环境。

10.3.3 数据处理及说明

2001 年我国加入世界贸易组织后,承担各项贸易自由化的开放责任与义务,2000—2007 年为我国大幅度降低甚至取消各种进口关税和非关税壁垒期间,与此同时制度环境也得到了较大的改善,故本章选择 2000—2007 年作为研究区间。

本研究主要使用了三组微观数据:第一组是产品层面的关税减免数据,从世界银行 WITS 数据库获取中国 2000 年 HS8 位产品的进口关税数据,从 WTO 数据库获取中国 2001—2007 年 HS6 位产品的进口关税数据,借鉴盛斌和毛其淋(2015)的方法对产品进口关税税率进行处理。首先,将2000年HS8位产品的进口关税数据转换为HS6位产品的进口关税数据。其次,由于各年的HS6位关税数据的编码版本不一致,根据联合国统计司提供的转换表将产品关税的统计口径统一为HS2002版本,再利用HS2002-ISIC(Rev3)转换表和GB/T2002-ISIC(Rev3)转换表进行整合,得到HS2002与GB/T2002之间的转换关系。由于要测算中间品进口关税,需要使用《中国投入产出表》的消耗系数,鉴于数据的可获得性,采用2007年《中国投入产出表》,将GB/T2002与2002年《中国投入产出表》135个部门对应行业,计算该135个部门的中间品关税税率。

第二组是企业层面的微观数据,来自国家统计局的工业企业统计数据库,统计对象涵盖了全部国有和规模以上(主营业务收人超过500万元)非国有企业。第三组是中国海关数据库,由于两套数据库的企业编码存在较大差异,故借鉴Upward等(2013)方法对2000—2007年中国工业企业数据库和海关数据库进行合并。首先按照企业名称和年份进行匹配,之后按照邮编和企业电话号码后7位进行匹配,最后按照法人代表姓名和邮编进行匹配。此外,聂辉华和江艇等(2012)指出工业企业统计数据库虽然具有样本大、时间序列长、指标丰富的优势,但也存在着样本匹配混乱、变量大小异常、测度误差明显和变量定义模糊等问题,因此借鉴谢千里等(2008)方法对数据进行处理,将满足下列条件之一的样本进行剔除:(1)不在营业状态;(2)从业人数小于10人;(3)1949年之前成立的企业样本;(4)工业增加值、中间投入额、应付工资总额、从业人员年平均人数、固定资产净值年平均余额中任何一项存在缺漏值、零值或负值的企业样本。此外,由于计算被解释变量的数据在2004年缺失,本章实际样本区间为2000—2003年和2005—2007年。为考察进口关税减免对制造业企业创新的影响,仅选取在GB/T2002行业分类为C门类制造业数据作为分析样本,最终得到92360家制造业企业的匹配数据。

第四节　制造业中间品关税减免、制度环境
与企业创新实证分析

10.4.1　基准估计

表10.2报告了基本回归结果。其中(1)列仅加入了中间品关税减免、制度环境以及两者的交叉项，结果显示中间品关税(Ti)的估计系数为0.268，且在1%水平上显著，表明中间品关税与制造业企业创新存在正相关关系，而中间品关税减免与制造业企业创新存在负相关关系，即中间品关税减免抑制了制造业企业创新；制度环境变量($Inst$)的估计系数为正且显著，说明在制度环境改善有利于制造业企业的创新的提升，两者的交叉项($Ti \cdot Inst$)估计系数为-0.0425，且在1%水平上显著，这意味制度环境的改善弱化了中间品关税减免对企业创新的抑制效应。(2)~(5)列为逐步增加控制变量的估计结果，其系数符号未发生变化并且仍然显著，说明关税减免、制度环境、两者的交叉项与企业创新的关系具有很好的稳健性。制度环境的改善弱化了中间品关税减免对企业创新的抑制效应，而这弱化作用有多大呢？举例而言，若青海省(制度环境较差地区)和广东省(制度环境较好地区)的制度环境相同，在其他条件不变的前提下，当中间品关税减免增加1个单位，对创新抑制效应的效应将弱化0.3699[①]，因此这种弱化作用不容忽视。

[①] 计算方法：-0.0459×(10.548692-2.4891136)，其中-0.0459为Inputtariff·Inst-total的估计系数，10.548692为广东省的制度环境指数的均值，2.4891136为青海省的制度环境指数的均值。

表10.2　基准估计结果

变量	(1)	(2)	(3)	(4)	(5)
Ti	0.268***	0.281***	0.292***	0.294***	0.292***
	(0.0591)	(0.0592)	(0.0592)	(0.0592)	(0.0592)
Int	0.0138***	0.0139***	0.0141***	0.0138***	0.0138***
	(0.00161)	(0.00161)	(0.00161)	(0.00161)	(0.00161)
Ti*Inst	−0.0425***	−0.0442***	−0.0459***	−0.0463***	−0.0459***
	(0.00809)	(0.00810)	(0.00810)	(0.00810)	(0.00811)
Dv		0.00417***	0.00301***	0.00305***	0.00337***
		(0.000633)	(0.000771)	(0.000771)	(0.000771)
lntfp		0.00668***	0.00657***	0.00507***	0.00357**
		(0.00144)	(0.00144)	(0.00150)	(0.00150)
k/r			0.00296***	0.00288***	0.00294***
			(0.000699)	(0.000700)	(0.000699)
size			0.00355***	0.00281***	0.00237**
			(0.00104)	(0.00105)	(0.00105)
exnum				0.000219***	0.000171**
				(7.11e-05)	(7.12e-05)
imnum				0.000372***	0.000344***
				(7.97e-05)	(7.97e-05)
Ine					0.0243***
					(0.00193)
lnage					−0.00360**
					(0.00147)
常数项	−0.0400***	−0.0577***	−0.102***	−0.0944***	−0.0965***
	(0.0113)	(0.0115)	(0.0150)	(0.0151)	(0.0151)
企业固定效应	是	是	是	是	是
年份固定效应	是	是	是	是	是
样本量	210,741	210,741	210,741	210,741	210,741
企业数量	92,360	92,360	92,360	92,360	92,360
R^2	0.005	0.006	0.006	0.006	0.008

说明:*、**和***分别表示在10%、5%和1%的统计水平上是显著的。

资料来源:作者整理绘制

10.4.2 异质性分析

(1)企业出口状态的异质性分析

本章根据企业出口状态将样本划分为出口企业与非出口企业,估计结果报告在表10.3第(1)和(2)列。中间品减免和制度环境对出口企业与非出口企业的创新存在显著差异,中间品减免对出口企业创新具有显著的抑制作用,而非进口企业创新对中间品关税减免不敏感,其可能的原因为出口企业比非出口企业面临更激烈的市场竞争,其对中间品关税的变动更为敏感。此外,考虑到我国制造业具有明显的加工贸易的特征,在表10.3(3)和(4)列中报告了加工贸易企业和一般贸易企业子样本的估计分析结果,从中可以观察到制度环境的改善对加工贸易企业与一般贸易企业创新都具有显著的促进作用,且影响程度相似,中间关税减免对加工贸易企业与一般贸易企业创新都具有显著的抑制作用。中间品关税下降1单位,加工贸易企业和一般贸易企业创新将分别减少0.243和0.343个单位,中间品关税减免对一般贸易企业创新的抑制作用更大。对此可能的解释为加工贸易企业进口的原材料及零部件大都获得了减免,中间品关税减免对其创新的影响有限,相比之下,一般贸易企业可以从中间品关税减免中获得更多的中间品,比起自主研发创新更倾向于进口,所以,抑制作用相对明显。

表10.3 考虑企业出口状态差异特征的估计结果

变量	(1) 出口企业	(2) 非出口企业	(3) 加工贸易	(4) 一般贸易
Ti	0.314*** (0.0672)	0.0641 (0.151)	0.243*** (0.0899)	0.343*** (0.0869)
Int	0.0159*** (0.00182)	−0.00396 (0.00410)	0.0134*** (0.00246)	0.0129*** (0.00232)
Ti*Inst	−0.0494*** (0.00911)	0.00119 (0.0222)	−0.0445*** (0.0129)	−0.0492*** (0.0115)
常数项	−0.0917*** (0.0173)	0.0304 (0.0380)	−0.106*** (0.0242)	−0.0843*** (0.0219)

变量	（1） 出口企业	（2） 非出口企业	（3） 加工贸易	（4） 一般贸易
控制变量	是	是	是	是
企业固定效应	是	是	是	是
年份固定效应	是	是	是	是
样本量	161,099	49,642	105,688	105,053
企业数量	66,219	36,046	59,485	44,398
R^2	0.008	0.002	0.006	0.009

说明:*、**和***分别表示在10%、5%和1%的统计水平上是显著的。

资料来源:作者整理绘制

（2）企业所有制的异质性分析

我国正处于经济转型过程中,不同所有制的制造业企业面对相同生产经营环境变化的敏感度会有所不同。借鉴Zhang（2012）的做法,将中国工业企业数据库中数据按企业不同法人注册比重划分企业所有制,分为国有企业、民营企业和外资企业。其中,法人注册资本中国有资本金和集体资本金占比超过50%为国有企业,法人资本金和个人资本金占比超过50%为民营企业,港澳台资本金和外商资本金占比超过50%为外资企业。从表10.4可以观察到中间品减免和制度环境对不同所有制企业创新影响存在显著差异。中间品关税减免抑制了国有企业和民营企业创新,而对外资企业创新无影响,对此可能的解释为国有企业、民营企业与外资企业相比在获取中间品的渠道以及中间品的议价能力上本来就不具有优势,因此,从中间品关税减让中获得更多高技术中间品,从而创新动力下降,抑制了产品创新。改善制度环境促进了民营企业和外资企业创新,其中对国有企业创新作用不明显,这是由于国有企业与政府的关联更强,通过非市场竞争的方式获得创新资源,但随着制度环境的不断改善,其原有优势减弱,故制度环境对国有企业创新作用不显著。

表10.4 考虑企业所有制差异特征的估计结果

变量	（1） 国有企业	（2） 民营企业	（3） 外资企业
Ti	0.3530* （0.2110）	0.6210*** （0.1280）	0.0805 （0.0766）
Int	0.0013 （0.0059）	0.0320*** （0.0034）	0.0042** （0.0021）
Ti*Inst	−0.0544* （0.0329）	−0.1030*** （0.0171）	−0.0157 （0.0103）
常数项	−0.0697 （0.0600）	−0.236*** （0.0311）	−0.0697 （0.0600）
控制变量	是	是	是
企业固定效应	是	是	是
年份固定效应	是	是	是
样本量	18,694	89,729	102,265
企业数量	10,774	50,155	41,164
R^2	0.006	0.020	0.004

说明:*、**和***分别表示在10%、5%和1%的统计水平上是显著的。
资料来源:作者整理绘制

（3）企业规模的异质性分析

本章根据企业规模的不同,将样本划分为大规模企业、中等规模企业以及小规模企业,估计结果分别报告在表10.5第（1）、（2）和（3）列。中间品关税减免对大规模企业和中等规模企业的创新具有显著的抑制作用,而对小规模企业无影响,这可能是由于随着规模的扩大,企业与国际市场的联系更为密切,故中间品关税减免对大规模企业较中等规模企业的创新抑制作用更明显,而小规模企业处于较低的发展阶段,与国际市场联系相对较少,中间品关税减免变化对其创新无影响。此外,随着企业规模的扩大,制度环境对企业创新的促进作用更为明显,可能的解释为企业的资金实力越强,越能利用好当地的扶持政策,增强创新能力,提高产品质量,从而在公平的市场竞争中获利。

表10.5　考虑企业规模差异特征的估计结果

变量	（1） 大规模企业	（2） 中等规模企业	（3） 小规模企业
Ti	0.3900***	0.3210***	0.2470
	（0.1110）	（0.0885）	（0.1550）
Int	0.0202***	0.0133***	0.0085**
	（0.0032）	（0.0024）	（0.00389）
Ti*Inst	−0.0563***	−0.0484***	−0.0256
	（0.0155）	（0.0119）	（0.0210）
常数项	−0.144***	−0.0895***	0.0260
	（0.0338）	（0.0223）	（0.0358）
控制变量	是	是	是
企业固定效应	是	是	是
年份固定效应	是	是	是
样本量	47,183	108,479	55,079
企业数量	19,336	52,035	34,104
R^2	0.016	0.007	0.004

说明：*、**和***分别表示在10%、5%和1%的统计水平上是显著的。

资料来源：作者整理绘制

10.4.3　稳健性分析

为保障模型估计结果的科学性和可靠性，对上述主要估计结果从5个方面展开稳健性分析：一是针对企业创新的稳健性检验；二是剔除异常样本；三是更改模型设定；四是替换制度环境的衡量指标；五是核心变量的内生性问题处理。

（1）针对企业创新的稳健性检验

在基准回归中，采用了企业新产品产出密度来表示企业创新，为保证结果的稳健性，参考王雅琦和卢冰（2018）的做法，采用研发支出强度和研发支出对数值作为衡量企业创新的指标。研发支出强度为企业研究开发费用与当年销售额的比值。研发支出对数值为企业研究开发费用加1的对数值，这由于企业研究开发费用存在值为0的情况，因此，在计算研发支出对数值时将研究开发费用加1后再取对数。表10.6列（1）将企业研发支出强度作为被解释变量,列（2）将和研发支出对数值作为被解释变量,得到的估计结果与基本回归结果保持一致,说明基本结论稳健。

考虑到中间品关税减免以及制度环境对制造业企业创新活动的影响可能具有延续性和动态性的特征,将企业创新指标滞后1期作为被解释变量重新进行回归,表10.6列（3）将企业创新指标的滞后1期作为被解释变量,得到的估计结果与基本回归结果保持一致,说明基本结论稳健,即中间品关税减免对制造业企业创新的抑制作用显著,地区制度环境的改善促进了制造业企业创新且弱化了中间品关税减免对制造业企业创新的抑制作用。

（2）剔除异常样本

为了检验文中的回归结果是否受到异常样本的影响,将样本分别按照企业创新、中间品关税以及制度环境指标从高到低排列,并计算出三变量的5%和95%分位数值,然后剔除低于5%分位数值和高于95%分位数值的样本,经过处理,共得到162209个观测值,对得到的样本做回归,结果报告在表10.6列（4）,得到的估计结果与基本回归结果保持一致,说明基本结论稳健。

表10.6 企业创新的稳健性检验及核心变量的内生性问题处理

变量	（1）	（2）	（3）	（4）
Ti	0.0170**	2.661***	0.3740***	0.2930***
	（0.00701）	（0.878）	（0.111）	（0.0404）
Int	0.0008***	0.1720***	0.0057*	0.0101***
	（0.0002）	（0.0247）	（0.0031）	（0.0008）
Ti*Inst	−0.0017*	−0.390***	−0.0600***	−0.0364***
	（0.0010）	（0.1130）	（0.0145）	（0.0050）
常数项	0.000586*	−3.858***	−0.0702**	−0.0887***
	（0.00177）	（0.221）	（0.0296）	（0.00740）
控制变量	是	是	是	是
企业固定效应	是	是	是	是

变量	（1）	（2）	（3）	（4）
年份固定效应	是	是	是	是
样本量	192,065	192,065	86,441	162,209
企业数量	88,510	88,510	47,111	75,865
R^2	0.003	0.022	0.006	0.008

说明：*、**和***分别表示在10%、5%和1%的统计水平上是显著的。

资料来源：作者整理绘制

表10.6（续）　企业创新的稳健性检验及核心变量的内生性问题处理

变量	（5）	（6）	（7）	（8）
Ti	0.5700**	0.4970***	0.1440***	0.1990***
	(0.2740)	(0.0807)	(0.0454)	(0.0704)
Int	0.0162**	0.0141***	0.0077***	0.0053***
	(0.0075)	(0.0017)	(0.0011)	(0.0012)
Ti*Inst	−0.0729*	−0.0644***	−0.0284***	−0.0568***
	(0.0390)	(0.0097)	(0.0069)	(0.0089)
常数项	0.322***	−0.117***	−0.0514***	−0.1360***
	(0.0844)	(0.0172)	(0.0126)	(0.0115)
控制变量	是	是	是	是
企业固定效应	是	是	是	是
年份固定效应	是	是	是	是
样本量	27,712	210,741	210,741	210,741
企业数量	15,589	92,360	92,360	—
R^2	0.008	0.008	0.007	0.032

说明：*、**和***分别表示在10%、5%和1%的统计水平上是显著的。

资料来源：作者整理绘制

（3）更改模型设定

本章还有可能存在的问题是样本中新产品产出值存在大量为0的情况，加之本章用线性回归模型估计中间品关税减免对企业创新的影响，其可能导致估计结果的偏差。为解决这一问题，删除了样本期间没有新产品产出的样本，仅选取有新产品产出的子样本进行回归分析，表10.6第列

(5)是删除无新产品产出样本的回归结果,发现中间品关税、制度环境以及两者的交叉项的回归结果的绝对值与基本回归结果相比有所变化,但系数符号与显著性水平没有发生根本性的改变,说明对于有新产品产出企业的子样本,得出的结论依然有效。

(4)替换制度环境的衡量指标

为了进一步考察估计变量的稳健性,根据樊纲等(2011)编制的《中国市场化化指数报告》选取产品市场发育、要素市场发育来刻画我国的地区制度环境。表10.6列(6)和列(7)报告了采用新的地区制度环境变量进行估计所得到的结果,从中可以看到,中间品关税减免、制度环境及两者的交叉项的估计系数均与基本回归结果一致,表明制度环境改善显著促进了制造业企业创新。因此,中间品关税减免抑制制造业企业创新,地区制度环境改善促进制造业企业创新并弱化中间品关税减免对企业创新作用这一主要结论并不会因指数环境量度方法不同而改变,具有较好的稳健性。

(5)核心变量的内生性问题处理

由于企业创新表现会对政府关税减免政策制定产生反向因果关系,企业创新也能对地方制度环境产生逆向作用,企业创新与地方制度环境可能受地区的某些经济或政治因素的共同影响,从而导致核心变量产生内生性问题。为了达到更稳健的估计结果,采用系统GMM估计法来估计模型,以缓解内生性问题。借鉴Sanguinetti和Martincus(2009)的做法,选取主要解释变量中间品关税减免和制度环境的滞后一期作为工具变量,然后用GMM估计得到表10.6列(8)的实证结果。估计结果表明,在控制变量的内生性后,尽管核心解释变量的估计系数的绝对值与基本回归结果相比有所变化,但系数符号与显著性水平没有发生根本性的改变。因此,基本结论在控制了核心变量内生性问题后依然显著。

第五节　本章小结

目前已经有一些文献探讨贸易自由化与企业创新之间的关系，但鲜有文献在地区制度环境差异的背景下研究中间品关税减免与企业创新之间的关系，本章利用企业层面微观数据和进口关税数据，首次全面考察了中间品关税减免、制度环境与制造业企业创新之间的关联。归纳起来得到如下结论：中间品关税减免抑制了企业创新，且对出口企业、一般贸易企业、本土企业抑制作用较强，且随着企业规模扩大，抑制作用更为显著。制度环境改善促进了企业的创新，弱化了中间品关税减免对企业创新的抑制作用，且对出口企业、非国有企业促进作用较强，且随着企业规模扩大，促进作用更为显著。

本章的研究在一定程度上丰富了关税与创新之间关联的研究，在地区制度环境差异的背景下考察了中间品关税减免对企业创新的影响。同时也有助于深化对我国制造业创新动力来源的认识，研究发现地区制度环境也是驱动制造业创新的重要动力，地区制度环境的改进不仅对企业创新提升有促进作用，而且还弱化了中间品关税减免对企业创新的抑制作用。因此，我国在推动中国制造 2025、深化贸易改革的同时，还要注重国内市场化改革，完善国内制度环境，促进制造业企业创新，从而实现产业结构的升级与经济发展方式的转变。

第十一章

中国制造业FDI与全球价值链：产能视角

自20世纪90年代以来，我国制造业产能过剩问题多次引发政策关注，中国制造业在不断转型升级，随着中国制造2025的发展战略以及新发展格局的提出，在全球视角下深入探讨中国制造业产能利用情况，实现制造业全球价值链攀升具有必要性和紧迫性。本章第一节就中国制造业产能利用率进行了测度，客观评价了中国制造业的产能情况。第二节基于案例研究法，考察了我国制造业优势产能"一带一路""走出去"的成功案例分析，从而探寻我国制造业产能供给侧结构性改革的最优路径。第三节从国家和企业层面提出对策建议。

第一节 中国制造业产能利用率的测度与分析

"实行高水平对外开放，开拓合作共赢新局面"是我国"十四五"期间的主要发展目标之一。我国产能过剩制造业逐渐转化为优势产能制造业，实现我国优势制造业高质量发展，深化我国制造业"一带一路"的国际产能合作成为我国制造业供给侧结构性改革的路径。从国家统计局相关数据可以看出，2020年全国工业产能利用率为74.5%，比2019年下降2.1个百分点。四季度全国工业产能利用率为78%，比2019年四季度上升0.5个百分点，比同年三季度上升1.3个百分点。

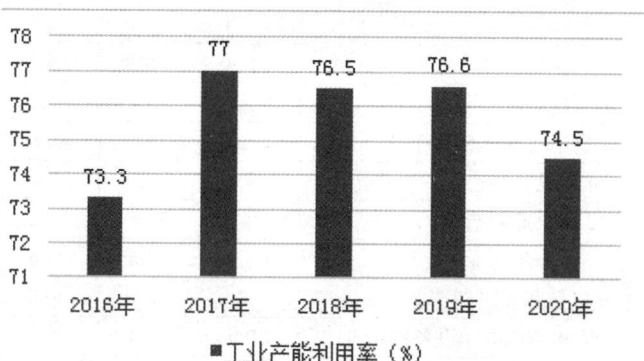

图11.1 2016—2020年中国工业产能利用率

数据来源:国家统计局

从主要行业看,2020 年四季度煤炭开采和洗选业产能利用率为72.6%;石油和天然气开采业产能利用率为90.8%;食品制造业产能利用率为74.3%;纺织业产能利用率为74.7%;化学原料和化学制品制造业产能利用率为77.2%;医药制造业产能利用率为78.5%;化学纤维制造业产能利用率为84.5%;非金属矿物制造业产能利用率为71.1%;黑色金属冶炼和压延加工业产能利用率为82%;有色金属冶炼和压延加工业产能利用率为81.2%;通用设备制造业产能利用率为80.8%;专用设备制造业产能利用率为79.8%;汽车制造业产能利用率为80.5%;电气机械和器材制造业产能利用率为82%;计算机、通信和其他电子设备制造业产能利用率为80.8%。

表11.1 2020年工业分行业产能利用率(%)

主要行业	一季度	二季度	三季度	四季度
煤炭开采和洗选业	65	69.6	71.2	72.6
石油和天然气开采业	89.9	90.5	89.4	90.8
食品制造业	61.4	70.4	74.5	74.3
纺织业	67.2	72.7	76.2	74.7
化学原料和化学制品制造业	69.5	74.2	76.2	77.2
医学制造业	71	74	75.4	78.5
化学纤维制造业	74.4	79.7	82.9	84.5
非金属矿物制造业	58	68.2	71.8	71.1

主要行业	一季度	二季度	三季度	四季度
黑色金属冶炼和压延加工业	72.4	78.4	81.6	82
有色金属冶炼和压延加工业	72	79.2	80.6	81.2
通用设备制造业	69.6	77.3	79	80.8
专用设备制造业	70.7	77.6	77.8	79.8
汽车制造业	56.9	74.6	77.6	80.5
电气机械和器材制造业	68	78.1	80.9	82
计算机、通信和其他电子设备制造业	70.9	78.4	78.9	80.8

数据来源：国家统计局

11.1.1 产能利用率的测度方法及理论基础

产能利用率是衡量产能过剩的重要指标，主要是实际产出和产能之间的比。目前，国内外学术界主要采用调查法、峰值法、函数法和数据包络分析法（DEA）来研究产能过剩问题（张少华，蒋伟杰，2017），本节将利用 Shaikh 和 Moudud（2004）协整回归的方法测算中国工业的产能利用率。Shaikh 和 Moudud（2004）指出产出和固定资本存量之间存在协整关系。因为行业或者企业的产能主要由其固定投入要素决定的，而固定资本存量往往被认为是行业的唯一固定投入要素；行业产出可视为该行业的产能。因此，若行业产出与固定资本存量之间存在协整关系，则说明二者存在稳定的长期趋势。因此，可将产能定义为由固定资本存量投入所确定的长期产出趋势，而实际产出则围绕该长期趋势上下波动。其理论推导如下：

将产出恒等式 $Y(t) = Y$ 变形如下，

$$Y(t) = \frac{Y}{Y^*} \cdot \frac{Y^*}{K} \cdot K \tag{11.1}$$

其中 $Y(t)$ 为该行业实际产出，Y^* 为行业经济产能，K 为资本存量。定义产能利用率 $u = \frac{Y}{Y^*}$，资本产能比为 $v = \frac{K}{Y^*}$，对（11.1）式两边同时取对数，可得：

$$\log Y(t) = \log u(t) - \log v(t) + \log K(t) \qquad (11.2)$$

由(11.2)式可知,产出 Y 和资本存量 K 是外生变量,可直接观测得出,而产能利用率 $u(t)$ 和资本产能比 $v(t)$ 则需要进一步的测定。假定在长期内,企业的产出一直围绕其产能波动,则该企业的产能利用率应在其平均产能利用率($u^* = 1$)附近波动。设存在随机误差项表示产能利用率的波动

$$\log u(t) = e_u(t) \qquad (11.3)$$

资本产能比的测定也随着时间而变动,这种变动体现于两方面:一是行业的自主技术进步 β_1,二是资本的技术进步 β_2。定义 g_v 是资本产能比的增长率,g_k 是资本存量的增长率,因此,$g_v = \beta_1 + \beta_2 g_k$,在长期引入随机误差项 $e_v(t)$,因此,可得式(11.4):

$$\log v(t) = \beta_0 + \beta_1 t + \beta_2 \log K(t) + e_v(t) \qquad (11.4)$$

综合(11.2)式—(11.4)式,可得:

$$\log Y(t) = \alpha_0 + \alpha_1 t + \alpha_2 \log K(t) + e(t) \qquad (11.5)$$

其中,$\alpha_0 = -\beta_0, \alpha_1 = -\beta_1, \alpha_2 = 1 - \beta_2$,其中随机误差项 $e(t) = e_u(t) - e_v(t)$,式(11.5)表示,若 $\log Y(t)$、$\log K(t)$ 之间存在协整关系,则 $\log Y(t)$、$\log K(t)$ 之间可能存在长期线性稳定的关系。根据(11.2)式,长期内实际产出 $Y(t)$ 即为产能 $Y(t)^*$。对式(11.5)进行面板数据回归,剔除残差项,便可以估算出作为产出长期性趋势的产能 $Y(t)^*$,从而可以计算产能利用率 $u(t)$ 和资本产能比 $v(t)$。

11.1.2 数据来源

本节将基于协整方法测度中国制造业的产能利用率,基于2000—2011年《中国工业统计年鉴》选取规模以上工业为样本,以年初的固定资产净值表示行业的固定资本存量,以工业增加值表示行业的产出,基于11.5式用协整方法对产出和固定资本存量进行测度。经过单位跟检验,证明产出和固定资本存量间存在协整关系。在此基础上,对(11.5)式进行面板回归,即可算出各个行业历年的产能利用率。

11.1.3 测度结果分析

表11.2是我国制造业产能利用率的测度结果,按照协整方法所示,产出应该在产能附近长期波动,因此,产能利用率的长期均值应该为1,与本节测度的结果相符。产能利用率的测度结果表示,若产能利用率等于1,则说明该行业不存在产能过剩和产能不足的问题;若产能利用率大于1,说明该行业存在产能不足的情况;若产能小于1,则说明该行业存在产能过剩的情况。定义以0.05为一档,定义中国制造业的产能过剩情况,即若产能利用率在0.95—1.0区间,表示该行业轻度过剩;若产能利用率在0.85—0.95区间,表示该行业中度过剩,若产能利用率低于0.85,表示该行业严重过剩。

表11.2 我国制造业产能利用率测度结果

	2000年	2001年	2002年	2003年	2004年	2005年
农副食品加工业	0.93	0.92	0.94	1.03	1.07	1.15
食品制造业	0.94	0.89	0.89	0.94	1.03	1.08
饮料制造业	1.06	0.96	0.92	0.89	0.98	0.99
烟草制品业	0.88	0.91	0.99	1.01	1.03	1.02
纺织业	0.97	0.93	0.95	0.94	1.02	1.09
纺织服装、鞋、帽制造业	1.01	1.00	0.94	0.97	1.04	1.05
皮革、毛皮、羽毛(绒)及其制品业	0.92	0.94	0.94	1.01	1.07	1.06
木材加工及木、竹、藤、棕、草制品业	0.74	0.77	0.75	0.80	0.93	1.02
家具制造业	0.81	0.86	0.85	0.89	1.06	1.13
造纸及纸制品业	0.94	0.90	0.95	0.97	1.05	1.05
印刷业和记录媒介的复制	0.95	0.97	0.99	1.00	1.01	1.00
文教体育用品制造业	1.02	1.03	0.99	1.04	1.04	1.03
石油加工、炼焦及核燃料加工业	1.23	1.22	1.26	1.42	1.35	1.15
化学原料及化学制品制造业	0.92	0.91	0.93	1.04	1.12	1.08
医药制造业	1.05	1.02	0.98	0.97	1.01	0.98
化学纤维制造业	1.28	0.94	0.94	0.97	0.98	0.96
橡胶制品业	0.98	0.97	1.00	1.04	1.07	1.07
塑料制品业	0.95	0.97	0.99	0.96	0.95	0.97

续表

	2000年	2001年	2002年	2003年	2004年	2005年
非金属矿物制品业	0.93	0.90	0.89	0.94	0.97	1.00
黑色金属冶炼及压延加工业	0.82	0.85	0.89	1.09	1.15	1.20
有色金属冶炼及压延加工业	0.98	0.98	0.90	1.02	1.07	1.07
金属制品业	0.96	0.97	1.02	0.97	1.01	1.03
通用设备制造业	0.72	0.74	0.79	0.95	1.08	1.15
专用设备制造业	0.79	0.79	0.87	0.91	1.01	1.04
交通运输设备制造业	0.71	0.78	0.92	1.07	1.05	0.99
电气机械及器材制造业	0.88	0.88	0.90	1.02	1.11	1.14
通信设备、计算机及其他电子设备制造业	0.87	0.81	0.87	1.01	1.08	1.17
仪器仪表及文化、办公用机械制造业	0.77	0.75	0.74	0.99	1.09	1.14

资料来源:根据《中国工业统计年鉴》测度所得

表11.2 我国制造业产能利用率测度结果(续表)

	2006年	2007年	2008年	2009年	2010年	2011年
农副食品加工业	1.19	1.15	1.05	0.95	0.90	0.79
食品制造业	1.11	1.15	1.10	1.02	0.98	0.92
饮料制造业	1.03	1.11	1.10	1.03	0.99	0.96
烟草制品业	1.04	1.12	1.12	1.01	0.96	0.93
纺织业	1.09	1.14	1.08	1.00	0.95	0.87
纺织服装、鞋、帽制造业	1.10	1.11	1.01	0.96	0.93	0.91
皮革、毛皮、羽毛(绒)及其制品业	1.09	1.13	1.07	0.98	0.95	0.88
木材加工及木、竹、藤、棕、草制品业	1.11	1.31	1.24	1.21	1.20	1.17
家具制造业	1.14	1.17	1.14	1.05	1.02	0.98
造纸及纸制品业	1.07	1.13	1.08	1.01	0.98	0.88
印刷业和记录媒介的复制	1.03	1.10	1.04	0.95	0.94	1.01
文教体育用品制造业	1.05	1.04	1.01	0.93	0.91	0.93
石油加工、炼焦及核燃料加工业	0.94	1.01	0.91	0.73	0.65	0.58
化学原料及化学制品制造业	1.06	1.17	1.07	0.98	0.92	0.85
医药制造业	0.99	1.06	1.05	1.00	0.97	0.93

续表

	2006年	2007年	2008年	2009年	2010年	2011年
化学纤维制造业	1.01	1.12	1.05	1.01	0.98	0.83
橡胶制品业	1.02	1.06	1.05	0.97	0.96	0.83
塑料制品业	1.05	1.14	1.08	1.01	0.99	0.96
非金属 矿物制品业	1.07	1.19	1.13	1.04	1.01	0.97
黑色金属冶炼及压延加工业	1.20	1.18	1.08	0.96	0.89	0.81
有色金属冶炼及压延加工业	1.18	1.17	1.04	0.97	0.88	0.82
金属制品业	1.09	1.17	1.05	0.94	0.92	0.89
通用设备制造业	1.20	1.30	1.17	1.07	1.02	1.01
专用设备制造业	1.15	1.25	1.17	1.08	1.06	1.01
交通运输设备制造业	1.06	1.22	1.14	1.09	1.11	0.99
电气机械及器材制造业	1.13	1.18	1.11	1.00	0.95	0.78
通信设备、计算机及其他电子设备制造业	1.23	1.17	1.11	0.99	0.89	0.91
仪器仪表及文化、办公用机械制造业	1.26	1.29	1.21	1.03	0.98	0.95

资料来源：根据《中国工业统计年鉴》测度所得

从表11.2测度结果的细分行业可以看出：2000年，在28个制造业行业中7个行业呈现出严重产能过剩的现象。2011年，制造业8个行业呈现产能严重过剩的现象，其中石油、电力、煤炭等能源部门以及金属冶炼、化学原料等工业原料部门过剩最为严重，此外还有10个行业处于中度过剩区间，其中主要以轻工业为主。由此可见，我国制造业一直存在产能过剩问题，且产能过剩制造业的发展单纯依靠内需无法解决根本问题，只有依靠外循环在国际市场上产能合作，才能高质量发展我国制造业，实现价值链的攀升。

第二节 中国优势产能"走出去"案例分析

自2013年"一带一路"倡议提出以来，中国国际产能合作正在逐步推进。2015年国务院印发《关于推进国际产能和装备制造合作的指导意见》中指出"将钢铁、有色、建材、铁路、电力、化工、轻纺、汽车、通信、工程机

械、航空航天、船舶和海洋工程等作为重点行业"推进其国际产能和装备
制造合作。钢铁、建材、石化等优势产能向外合理转移,交通、能源、通信等
基础设施对外合作,优势装备陆续输出,产能合作布局加快形成。本节将
对钢铁、有色金属、建材、铁路、核电等行业的产能"走出去"进行事实考察。

11.2.1　中国钢铁产能"走出去"事实考察

中国钢铁行业具有的产能优势和技术优势,钢铁产业的"走出去"主
要体现为优势产能的模块化向外转移。钢铁行业在国际上寻求到需求匹
配的市场,进行产品和产能的输出,既加深中国与国际贸易伙伴的贸易联
系,又有效提升了中国国内优势产能的利用率。中国钢铁行业的优势产
能以境外重点项目为抓手,逐步向海外合理转移,以工程承包业务带动技
术标准"走出去",有效提升参与全球产业链构建能力。

表 11.3　中国钢铁企业"走出去"情况

钢铁企业	"走出去"案例
宝钢	● 建设海外营销供应链:建立欧洲、美洲、东亚及东南亚区域钢材营销中心。 ● 服务全球战略客户:在意大利、韩国、印度都建立了钢材剪切加工中心。 ● 获取海外资源:在巴西、澳大利亚、印度、南非、印尼等国成立合资公司或以收购的方式获取海外权益矿。 ● 投资海外实业:2011年宝钢在泰国组建宝力钢管(泰国)有限公司;在越南投资设立越南宝钢制罐有限公司;2013年,宝钢金属出资收购意大利印铁公司。
鞍钢	● 设立海外公司:设立香港、美国、德国、澳大利亚、日本、韩国等多个国家和地区海外公司。 ● 开发海外资源:资源开发:入股澳大利亚金达必金属公司,合资成立卡拉拉矿业公司。 ● 构建供应链:参与意大利、英国等国家的海外钢材加工行业,通过供应链延伸,为终端客户提供增值服务。
武钢	● 设立海外分支机构:在俄罗斯、德国、韩国、中东、东南亚等地区设立海外分支机构从事钢材销售和原料采购业务。 ● 开发国际市场。 ● 开发海外资源:通过购买矿权、股权等多种形式,在加拿大、澳大利亚、巴西、利比里亚、马达加斯加等国家获得项目。

钢铁企业	"走出去"案例
河北钢铁	● 海外投资:在国际贸易、国际资源开发等领域,投资美国、英国、澳大利亚、南非、加拿大、新加坡、瑞士、香港等30多个国家和地区。 ● 构建全球的营销网络:与塞尔维亚共和国政府正式签署了斯梅代雷沃钢厂收购协议;收购掌控南非PMC矿业公司铜、铁矿资源;收购瑞士德高公司控股权。
中冶集团	● 对外工程与劳务合作:出口巴西钢铁成熟技术;出口伊朗包括设计和装备在内的短流程全套设施;出口日本焦化技术。 ● 海外资源投资和收购方面:投资巴布亚新几内亚镍矿;投资巴基斯坦铜金矿;收购阿根廷铁矿公司。 ● 国际产能合作:中冶、马钢与哈萨克斯坦签署合作协议;与哈萨克斯坦ERG集团签署合作协议
天津钢管	● 产品出口:2014年,出口无缝钢管64.7万吨,代表行业内高端技术水平的特殊扣产品出口量超9万吨。 ● 技术输出:2007年,天津钢管与德国米尔公司联合中标建设白俄罗斯无缝钢管项目,实现由技术引进到技术输出的历史性飞跃;与马来西亚合资天管泛亚印尼巴淡工厂建成投产。

资料来源:作者整理

　　钢铁行业的产能"走出去"主要依托于企业进行(表11.3)。宝钢"走出去"始于1988年,具有较为完善的全球营销网络布局,海外资源投资快速推进,多元产业海外投资力度明显。鞍钢集团"走出去"始于20世纪90年代初期,通过国际合作、国际工程,鼓励子企业的技术和工程国际化输出的形式,形成以资源开发、钢材加工、贸易服务等为主体的国际化经营架构。武钢坚持全球发展视野和战略思维,积极实施"走出去"战略。河北钢铁"走出去"步伐比较晚,2014年初步形成国际化战略布局。中冶集团依托对外承包工程和劳务合作、海外资源收购、房地产开发三个模式"走出去"。作为国内最大的无缝钢管生产企业和能源工业用管重要供应基地,天津钢管生产的产品出口至100多个国家和地区,在提升企业受益水平的同时,提高了品牌在全球市场的影响力。

11.2.2 中国有色金属行业产能"走出去"事实考察

有色金属工业是我国开展国际产能合作的先行行业之一。自1980年代中期以来,我国有色金属行业从资源合作不断向装备合作、技术合作延伸,逐步形成了优势产能规模化向外转移的形式,提升了我国有色金属行业企业的国际地位和国际竞争力。有色金属国际产能合作主要体现在两个方面:有色金属资源投资和有色金属行业的工程项目承包。

我国有色金属资源投资和有色金属行业的工程项目如表11.4所示。我国有色金属海外资源投资主要集中在铜、铝、铅锌和镍等,业务遍布亚洲、非洲、南美洲、大洋洲的80多个国家和地区,其中,2014年4月,五矿集团收购秘鲁拉斯邦巴斯铜矿,实现了中国金属矿业史上的最大海外并购交易。随着我国有色金属行业装备技术不断提升,有色金属采选冶技术已领先世界平均水平,我国有色金属企业逐步承接海外有色金属工程项目。工程项目主要分布在哈萨克斯坦、伊朗、缅甸、赞比亚、老挝、越南、塔吉克斯坦、吉尔吉斯斯坦、澳大利亚、印尼、蒙古、印度和委内瑞拉等国家。由此可见,我国有色金属企业"走出去"开展国际产能合作,以企业投资为主体,着眼于国内资源短缺或缺少国际竞争力的大宗支柱性矿产,围绕于铜、铝土矿、镍等重要资源,以建设境外资源保障基地为重点,实施国际产能合作发展战略。

11.2.3 中国建材行业产能"走出去"事实考察

建材行业是重要的原材料产业之一,中国建材工业规模不断扩大,结构逐步优化,建材技术、装备、服务等具有明显的竞争优势。2019年,我国建材及非金属矿商品出口金额达372.2亿美元,同比增长8.1%(图11.2),建材及非金属矿商品平均离岸价格同比增长6.8%,是出口金额增长的主要因素。建材行业出口地覆盖200多个国家和地区,平板玻璃、玻璃纤维、建筑陶瓷等产品的国际市场占有率居第一,此外,高端建材产品竞争能力逐步增强,建材行业的境外投资规模不断扩大。

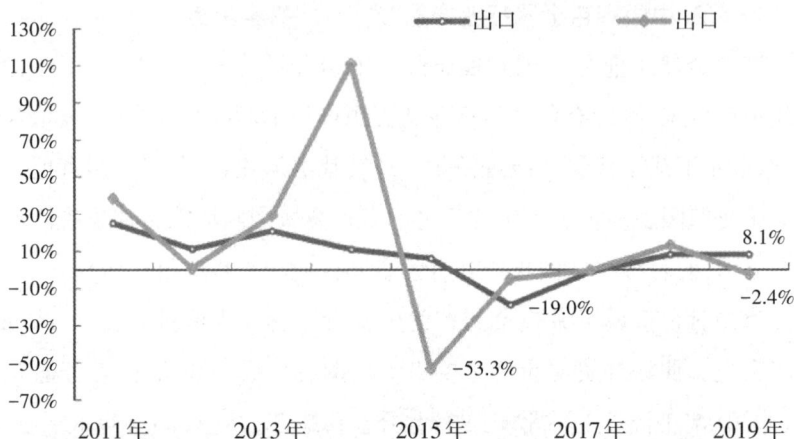

图11.2 2011——2019年建材及非金属矿商品出口及进口金额增长率

资料来源：2019年中国建材行业经济运行报告

在对外直接投资中，我国建材企业基于当地市场需求开展优势产能的国际合作，针对有市场需求、生产能力不足的发展中国家，以投资为主，结合设计、工程建设、设备供应等方式，建设建材行业的生产线，提高工业生产能力，增加本土市场供应。通过园区合作、对外援助等形式推动我国建材产品、成套技术装备出口，开展建材技术装备总承包工程服务。

表11.4 建材行业国际产能合作工程

工程	目标
建材产业园示范工程	建设集约化、绿色化、功能完善的建材产业集聚区，作为建材行业国际产能合作示范区
服务平台建设工程	解决建材企业实施国际产能合作面临的无经验、缺乏引导、问题处理机制不健全等困难，协助规避政治人文等非经营性风险，顺利实现对外投资，打造建材企业"走出去"综合服务平台。
标准协同工程	开展建材行业标准英文版编制工作，对接我国与合作国建材标准体系。
绿色建材推广工程	参照我国绿色建筑和绿色建材的相关标准，将我国绿色建材的概念、标准、产品向外国推广

作为建材行业国际产能合作的示范,建设集约化、绿色化、功能完善的建材产业园区可以对接规则,合理利用国家担保、金融支持等条件,为企业提供政策及资金支持。构建生产性服务业与制造业协同的产业结构,科学规划建筑材料制造、相关装备制造、上下游配套材料产品制造。建材企业以大带小、抱团出海、集群式"走出去",以园区为平台,引进优势企业,形成产品生产、深加工、工程应用上、下游产业链,有效增加企业市场竞争力,减少产业链成本和投资风险。

11.2.4　中国铁路产能"走出去"事实考察

随着中国自主发展能力与核心竞争力的不断增强,中国铁路通过原始创新、集成创新、消化吸收再创新等方式不断提升了中国铁路对外交流的合作水平。中国铁路产能合作主要体现在以周边铁路互联互通、非洲铁路重点区域网、南美洲和中东欧重要铁路通道、北美洲和其他国家高速铁路等项目,铁路产能"走出去"显示出明显的示范带动效应。根据《2020年铁道统计公报》,2020年中国全国铁路营业里程达到14.63万/千米,其中高速铁路营业历程达3.8万/千米,完成铁路客运周转量8266亿人/千米(图11.3(a))、货运周转量30514亿吨/千米(图11.2(b)),排除受疫情影响2020年的铁路客运周转量较2019年下降了43.2%外,中国铁路呈现出较为快速发展的特征。

图11.3(a)　全国铁路旅客周转量

资料来源:国家铁路局《2020年铁道统计公报》

全国铁路货运总周转量

亿吨/公里

图11.3(b) 全国铁路货运总周转量

资料来源：国家铁路局《2020年铁道统计公报》

中国铁路的产能优势主要体现在技术、产业链、成本、资本等方面。在铁路技术优势方面，中国已成为既有线提速幅度最大的国家，且中国掌握自主知识产权的高铁技术体系，掌握2万吨以上的整套重载技术，创造且掌握复杂地质地形气候环境下的一整套铁路施工建造技术和机车车辆装备谱系。中国铁路具备完整的产业链优势，具有完整的产品体系、技术体系、标准体系及运营经验。中国铁路的成本优势主要体现在劳动力、原材料等方面，同时技术的创新也进一步降低了铁路的建造成本，项目的工期上充分体现出了"中国速度"。此外，充足的外汇储备等资本优势也为中国铁路产能合作提供了动力保障。

根据中国铁道科学研究院和世界主要国家政府公开报告数据，梳理了世界60个国家的铁路建设规划，如表11.5所示。数据表明铁路建设规划约为1.3万千米。预测2040年前世界铁路建设的潜在需求为1.2~1.5万千米（不含中国），其中，高速铁路需求为0.15~0.3万千米，投资金额为6000~10000亿美元。

表 11.5　世界各区域铁路规划里程及投资统计(不含中国)

区域	规划里程(千米)		预计投资金额(亿美元)	
	铁路	高速铁路	铁路	高速铁路
东南亚地区	4862	680	689	97
南亚地区	23194	500	129	3
东北亚地区	3570	1033	103	30
中亚地区	18761	——	19	——
西亚地区	16183	2000	1174	150
非洲	16363	3090	615	116
欧洲	21894	6370	1433	417
北美地区	2863	1232	988	425
拉美地区	16679	——	529	——
大洋洲	3448	1748	814	413
合计	127817	16653	6493	1651

数据来源：《中国铁路"走出去"市场需求研究报告》

中国铁路产能"走出去"在充分统筹国际国内两个市场和两种资源基础上,深度开发并充分利用"一带一路"广阔市场,基于双边关系、合作意愿、资源禀赋、产业配套、市场需求等因素阶梯推进,强化市场需求分析,建立风险防范体系,以周边互联互通,境外高铁项目和非洲为重点方向,深度融入全球产业链、价值链,提升中国铁路国际影响力。

11.2.5　中国核电"走出去"事实考察

随着全球经济深度调整和转型,推进核电行业国际产能合作成为重要发展机遇。在全球范围内构建能源互联网,推进核电行业国际产能合作,不仅有助于中国电力行业提升内生增长和外延式扩张的能力,更有助于实现电力经济提质增效和产业升级。中国核电装备技术水平和制造能力优势逐步显现,世界上越来越多的国家选择与中国进行核电国际产能和装备制造合作。根据国家统计局数据(图 11.4),2021 年 6 月中国核能发电量产量为 359 亿千瓦时,同比增长 12.9%;2021 年 1—6 月中国核能发电量累计产量为 1950.9 亿千瓦时,累计增长 13.7%;2015—2020 年中国核能发电量产量逐年递增,2020 年达到最高。

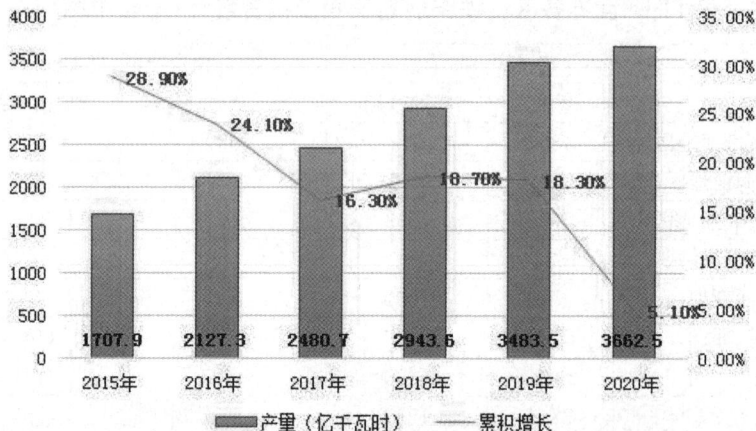

图11.4 2015年−2020年中国核电发电量产量及增长趋势

数据来源：国家统计局

　　中国的核电产能"走出去"主要在以下几个区域内开展合作（表11.6）：①中国与周边国家的产能合作率先开展并推进，中国与哈萨克斯坦开展产能合作对接，与俄罗斯等国家快速推进产能合作，中巴同时推进"华龙一号"示范工程建设，在推动了中巴经济走廊建设的同时，对我国核电发展也具有重要意义，为我国推进核电的国际产能合作起到了标杆性的示范效应。②在欧美国家，中国基于国内优势产能、欧洲发达国家关键技术、第三国发展需求，开展第三方市场合作，实现共赢，提升产能合作水平和层次，推动中国装备和产能进入欧洲市场。三角产能合作模式是目前中国与法国开展第三方核能合作而探索的一条国际产能合作模式。③中方与非洲市场的产能合作聚焦于共建铁路、公路、航空"三大网络"，推动装备和产能集群式"走出去"。④中国与拉美国家的产能合作模式为中拉产能合作"3×3"新模式：中方以物流等领域重大项目为抓手，发挥各方积极性，畅通融资渠道，聚焦巴西等重点国家，推动中拉产能合作迈上新台阶。

表 11.6 中国核电产能合作案例

国家	合作案例
亚洲国家	2015 年 5 月 7 日,"华龙一号"示范工程——福建福清 5 号核电机组正式开工建设。2015 年 8 月 20 日,巴基斯坦卡拉奇 2 号机组开工,正式落地巴基斯坦,标志着我国首次实现"华龙一号"核电技术出口。
欧美国家	2015 年 10 月 21 日,中广核与法国电力签署关于建设和运营英国欣克利角 C 核电站《英国核电项目投资协议》。
非洲国家	● 2015 年 12 月 2 日,中国国家核电技术公司与南非核能集团签署《CAP1400 项目管理合作协议》。 ● 上海电气获得南非科贝赫核电站 6 台蒸汽发生器更换项目分包合同,首次实现国内核电主设备批量进入国际市场。
拉美国家	● 2015 年 11 月 15 日,中广核与罗马尼亚国家核电公司签署了《切尔纳沃德核电 3、4 号机组项目开发、建设、运营及退役谅解备忘录》。 ● 中广核与阿根廷签署了阿根廷第五座核电站的框架性协议。

资料来源:作者整理

由此可见,中国核电凭借技术、资金与完善的产业链优势,通过与核电技术先进国家重点项目合作方式,推动自主知识产权核电技术的应用,带动核电成套装备和技术出口,进而形成电力合作上、下游一体化产业链。

第三节 中国产能过剩制造业提升全球价值链位置的对策建议

11.3.1 在国家层面构建产能过剩制造业价值链攀升的保障体系

我国应建立产能调整的长期机制,完善法律层面的企业破产机制以及借债还债机制;完善国家层面的创新补偿机制和激励机制,引导产能过剩制造业产业链和创新链融合;建立高水平海外产业园区,推动国际产能合作,利用市场机制化解产能过剩;发展品牌培育和运营的专业服务机构,推动我国产能过剩制造业品牌价值国际化进程;构建科技体制和管理体系,推动政府主导的政产学研用协同创新机制,形成全链条、一体化的创新布局;发挥内生动力优势吸引高质量区域内投资,推动产能过剩制造业"互联网+"，促进产能过剩制造业增效升级。

11.3.2 不断培育制造业价值链企业核心竞争优势

依托国家科技战略力量构建自主创新体系，强化关键共性技术供给，构建制造业企业供给侧差异化发展战略体系，构建产能过剩制造业企业的差异化生产、投资、营销模式，建立产能过剩制造业企业的品牌培育管理体系，提升传统产能过剩制造业企业自主品牌在国际市场的影响力，充分利用"互联网+"培育产能过剩制造业企业的供应链和产业链协同机制，基于"互联网+"培育制造业企业的海外竞争新优势，以高效生产力提升出口产品技术和产品质量，构建体制创新、管理创新、营销方式创新、科技创新的制造业增值模式，打造中国制造业新优势，从而推动我国制造业全球价值链位置的提升。

11.3.3 积极推进中国制造业区域价值链生产网络布局

2020年，东盟首次成为中国最大的贸易伙伴。RCEP协定覆盖的人口超过20亿，市场规模在世界区域性协议中位居前列。RCEP协定在投资、服务、货物贸易、人员流动和货物通关等方面作出了规定，投资采用负面清单管理，设定的全新机制保障了区域内投资和服务行业对外开放水平长期不倒退，进口关税基准税率相对较低，同时中国、马来西亚、泰国、文莱、越南等各国都把发展石油和化工等产业列为优先选项予以政策支持。中老铁路建成通车，中泰铁路、匈塞铁路、亚万高铁等取得积极进展，中欧班列逆势增长。目前，新加坡、泰国、中国、日本、柬埔寨、文莱等6国已完成RCEP协定审批程序，RCEP协定为中外企业产能合作创造了新机遇。

第十二章
研究结论及展望

第一节　研究结论

在"双循环"新发展格局下,全球价值链已成为世界经济的典型特征和全球生产循环的最本质的内容,中国制造业如何在供给侧过程中实现高质量的"引进来"和"走出去",这是中国新一轮高水平对外开放中提炼出的新课题。我国制造业应依托FDI和全球价值链生产布局,实现制造业要素全球范围内的最优配置。本书在此背景下进行了多视角的系列研究。首先,本书测度了系列的指标,利用产能利用率、全球价值链地位和参与度,出口国内附加值(DVAR)、出口上游度等指标识别并评价我国制造业全球价值链分工地位,从产品层面测度我国制造业出口技术复杂度、产业有效结构、出口产品质量等指标分析我国制造业的影响因素,为探讨如何提升我国制造业投资效率和全球价值链攀升,实现制造业的高质量"引起来"和"走出去"提供客观依据。其次,本研究在D-S分析框架下,构建跨国跨地区垂直关联的异质性生产者投资决策模型,将制造业技术提升和中间产品质量改进内生于模型设定,基于一般均衡分析法,探讨FDI引致中间品质量改进提升制造业全球价值链位置的作用机制,从而归纳出我国制造业高质量发展的路径。最后,在理论模型的基础上,基于中国海关、工业企业数据库、BACI、TiVA等数据库,利用面板回归、中介效应等计量分析法,从多视角考察我国制造业FDI和全球价值链位置提升的影响机制及路径：从产品结构和产业结构视角分析制造业结构对全球价值链位置提升的影响，从产品质量、技术创新的视角分析了制造业价值链位置提升的作用机制，从数字化投入、制度等视角分析中国制造业全球价值链位置提升的影响因素，基于案例分析法从产能视角分析中国制造业优势产能的优化路径。因此，我国制造业应在"双循环"新发展格局背景下基于FDI和全球价值链的开放性路径，布局制造业生产网络，提升我国制造业价值链竞争力，实现中国制造业向价值高端环节攀升。

第二节　研究不足及展望

本书探究了高质量开放框架下我国制造业FDI与全球价值链的影响因素和路径，在世界和中国的视野下考察了产品结构、产品质量、产品技术、数字化投入、制度等供给侧因素对制造业FDI与全球价值链攀升的作用机制，研究显示其对中国制造业价值链位置提升具有显著的拉动作用。但是，本研究尚未考量各影响因素间的联动机制，以及在这些因素共同作用下我国制造业的结构性发展与全球价值链攀升的路径选择。

面对百年未有之大变局，本研究从FDI与全球价值链的视角探讨了中国制造业发展的影响因素与路径，为中国高质量的开放提供理论支撑。RCEP的签署为中国参与全球价值链区域化重构创造了良好的外部环境，更为中国外循环注入了新的动力。在后续的研究中，可以在制造业全球价值链布局的基础之上，进一步探讨中国制造业如何在区域价值链发展，探讨如何主控以中国为中心的亚洲制造业区域价值链的生产、分工体系。因此，针对该问题展开进一步的针对性和系统性研究，可以为中国制造业提升国际合作质量和水平提供一条新路径。

参考文献

[1]李宏,刘珅.FDI影响中间品贸易机制的理论与实证分析.南开经济研究.2016年第2期.

[2]李宏,刘珅.FDI对制造业垂直专业化分工的影响机制——基于一般均衡视角.世界经济研究.2014年第11期.

[3]李宏,王云廷,刘珅.我国制造企业投资效率对出口技术复杂度的影响——基于制造业上市公司的实证分析.国际经济合作.2020年第3期.

[4]李宏,任家祺,刘珅.制造业中间品关税减免、制度环境与企业创新.现代财经(天津财经大学学报).2019年第7期.

[5]李宏,刘珅,王悦.中间品进口结构对最终品出口结构影响分析.国际商务(对外经济贸易大学学报).2016年第1期.

[6]李宏,王云廷,刘珅.CEO特征对企业出口技术复杂度的影响——来自制造业上市公司的证据.河南社会科学.2019年第10期.

[7]苏莉,冼国明.中国企业跨国并购促进生产率进步了吗?[J].中国经济问题,2017(1):11-23.

[8]北京大学中国经济研究中心课题组.中国出口贸易中的垂直专门化与中美贸易[J].世界经济,2006(5).

[9]高越,高峰.垂直专业化分工及我国的分工地位[J].国际贸易问题,2005(3).

[10]张小蒂,孙景蔚.基于垂直专业化分工的中国产业国际竞争力分析

[J].世界经济,2006(5)

[11]黄先海,韦畅.中国制造业出口垂直专业化程度的测度与分析[J].管理世界,2007(4).

[12]盛斌,马涛.中国工业部门垂直专业化与国内技术含量的关系研究[J].世界经济研究,2008(8).

[13]文东伟,冼国明.中国制造业的垂直专业化与出口增长[J].经济学(季刊),2010(9).

[14]张海燕.基于附加值贸易测算法对中国出口地位的重新分析.国际贸易问题,2013(10).

[15]鞠建东,余心玎.全球价值链上的中国角色——基于中国行业上游度和海关数据的研究.南开经济研究,2014(3).

[16]王永进,施炳展.上游垄断与中国企业产品质量升级[J].经济研究,2014(4).

[17]罗长远,张军.附加值贸易:基于中国的实证分析[J].经济研究,2014(6).

[18]樊茂清,黄薇.基于全球价值链分解的中国贸易产业结构演进研究.世界经济,2014(2).

[19]刘重力,赵颖.东亚区域在全球价值链分工中的依赖关系.南开经济研究,2014(5).

[20]岑丽君.中国在全球生产网络中的分工与贸易地位.国际贸易问题,2015(1).

[21]王直,魏尚进,祝坤福.总贸易核算法:官方贸易统计与全球价值链的度量.中国社会科学,2015(9).

[22]熊琦.东盟国家在全球生产网络中的分工与地位.亚太经济,2016(5)

[23]卢竹.中国对外贸易商品结构变动与经济增长的实证研究[J].国际贸易,2011:60-61.

[24]卢学法,杜传忠.新常态下产业结构变动与经济增长——基于省级动

态面板数据的GMM方法[J].商业经济与管理,2016(2):58-67.

[25]李小平,卢现祥.中国制造业的结构变动和生产率增长[J].世界经济,2007(5):52-64.

[26]付凌晖.我国产业结构高级化与经济增长关系的实证研究[J].统计研究,2010,27(8):79-81.

[27]干春晖,郑若谷,余典范.中国产业结构变迁对经济增长和波动的影响[J].经济研究,2015(5)4-16.

[28]曹文斌,张贵成.产业结构变迁对经济增长的影响研究——以无锡市为例[J].生产力研究,2016,283(2):39-43.

[29]傅元海,叶祥松,王展祥.制造业结构变迁与经济增长效率提高[J].经济研究,2016(8):86-100.

[30]韩延春.结构变动与经济增长[J].湘潭大学社会科学学报,2000(24):41-45.

[31]陶桂芳,方晶.区域产业结构变迁对经济增长的影响——基于1978—2013年15个省份的实证研究[J].经济理论与经济管理,2016(11):88-100.

[32]施炳展,李建桐.互联网是否促进了分工:来自中国制造业企业的证据[J].管理世界,2020,36(04):130-149.

[33]施炳展.互联网与国际贸易——基于双边双向网址链接数据的经验分析[J].经济研究,2016,51(05):172-187.

[34]徐远彬,卢福财.互联网对制造企业价值创造的影响研究——基于价值创造环节的视角[J].当代财经,2021(01):3-13.

[35]郭然,原毅军,张涌鑫.互联网发展、技术创新与制造业国际竞争力——基于跨国数据的经验分析[J].经济问题探索,2021(01):171-180.

[36]卓乘风,邓峰.互联网发展如何助推中国制造业高水平"走出去"?——基于出口技术升级的视角[J].产业经济研究,2019(06):

102-114.

[37]韩剑,冯帆,姜晓运.互联网发展与全球价值链嵌入——基于GVC指数的跨国经验研究[J].南开经济研究,2018(04):21-35+52.

[38]芮明杰.构建现代产业体系的战略思路、目标与路径[J].中国工业经济,2018(09):24-40.

[39]江永宏,孙凤娥.中国R&D资本存量测算:1952~2014年[J].数量经济技术经济研究,2016,33(07):112-129.

[40]李玉山,陆远权,王拓.金融支持与技术创新如何影响出口复杂度?——基于中国高技术产业的经验研究[J].外国经济与管理,2019,41(08):43-57.

[41]潘家栋,肖文.互联网发展对我国出口贸易的影响研究[J].国际贸易问题,2018(12):16-26.

[42]王思语,郑乐凯.制造业服务化是否促进了出口产品升级——基于出口产品质量和出口技术复杂度双重视角[J].国际贸易问题,2019(11):45-60.

[43]徐升艳,陈杰,赵刚.土地出让市场化如何促进经济增长[J].中国工业经济,2018(03):44-61.

[44]毛其淋,方森辉.创新驱动与中国制造业企业出口技术复杂度[J].世界经济与政治论坛,2018(02):1-24.

[45]盛斌,毛其淋.进口贸易自由化是否影响了中国制造业出口技术复杂度[J].世界经济,2017,40(12):52-75.

[46]李静.初始人力资本匹配、垂直专业化与产业全球价值链跃迁[J].世界经济研究,2015(01):65-73+128.

[47]石喜爱,李廉水,程中华,刘军."互联网+"对中国制造业价值链攀升的影响分析[J].科学学研究,2018,36(08):1384-1394.

[48]李金城,周咪咪.互联网能否提升一国制造业出口复杂度[J].国际经贸探索,2017,33(04):24-38.

[49]王超,蒋萍.研发投入对技术创新的影响机制研究[J].科学与社会,2018,8(04):65-79+93.

[50]温忠麟,叶宝娟.中介效应分析:方法和模型发展[J].心理科学进展,2014,22(05):731-745.

[51]北京大学中国经济研究中心课题组.中国出口贸易中的垂直专门化与中美贸易[J].世界经济,2006(5).

[52]黄先海,韦畅.中国制造业出口垂直专业化程度的测度与分析[J].管理世界,2007(4).

[53]盛斌,马涛.中国工业部门垂直专业化与国内技术含量的关系研究[J].世界经济研究,2008(8).

[54]黄先海,杨高举.中国高技术产业的国际地位研究:基于非竞争型投入占用产出模型的跨国分析[J].世界经济2010(5).

[55]罗长远,张军.附加值贸易:基于中国的实证分析[J].经济研究,2014(6).

[56]王岚.融入全球价值链对中国制造业国际分工地位的影响[J].统计研究,2014(5).

[57]张杰,陈志远、刘元春.中国出口国内附加值的测算与变化机制[J].经济研究,2013(10).

[58]唐东波.垂直专业化贸易如何影响了中国的就业结构[J].经济研究,2012(8).

[59]殷德生,唐海燕、黄腾飞.国际贸易、企业异质性与产品质量升级[J].经济研究,2011(增2).

[60]鲁晓东.技术升级与中国出口竞争力变迁:从微观向宏观的弥合[J].世界经济,2014(8).

[61]王永进,施炳展.上游垄断与中国企业产品质量升级[J].经济研究,2014(4).

[62]冯天丽,井润田.制度环境与民营企业家政治联系意愿的实证研究

[J].管理世界,2009(8):81-91.

[63]高良谋,李宇.企业规模与技术创新倒U关系的形成机制与动态拓展[J].管理世界,2009(8):113-123.

[64]蒋殿春,张宇.经济转型与外商直接投资技术溢出效应[J].经济研究,2008(7):26-38.

[65]鞠晓生.中国上市企业创新投资的融资来源与平滑机制[J].世界经济,2013(4):138-159.

[66]陆铭,陈钊.分割市场的经济增长——为什么经济开放可能加剧地方保护?[J].经济研究,2009(3):42-52.

[67]吕越,盛斌,吕云龙.中国的市场分割会导致企业出口国内附加值率下降吗[J].中国工业经济,2018(5).

[68]聂辉华,江艇,杨汝岱.中国工业企业数据库的使用现状和潜在问题[J].世界经济,2012(5):142-158.

[69]盛斌,毛其淋.贸易自由化、企业成长和规模分布[J].世界经济,2015(2):3-30.

[70]盛丹,王永进.契约执行效率能够影响FDI的区位分布吗?[J].经济学(季刊),2010,9(4):1239-1260.

[71]田巍,余淼杰.中间品贸易自由化和企业研发:基于中国数据的经验分析[J].世界经济,2014(6):90-112.

[72]王雅琦,卢冰.汇率变动、融资约束与出口企业研发[J].世界经济,2018(7):75-97.

[73]谢千里,罗斯基,张轶凡.中国工业生产率的增长与收敛[J].经济学(季刊),2008,7(3):809-826.

[74]张杰,李勇,刘志彪.制度对中国地区间出口差异的影响:来自中国省际层面4分位行业的经验证据[J].世界经济,2010(2):83-103.

[75]张杰,郑文平.全球价值链下中国本土企业的创新效应[J].经济研究,2017(3).

[76]朱平芳,徐伟民.政府的科技激励政策对大中型工业企业R&D投入及其专利产出的影响——上海市的实证研究[J].经济研究,2003(6):45-53.

[77]邱斌.参与全球生产网络对我国制造业价值链提升影响的实证研究——基于出口复杂度的分析[J].中国工业经济,2012(1),57-67.

[78]刘琳,盛斌.全球价值链和出口的国内技术复杂度——基于中国制造业行业数据的实证检验[J].国际贸易问题,2017(3):3-13.

[79]刘琳.全球价值链、制度质量与出口品技术含量——基于跨国层面的实证分析[J].国际贸易问题,2015(10):37-47.

[80]陈维涛,王永进,孙文远.贸易自由化、进口竞争与中国工业行业技术复杂度[J].国际贸易问题,2017(1):50-59.

[81]周茂,陆毅,符大海.贸易自由化与中国产业升级:事实与机制[J].世界经济,2016(10):78-102.

[82]戴翔,金碚.产品内分工、制度质量与出口技术复杂度[J].经济研究,2014(7):4-17+43.

[83]赵静,谢小蓉.制度质量对出口复杂度的门槛效应分析[J].统计与决策,2018(16):127-129.

[84]毛其淋.人力资本推动中国加工贸易升级了吗?[J].经济研究,2019(1):52-67.

[85]蒋雨桥,李小克,向娟娟.出口复杂度变动对金砖国家经济增长的影响分析[J].统计与决策,2017(2):133-136.

[86]连玉君,苏治.融资约束、不确定性与上市公司投资效率[J].管理评论,2009(1):19-26.

[87]毛其淋,方森辉.创新驱动与中国制造业企业出口技术复杂度[J].世界经济与政治论坛,2018(2):2-22.

[88]戴魁早.技术市场发展对出口技术复杂度的影响及其作用机制[J].中国工业经济,2018(7):117-135.

[89]鲁晓东.技术升级与中国出口竞争力变迁:从微观向宏观的弥合[J].世界经济,2014(8):70-97.

[90]鲁桐,党印.公司治理与技术创新:分行业比较[J].经济研究,2014(6):115-128.

[91] Richardson, S. Over-investment of Free Cash Flow[J]. Review of Accounting Studies, 2006 (11):159-189.

[92] Hausmann , R. What you Export Matters [J]. Jounrnal of Economic Growth, 2007 (12):1-25.

[93] Daudin, G., C. Rifflart and D. Schweisguth (2011). Who produces for whom in the world economy? , Canadian Journal of Economics, Volume 44, Number 4, November 2011.

[94]David Hummels, Jun Ishii, Kei-Mu Yi , The Nature and Growth of Vertical Specialization in World Trade ,Journal of international economics, 2001,54(1):75-96.

[95]Johnson, R.C. and G. Noguera (2011). Accounting for intermediates: Production sharing and trade in value added, Journal of International Economics, forthcoming.

[96]Koopman, R., Z. Wang and S.-J.Wei (2008). How much Chinese exports is really made in China--Assessing foreign and domestic value added in gross exports, NBER Working Paper No. 14109.

[97]K.M.Vu.Structural change and economic growth Empirical evidence and policy insights from Asian economies[J].Structural Change and Economic Dynamics,2017(41):64-77.

[98] Tomasz Swiecki. Determinants of structural change [J]. Review of Economic Dynamics,2017(24):95-131.

[99]Roberto M. Samanieg , Juliana Y. Sun.Productivity growth and structural transformation[J].Review of Economic Dynamics,2016(21):266-285.

[100] Hausmann, R. What you Export Matters [J]. Jounrnal of Economic Growth, 2007(12):1-25.

[101] Mario I.Kafouros. The impact of the Internet on R&D efficiency:theory and evidence[J].Technovation, 2006, 26(7):827-835.

[102] Paunova C ,Rollob V , Has the Internet Fostered Inclusive Innovation in the Developing World?[J].World Development, 2016, 78:587-609.

[103] Guire,T. M.,J. Manyika,and M. Chui.Why Big Data is the New Competitive Advantage[J].Ivey Business Journal,2012(7-8):1-13.

[104] Kaufmann A , Lehner P , Dtling F. Effects of the Internet on the spatial structure of innovation networks [J]. Information Economics& Policy, 2003,15(3):0-424.

[105] Bakos, J. Y. Reducing buyer search costs:implications for electronic market places, Management Science.1997,07(43):1676-1692.

[106] Melitz,M.J. The impact of trade on Intra—Industry reallocations and aggregate industry productivity, Econometrica, London. vol. 71, 2003,01 (71):1695-1725.

[107] Guolin Zhi. Research on Internet Development and the Value-added Path of Manufacturing Value. E3S Web of Conferences; Les Ulis, 2021 (235).

[108] Majumdar S.K. Technology and wages: Why firms invest and what happens[J].Technology in Society,2014,39 (11):44-54.

[109] Glavas, C. ,Mathews, S. How International Entrepreneurship Characteristics Influence Internet Capabilities for the International Business Processes of the Firm [J] International Business Review, 2014, 23 (1): 228-245.

[110] Koopman,R., Z., Wang and S.J., Wei, 2008, How Much of Chinese Exports is really Made in China? Assessing Domestic Value-added with

Processing Trade is Pervasive[R], NBER Working Paper, No.14109.

[111] Lall, Sajaya, 2000,the Technological Structure and Performance of Developing Country Manufactured Exports[J], Oxford Development Study, 28(3):337-369.

[112] Hummel, D.,Ishii, J., and K.-M., Yi,. the Nature and Growth of Vertical Specialization in World Trade[J], Journal of International Economics, 2011(54):75-96.

[113] Amiti, M.Location of Vertically Linked Industries Agglomeration versus Comparative Advantage. European Economic Review, 2005(49):809-832.

[114] Krugman, P. and Venables, A.J. Globalization and the Inequality of Nations .Quarterly Journal of Economics, 1995, 110(4):857-880.

[115] Antràs, Pol and Chor, Davin. Organizing the Global Value Chain.Econometrica, 2013, 81 (6):2127-2204.

[116] Baldwin, Richard and Lopez-Gonzalez, Javier. Supply-Chain Trade：A Portrait of Global Patterns and Several Testable Hypotheses. NBER Working Paper No. 18957, 2013.04.

[117] Johnson, Robert C. and Noguera, Guillermo. "Accounting for Intermediates：Production Sharing and Trade in Value Added." Journal of International Economics, 2012b, 86 (2):224-236.

[118] Koopman, Robert; Wang Zhi and Wei Shang-Jin. Tracing Value-Added and Double Counting in Gross Exports. American Economic Review, 2014, 104 (2):459-494.

[119] Melitz,M. J. The Impact of Trade on Intra-industry Reallocations and Aggregate Industry Productivity.91 Econometrica, 2003 , 71(6):1695-1725.

[120] Ahsan R N. Input tariffs, speed of contract enforcement, and the produc-

tivity of firms in India[J]. Journal of International Economics, 2013, 90 (1):181-192.

[121]Amiti M, Konings J. Trade Liberalization, Intermediate Inputs, and Productivity: Evidence from Indonesia [J]. American Economic Review, 2007, 97(5):1611-1638.

[122]Autor D H, Dorn D, Hanson G H, et al. Foreign Competition and Domestic Innovation: Evidence from U.S. Patents[J]. Social Science Electronic Publishing, 2017.

[123]Bloom N, Draca M, Van Reenen J. Trade Induced Technical Change? The Impact of Chinese Imports on Innovation, IT and Productivity[J]. Cepr Discussion Papers, 2011, 83(1):1-13.

[124]Costinot A. On the origins of comparative advantage[J]. Journal of International Economics, 2009, 77(2):255-264.

[125]Demirgüçkunt A. Law, Finance, and Firm Growth [J]. Journal of Finance, 1998, 53(6):2107-2137.

[126]Fritsch U, Görg H. Outsourcing, Importing and Innovation: Evidence from Firm-level Data for Emerging Economies [J]. Review of International Economics, 2015, 23(4):687 - 714.

[127]Gary Gereffi, John Humphrey, Timothy Sturgeon. The governance of global value chains [J]. Review of International Political Economy, 2005, 12(1):78-104.

[128]Girma S, Görg H. Outsourcing, Foreign Ownership, and Productivity: Evidence from UK Establishment-level Data[J]. Review of International Economics, 2004, 12(5):817 - 832.

[129]Giuliani E, Pietrobelli C, Rabellotti R. Upgrading in Global Value Chains: Lessons from Latin American Clusters [J]. World Development, 2004, 33(4):549-573.

[130] Goldberg P K, Khandelwal A K, Pavcnik N, et al. Imported Intermediate Inputs and Domestic Product Growth: Evidence from India [J]. Quarterly Journal of Economics, 2010, 125(4):1727-1767.

[131] Goldberg P K, Khandelwal A K, Pavcnik N, et al. Imported Intermediate Inputs and Domestic Product Growth: Evidence from India [J]. Quarterly Journal of Economics, 2010, 125(4):1727-1767.

[132] Griffith R, Huergo E, Mairesse J, et al. Innovation and Productivity Across Four European Countries [J]. Oxford Review of Economic Policy, 2006, 22(4):483-498.

[133] John Humphrey, Hubert Schmitz. How does insertion in global value chains affect upgrading in industrial clusters? [J]. Regional Studies, 2002, 36(9):1017-1027.

[134] Khanna T, Rivkin J. The Structure of Profitability Around the World [J]. 2001.

[135] King R G, Levine R. Finance, entrepreneurship and growth: Theory and evidence [J]. Journal of Monetary Economics, 2004, 32(3):513-542.

[136] Kiriyama N. Trade and Innovation: Synthesis Report [J]. Oecd Trade Policy Papers, 2012, volume 2009(10):147-164.

[137] Klenow P and Rodriguez-Clare A, Quantifying Variety Gains from Trade Liberalization University of Chicago mimeo, 1997.

[138] Levinsohn J, Petrin A. Estimating Production Functions Using Inputs to Control for Unobservables [J]. Review of Economic Studies, 2003, 70 (2):317-341.

[139] Liu Q, Qiu L D. Intermediate Input Imports and Innovations: Evidence from Chinese Firms' Patent Filings [J]. Journal of International Economics, 2016, 103:166-183.

[140] Mike P. Towards an Institution-Based View of Business Strategy [J].

Asia Pacific Journal of Management, 2002, 19(2-3):251-267.

[141]Peng M W, Wang D Y L, Jiang Y. An Institution-Based View of International Business Strategy: A Focus on Emerging Economies[J]. Journal of International Business Studies, 2008, 39(5):920-936.

[142]Perez-Aleman P, Sandilands M. Building Value at the Top and the Bottom of the Global Supply Chain: MNC-NGO Partnerships[J]. California Management Review, 2008, 51(1):24-49.

[143]Sanguinetti P, Martincus C V. Tariffs and manufacturing location in Argentina[J]. Regional Science and Urban Economics, 2009, 39(2):155-167.

[144]Schmitz H. Local upgrading in global chains: Recent Findings[J]. Institute of Development Studies Sussex, 2004.

[145]Upward R , Wang Z , Zheng J . Weighing China's export basket: The domestic content and technology intensity of Chinese exports[J]. Journal of Comparative Economics, 2013, 41(2):527-543.

[146]Williamson O. The Economic Institutions of Capitalism: Firms, Markets, Relational Contracting[M]. China Social Sciences Pub. House, 1999.

[147]Zhang Y. Creative Accounting or Creative Destruction? Firm-level Productivity Growth in Chinese Manufacturing[J]. Journal of Development Economics, 2012, 97(2):339-351.

[148]Rodrik, D. What's So Special about China's Exports? [J].China and the World Economy , 2006(14),1-19.

[149]Wang Z., Wei S.J.What Accounts for the Rising Sophistication of China's Exports?[M]. China's Growing Role in World Trade, Publisher: University of Chicago Press.2010.

[150]Amiti M., Freund C. The Anatomy of China's Export Growth[M].China's Growing Role in World Trade, Publisher: University of Chicago

Press. 2010.

[151] Assche A.V, Gangnes B.S. Electronics Production Upgrading: Is China Exceptional?[J].Applied Economics Letters, 2010(17):477-482.

[152] Jarreau J, Poncet S. Export Sophistication and Economic Growth: Evidence from China[J].Journal of Development Economic ,2012(97): 281-292.

[153] Poncet S, Waldemar F. Export Upgrading and Growth:The Prerequisite of Domestic Embeddedness [J].Word Development ,2013(16):104- 118.